midena

Midena Verlag, München 2001
© Weltbild Ratgeber Verlage GmbH & Co. KG

Redaktion: Dr. Matthias Nöllke, München
Umschlaggestaltung: H3A, München
Umschlagfoto: Pictor
Autorenfoto auf der Umschlagrückseite: Alexa Jansen

Printed in Germany

ISBN 3-310-00737-5

Horst Conen

Lass dich nicht verbiegen

Wer Profil zeigt, hat mehr vom Leben

Inhalt

Einführung

Es geschieht jeden Tag: Wir lassen uns von anderen Menschen alles Mögliche bieten, sagen nichts und ärgern uns nachher. Wir stellen die eigenen Interessen hintan, um den Interessen der anderen Platz zu machen. Wir nehmen es hin, dass man unsere Freiräume beschneidet, verzichten auf den Urlaub, die Gehaltserhöhung und die Karriere und machen eine Faust in der Tasche. Wir bekommen den Job nicht, den wir möchten, weil wir uns kleiner machen, als wir sind. Wir halten uns zurück und geben den anderen das Zepter in die Hand. Wir denken, wir müssen so sein. Doch müssen wir das wirklich? Nein, müssen wir nicht!

Dieses Buch ist all jenen gewidmet, die keine Lust mehr dazu haben, anderen Menschen den Platz in der ersten Reihe zu überlassen und sich selbst mit der zweiten Reihe zu begnügen. Sollten auch Sie das Gefühl haben, viel zu oft für Ihre Umwelt einen Schritt zurückzutreten und sich für das eigene Wollen, die eigenen Bedürfnisse und Wünsche zu wenig einzusetzen – so betrachten Sie dieses Buch als speziell für Sie geschrieben.

Gerade wenn Sie sich dem Wesen nach als zurückhaltend, bescheiden und relativ selbstlos erkennen, möchte ich Ihnen dieses Buch zueignen. Vor allem aber möchte ich Sie dazu anleiten, sich eine neue Einstellung zu sich selbst anzutrainieren. Denn der Preis ist hoch: Wer aus einem edlen Charakterzug heraus sein Denken zu sehr auf andere abstellt, verliert leicht das Gespür für sich selbst. Er weiß irgendwann kaum mehr, wer er selbst sein kann. Er vergisst irgendwann, wofür er lebt.

Ich glaube, wir neigen alle dazu, uns zu sehr auf die Menschen unserer nahen Umgebung auszurichten. Wir erfüllen, was sie von uns erwarten, passen uns ihren Bedürfnissen an, verbiegen uns, um es ihnen recht zu machen. Dies tun wir einerseits, weil wir sie lieben, weil sie uns und wir sie brauchen und weil wir Verantwortung übernommen haben. Andererseits ist dies oft auch bequemer, als uns gegen sie zu behaupten und sich ihnen zu widersetzen. Doch sollten wir uns dabei über eines im Klaren sein: Wenn wir den anderen Menschen stets signalisieren, dass uns unsere eigenen Anliegen weniger bedeuten als ihre und dass wir eher dazu bereit sind, uns nach ihren Vorgaben zu richten als unseren persönlichen Weg zu beschreiten, so taktieren sie damit. Als Ergebnis werden wir von den anderen manipuliert, man traut uns nichts zu, wir verlieren an persönlichem Profil.

Das ist fatal in Zeiten, in denen mehr und mehr eigenes Profil gefragt ist, ob im Berufsleben oder anderswo. Menschen, die es gewohnt sind, stets zu funktionieren, um die Erwartungen anderer brav zu erfüllen, büßen an Persönlichkeit ein sowie an Fähigkeiten und Möglichkeiten. Das muss ernst genommen werden. Denn wer immer bereit ist, anderen den Vortritt zu lassen – den großen Auftritt, die große Freiheit, das große Ausleben – und dabei sich selbst hintanstellt, wird rasch zum Opfer. Das heißt: Jeder kann uns benutzen. Jeder kann über uns hinwegstiefeln. Jeder kann uns Stärke nehmen. Und was dann übrig bleibt, ist Schwäche.

Ich möchte Sie mit diesem Buch dazu einladen, sich am täglichen Spiel mit anderen Mitteln zu beteiligen. Haben Sie die Kühnheit, das Bild, das andere von Ihnen haben, außer Kraft zu setzen. Lassen Sie sich nicht darauf reduzieren, stets die zweite Geige zu spielen. Lernen Sie die von sich selbst und den anderen geforderte Anpassung zu ersetzen, indem Sie »Flagge zeigen«. Kurz: Trauen Sie sich, gegen den Strom zu schwimmen.

Haben Sie keine Angst, als Trotzkopf abgestempelt zu werden. Ob der Umgang mit dem Partner, mit Vorgesetzten und Kollegen, mit der Familie, Verwandten, Bekannten oder Freunden – brechen Sie das eherne Gesetz des »Mitschwimmens«. Und erfahren Sie, wie Sie als Persönlichkeit ganz neu wahrgenommen werden. Erleben Sie, wie es das Selbstwertgefühl und Lebensgefühl hebt, nicht länger nur dem Schwarm zu folgen, sondern sich auch für sich selbst einzusetzen. Lernen Sie den Wert Ihrer Person und Persönlichkeit neu schätzen, auch wenn Sie dafür ein paar Kämpfe durchstehen müssen. Freuen Sie sich darauf: Sie werden als munterer Fisch daraus hervorgehen.

Ihr
Horst Conen

»Was immer du tun und erträumen kannst,
du kannst damit beginnen.
In der Kühnheit wohnen Schöpferkraft,
Stärke und Zauber.«

Johann Wolfgang von Goethe

Profiltypen leben besser

Eigentlich galt es ja schon immer, doch kaum jemals waren die Voraussetzungen so günstig wie heute: Wer Profil zeigt, hat mehr vom Leben. Die Typen mit Ecken und Kanten sind zufriedener, ausgeglichener, sie sind glücklicher und gesünder – und nicht zuletzt sind sie auch erfolgreicher. Denn sie haben eine Eigenschaft, auf die es heute allem Gerede vom »flexiblen Menschen« zum Trotz besonders ankommt: Charakterstärke.
Sie müssen sich nicht verbiegen. Das macht sie frei, selbstbewusst, emotional intelligent und gibt ihnen eine ganz ungewöhnliche Kraft. Ihnen gelingen Dinge, die sich andere gar nicht erst zutrauen. Sie nutzen einfach ihr gesamtes Persönlichkeits-Potenzial, weil sie immer ganz »bei sich« sind und keine Angst haben zu versagen. Denn versagen könnten sie nur vor sich selbst. Vor sich selbst versagt man aber nur dann, wenn man seine Möglichkeiten nicht nutzt. Apropos: Nutzen Sie eigentlich alle Ihre Möglichkeiten?

Jeder ist einzigartig
Es ist eine Tatsache: Jeder von uns kann Profil zeigen, seine Ecken und Kanten schärfen, anstatt sie abschleifen zu lassen. Jeder von uns ist auf seine Weise einzigartig, originell und unverwechselbar. Jeder von uns hat seine eigenen Stärken und seine eigenen Schwächen. Und nicht selten verbergen sich hinter den vermeintlichen Schwächen unsere eigentlichen Stärken, die wir nicht nutzen. Bis jetzt. Denn wenn wir uns sozusagen selbst wieder »geradebiegen«, werden wir unsere ganzen verborgenen Energien entfesseln.
Genau darum geht es in diesem Buch: dass Sie Ihr ganz persönliches Profil neu entdecken. Dass Sie herausfinden, was wirklich in Ihnen steckt. Und dass Sie Ihr Profil auch tatsächlich »ausleben«. Dies ist gewiss keine Sache, die im Handumdrehen vor sich geht und die Sie ganz nebenbei erledigen könnten. Nehmen Sie sich Zeit

und schenken Sie sich so viel Aufmerksamkeit, wie Sie verdienen. Es geht darum, ein neues Verhältnis zu sich selbst, eine neue Selbstsicherheit und Souveränität zu gewinnen. Daher ist es wichtig, sich mit den Bedürfnissen, aber auch mit Zweifeln und Ängsten auseinanderzusetzen, von denen Sie vielleicht schon lange beherrscht werden. Ich möchte Sie zu einer Entdeckungsreise einladen, bei der Sie Ihr bisheriges Denken und Verhalten überprüfen und den Mut zu einer Einstellung aufbringen, mit der Sie sich selbst auf eine andere Weise voranbringen als es möglicherweise bisher der Fall war. Wichtig: Lassen Sie sich auf dieser Entdeckungsreise nicht vom Kurs abbringen, auch wenn Ihnen manchmal der Wind ins Gesicht bläst und Menschen, die Ihnen sonst sehr zugewandt sind, plötzlich vehement dagegen protestieren, dass Sie auf einmal Ihre eigenen Vorstellungen darüber entwickeln, was zu Ihnen passt und was nicht.

Lassen Sie die anderen links liegen

Am besten Sie stellen sich schon jetzt darauf ein: Den anderen wäre es am liebsten, wenn Sie immer schön brav das tun, was Sie immer getan haben. Doch ob Ihnen das gefällt oder ob Ihnen das noch gut tut – danach fragen sie nicht. Schlagen Sie einen neuen Weg ein! Zeigen Sie Ihr gesamtes Repertoire und zu welchem Handeln Sie fähig sind. Lassen Sie diejenigen, die nur erzwingen wollen, dass Sie ihre Erwartungen erfüllen, unterwegs links liegen, sonst laufen Sie Gefahr, mit der Zeit zu einem »Erfüller« zu werden!

Sie wissen nicht, ob Sie das durchstehen – vor allem, wenn Sie dabei an Ihren Lebenspartner, Ihren Chef oder den Kollegen mit der Mitleidsmasche denken, der Sie jedes Mal wieder überreden kann? Ich denke, Sie werden es durchstehen! Ja, ganz bestimmt sogar. Sich diesen Konflikten zu stellen und zu erleben, wie man dabei an Klarheit gewinnt, ist eine Erfahrung, die man nur ausprobieren muss, um neue Stärken an sich selbst zu entdecken und zu aktivieren. Ich kann Ihnen versichern, dass sich keine Investition so sehr lohnt wie diese. Denn immerhin geht es um Ihr Leben. Und das dauert nicht ewig, wie wir wissen. Deshalb gibt es kaum etwas Beglückenderes als dem Rat des Philosophen Friedrich Nietzsche zu folgen und »der zu werden, der man ist«.

Abschied von der Stromlinienpersönlichkeit

Fühlen Sie sich manchmal geradezu umzingelt von Ansprüchen, die an Sie gestellt werden? Da sollen Sie in Ihrem Beruf erfolgreich sein, mit Ihrem Partner in einer harmonischen und zugleich immer wieder aufregenden Beziehung leben. Da sollen Sie attraktiv sein, aussehen wie Claudia Schiffer, Brad Pitt oder der Mann in der Duschgelwerbung, sportlich, schlank und sonnengebräunt sein, mit Topfigur und Muskelpaketen an den richtigen Stellen, zugleich aber auch die inneren Werte nicht vernachlässigen, zuverlässig, treu und ehrlich sein, dabei nicht eitel, außerdem humorvoll, intelligent, schlagfertig, ausgeglichen, charmant und einfühlsam. Und dann sollten Sie nach Möglichkeit auch Kinder haben – süße, entzückende, aufgeweckte Kinder, um die Sie sich ausreichend kümmern können. Denn Sie möchten doch die beste Mutter oder der beste Vater der Welt sein.

Solche Ansprüche können uns zermürben. Wir fühlen uns mickrig und klein, weil wir nicht so perfekt sind wie die anderen. Wie die Menschen, die uns aus der Werbung, aus Filmen und aus den Hochglanzmagazinen entgegenlächeln, oder der Nachbar, von dem wir glauben, dass er alles hat, was zu einem erfüllten Leben gehört. Dabei haben wir gar keinen Grund, uns schlecht zu fühlen. Denn solche perfekten Menschen gibt es in der Wirklichkeit gar nicht. Und wenn es sie gäbe, wären sie die langweiligsten Leute der Welt. Das ist im Übrigen keine ganz neue Erkenntnis. Vor über achtzig Jahren formulierte der damalige Außenminister Walther Rathenau: »In Deutschland entscheiden über einen Menschen nicht Vorzüge, sondern die Einwände. *Einwandfrei* muss der Mensch sein und die Sache *tadellos*. Einwandfrei aber ist nur die klare, runde und tadellose Null.«

Perfekt ist nicht gut genug

Makellose Menschen sind uninteressant. Das haben übrigens auch die Werbeleute gemerkt. Achten Sie einmal darauf, in wie vielen Spots mittlerweile Models auftauchen, die alles andere als perfekte Schönheiten sind. Da gibt es Männer mit Bauchansatz, Frauen, die sich vom Schlankheitsideal verabschiedet haben, Models mit Sommersprossen, blasser Haut, markanter Nase oder etwas abstehenden Ohren. Auch die Modemacher schicken nicht mehr nur Models auf den Laufsteg, die so perfekt aussehen, als hätte sie jemand mit einem Computerprogramm gestylt. Im Gegenteil: Interessante Persönlichkeiten sind gefragt, solche, die uns neugierig machen, die etwas Eigenes ausdrücken.

Sogar bei Schönheitswettbewerben gibt es einen neuen Trend. Es gewinnen nicht mehr nur die, welche mit perfekter Figur, sonnenbrauner Haut, langen Haaren und strahlendem Lächeln antreten. Auch die vom herrschenden Schönheitsideal mehr oder weniger stark abweichen und eine ganz persönliche Art von Schönheit zum Ausdruck bringen haben große Chancen. Früher wäre das undenkbar gewesen, aber bei den Wahlen zur Miss Amerika belegte eine Frau den zweiten Platz, die behindert war. Sie hatte keine Arme. Stellen Sie sich mal vor: Eine Frau ohne Arme ist eine der schönsten Frauen der USA! Sie wurde nicht etwa gewählt, um sie für ihren Mut zu belohnen überhaupt anzutreten, sondern weil sie eine unvergleichliche Ausstrahlung besaß.

So weit zur Welt der Werbung und des schönen Scheins. Doch kommen wir zu unserem eigentlichen Thema zurück, dem Zwang, perfekt sein zu müssen. Dieser Zwang legt uns buchstäblich lahm. Er macht uns zu Nervenbündeln, denen gar nichts mehr gelingt. Wir müssen uns von ihm verabschieden. Denn wenn uns das Leben gelingen soll, dann geht es nicht darum, perfekt zu werden. Perfekt sein heißt so viel wie fertig, erledigt, abgeschlossen. Etwas unfreundlich formuliert: eine lebende Leiche.

Lassen Sie sich also von überzogenen Ansprüchen nicht einschüchtern, schon gar nicht, wenn sie von anderen an Sie herangetragen werden. Aber auch bei Ansprüchen, die Sie an sich selbst stellen, sollten Sie mal überlegen: Woher kommt der Wunsch, so und so zu sein, dieses und jenes leisten zu müssen? Kommt das wirklich von Ihnen? Oder haben Sie da nicht etwas verinnerlicht, von dem Sie annehmen, dass »man« das so macht?

Verabschieden Sie sich von diesen Vorstellungen. Denn was »man« so macht, das hat nichts mit Ihnen zu tun. Mehr noch: Dieses »man«, das gibt es gar nicht. Worauf es vielmehr ankommt, das

sind Sie, mit Ihren Eigenarten, Ihrer unverwechselbaren Persönlichkeit und Ihren kleinen unersetzbaren und daher so wichtigen
Unvollkommenheiten. Genau da, wo Sie vom geraden Weg abweichen, wo Sie sozusagen Ihrer Nase nach querfeldein gehen, da warten die interessantesten Entdeckungen auf Sie.

In diesem Buch geht es nicht nur darum, Ihrer Nase zu folgen, um
an Persönlichkeit zu gewinnen, sondern Sie lernen auch wie selbstverständlich dafür zu kämpfen, dass Sie in Zukunft mehr Sie selbst
sein können. Sie müssen nur den Mut aufbringen, Ihrem eigenen
Weg nachzuspüren. Auch wenn das Ihren Mitmenschen komisch
vorkommt. Oder unvernünftig. Oder wenn sie es mit Protest quit-
tieren. Es ist jedoch allemal besser als zu brav zu sein.

Verlassen Sie die ausgetretenen Pfade
In uns allen schlummern ungeahnte Kräfte und Fähigkeiten, die
wir nicht nutzen. Jeder von uns hat fantastische Begabungen, die
wir verkümmern lassen, weil sie gerade mal nicht passen oder weil
sich andere daran stören. Wir haben gelernt, sie als etwas Unnüt-
zes, Überflüssiges oder gar Schädliches zu betrachten. Stattdessen
bemühen wir uns, in der Spur zu bleiben, weil wir glauben, nur so
kämen wir zum Ziel. Doch das ist ein Irrtum. Wer nur den ausgetretenen Pfaden folgt, kommt vielleicht schneller voran. Doch er
hinterlässt keine Spuren.

»Der vernünftige Mensch passt sich der Welt an. Der unvernünfti-
ge besteht auf dem Versuch, die Welt sich anzupassen. Deshalb
hängt aller Fortschritt von unvernünftigen Menschen ab«, wusste
schon der Schriftsteller George Bernard Shaw. Diese Einsicht gilt
heute mehr denn je. Überall hat sich gezeigt, dass es nicht die
stromlinienförmigen Karrieristen sind, die etwas bewegen. Und
schließlich kommt es mehr denn je darauf an, die Dinge in Bewegung oder besser noch zum Tanzen zu bringen.

Die große Verunsicherung
Alles ist heute in Bewegung. Ob in der Arbeitswelt, in der Politik,
in Kultur und Gesellschaft oder auch in der Familie – überall sind
die vertrauten Orientierungspunkte ins Rutschen geraten. Das

sorgt für eine gewisse Befreiung. Doch wissen wir nun nicht mehr so recht, woran wir uns noch halten sollen. Wir sind verunsichert. Bleiben wir einmal bei der Arbeitswelt: Vormals festgefügte Berufsbilder lösen sich auf. Es entsteht eine Vielzahl von neuen Berufen, für die es keine klar umrissene Ausbildung mehr gibt, ja geben kann, denn niemand weiß, ob es diese neuen Berufe in einigen Jahren überhaupt noch geben wird. Vielleicht sind bis dahin wieder neue Tätigkeitsfelder entstanden, für die händeringend Arbeitskräfte mit ganz bestimmten Fähigkeiten gesucht werden. Aber welche Fähigkeiten werden das wohl sein? Das weiß heute noch niemand so genau.

Zugleich wächst am Arbeitsplatz der Konkurrenzdruck. Obwohl Teamarbeit in vielen Unternehmen großgeschrieben wird, gilt oftmals nicht die Devise »Einer für alle«, sondern »Jeder gegen jeden«. Seit Jahren beobachten Arbeitspsychologen, dass die Zahl der Mobbingopfer steigt. Mitarbeiter wechseln immer häufiger ihre Position, Kollegen kommen und gehen, kaum jemand bleibt dauerhaft bei ein und demselben Unternehmen. Wobei auch die Unternehmen in Bewegung geraten sind. Sie fusionieren oder spalten sich auf, Abteilungen werden ausgegliedert, aufgelöst, neu strukturiert, an die Konkurrenz verkauft oder ihr abgekauft – was das mit sich bringen kann, erfahren Sie selbst vielleicht zurzeit dort, wo Sie arbeiten.

Auch in der Politik fällt es zunehmend schwerer, rechts und links auseinander zu halten – wenigstens was die demokratischen Parteien betrifft. Noch vor wenigen Jahren wäre es undenkbar gewesen, dass eine rot-grüne Regierung den ersten Militäreinsatz in der Geschichte der Bundesrepublik verantwortet. Ein Einsatz im Rahmen der NATO, ein Militärbündnis, das die Grünen noch vor gar nicht so langer Zeit abschaffen wollten.

Und unser eigenes, ganz privates Leben? Das verläuft oft auch nicht mehr ganz nach Plan, denn so ein »Plan«, an den wir uns halten könnten, der liegt nirgends für uns bereit. Wie wir Familie und Beruf in Einklang bringen, Freundschaften pflegen, wo und wie wir wohnen, was wir für unsere Karriere tun und was wir lieber lassen sollten, dafür gibt es keine Musterlösung. Die Soziologen sprechen von »Bastelbiografien«. Unsere Biografien sind immer weniger vor-

gezeichnet, jeder von uns muss sich seinen eigenen Lebenslauf
selbst zusammenbasteln.

Wer sich anpasst, verliert

In solchen Situationen neigen wir dazu, auf Nummer sicher zu gehen. Wir schwimmen mit und gleichen uns an, um nicht unterzugehen. Leider, denn damit nehmen wir uns selbst die besten Chancen. Sind wir verunsichert, suchen wir oft gerade dort Orientierung, wo wir sie am wenigsten finden können: bei den anderen.
Vielleicht ist uns das selbst gar nicht so bewusst, aber oftmals haben wir gelernt, unseren eigenen Wünschen mit Misstrauen zu
begegnen und uns lieber an den anderen auszurichten. Nach dem
Motto: Wenn du nicht mehr weißt, wo es langgeht, folge einfach der
Herde. Da kann doch nicht viel schief gehen, oder?
Und schließlich wissen wir schon aus der Naturgeschichte: Wer
sich nicht anpasst, der geht unter. Gerade in diesen schwierigen
Zeiten müssen wir uns halt ein wenig »nach der Decke strecken«,
reden wir uns ein. Vollkommen zu Unrecht. Wie wir sehen werden,
gilt heute in weiten Bereichen geradewegs das Gegenteil. Nicht
Anpassung ist gefragt, sondern Originalität, nicht die Braven werden belohnt, sondern die »Schrägen« – die Profiltypen eben.
Mit der übertriebenen Anpassung ist das überhaupt so eine Sache.
Nicht einmal in der Evolutionsgeschichte ist sie eine besonders er-
folgreiche Strategie. Denn die Natur belohnt keineswegs die Lebe-
wesen, die sich am besten anpassen, und bestraft diejenigen, die
das nicht tun. Das wird zwar gelegentlich behauptet, doch es
stimmt nicht. Nicht selten gehen nämlich geradewegs die Lebewe-
sen zugrunde, die an bestimmte Bedingungen ganz hervorragend
angepasst sind. Das passiert immer dann, wenn sich diese Bedingungen ändern, was in der Natur nun mal recht häufig vorkommt,
wie wir wissen.

Bunte Vögel und graue Mäuse

Vielleicht sind Sie fest von diesem Szenario überzeugt: »Es geht gar
nicht anders. Ich muss Kompromisse machen, mich anpassen, vielleicht sogar ein wenig gegen meine Überzeugung handeln. Sonst

habe ich gar keine Chance. Die anderen, ja, die bunten Vögel, die können es sich vielleicht leisten, originell zu sein, aber ich doch nicht. Mich akzeptieren die anderen nur als graue Maus. Also muss ich die graue Maus spielen.«

Entschuldigen Sie, aber das ist eine faule Ausrede. Denn die graue Maus spielen, das müssen Sie keineswegs. Was immer Sie sein möchten, bestimmen Sie selbst, nicht die anderen. Niemand wird Sie zwingen, sich in einen bunten Vogel zu verwandeln. Genau das soll ja nicht geschehen, dass Ihnen irgendjemand vorschreibt, wie Sie zu sein haben. Es geht darum, sich ein größeres Repertoire zur Umsetzung der eigenen Persönlichkeit zu schaffen. Das Gefühl, ein größeres Spektrum an Handlungsmöglichkeiten zu haben, erhält und stärkt den eigenen Willen. Wir spüren wieder, wie viel Kraft und Energie in uns steckt und zu welchem Handeln wir fähig sind. Wir gewinnen im wahrsten Sinne des Wortes an »Selbst-Sicherheit«. Wenn Sie sich darauf einlassen, sind Sie in der Lage Dinge zu tun, die Sie sich vorher vielleicht gar nicht zugetraut hätten.

Wer zu spät die Maske fallen lässt, hat kein Gesicht mehr

Viele meinen, sie müssten sich nur am Anfang ein wenig verbiegen und verstellen. Zum Beispiel um eine neue Stelle zu bekommen. Oder um einen anderen Menschen für sich einzunehmen. Oder um auf der Karriereleiter einen großen Sprung nach oben zu machen. Sie verstellen sich, um erst einmal einen Anfang zu machen, um Zutritt zu bekommen. Sie schlucken jede Kröte und trösten sich damit, dass alles nur vorübergehend sei. Sie machen sich vor, nach einer Übergangsphase könnten sie endlich so sein, wie sie wollten. Doch das ist ein folgenschwerer Trugschluss. Wer einmal damit angefangen hat, sich zu verbiegen, für den ist es sehr schwierig, später umzusteuern. Er muss dann viel größere Widerstände überwinden. Außerdem muss er sein wahres Gesicht hinter seiner Maske erst wieder selbst entdecken.

Es ist ja nicht so, als könnten wir plötzlich einen Hebel umlegen und uns von einem wohlerzogenen, zahmen Wesen in einen selbstbewussten, strahlenden Helden verwandeln. Oder als müssten wir nur unsere Maske abnehmen, damit ein Ich zum Vorschein kommt, auf das wir stolz sein können. So einfach geht das nicht. Wir müssen buchstäblich lernen, wir selbst zu sein, und wir müssen erleben, wie befriedigend das ist. Schritt für Schritt müssen wir uns dahin entwickeln, wie wir wirklich sind. Fangen Sie noch heute damit an und nicht morgen. Dann sparen Sie sich ein Stück Weg.

Wir möchten akzeptiert werden

Wenn wir uns dennoch immer wieder verbiegen lassen, so tun wir das aus einem bestimmten Grund: Wir meinen, dass die anderen uns nicht so akzeptieren, wie wir sind. Dass es besser ist, sich anzupassen und erwünschte Eigenschaften zu zeigen. Wir erhoffen uns davon, angenommen und geliebt zu werden.

Häufig haben wir sogar gute Gründe das anzunehmen. Denn die anderen üben Druck aus, zum Beispiel wenn wir wegen bestimmter Eigenarten geneckt oder sogar gekränkt werden. Sie lachen über uns, weil wir zu langsam sind, zu schüchtern, zu leise sprechen oder zu laut lachen, weil wir ungebildet sind, die falsche Kleidung tragen oder ins Sonnenstudio gehen. Im Prinzip spielt es keine Rolle, was es ist, denn jede Eigenschaft kann aus einem bestimmten Blickwinkel verächtlich gemacht werden.

Bei dem einen sind Sie unten durch, wenn Sie sich für Fußball interessieren; der andere kann mit Ihnen nichts anfangen, wenn Sie es nicht tun. Der eine hält Sie für arrogant, weil Sie gerne gut und teuer essen gehen; den anderen stört es, wenn Sie dem nichts abgewinnen können. Was Sie auch tun, wie Sie auch sind, Sie werden immer jemanden finden, der daran Anstoß nimmt.

Also gut, niemand kann es allen recht machen. Aber es gibt Menschen, die sind wichtig für uns. Auf die kommt es uns besonders an. Vielleicht haben wir das Gefühl, von ihnen abhängig zu sein. Vielleicht befürchten wir, den Boden unter den Füßen zu verlieren, wenn sie uns ablehnen oder anfeinden. Wir tun alles dafür, dass sie uns mögen. Sollen wir auf die Bewunderung und den Respekt dieser Menschen etwa so einfach verzichten? Hier stellt sich die Frage: Was will ich wirklich? Will ich mich stets auf andere einstellen und mich selbst dabei ausbremsen? Oder möchte ich »ich selbst sein« und mich davon frei machen, ob sie mich annehmen oder nicht?

Anecken macht beliebt

Wir erwerben uns keine Anerkennung, wenn wir uns ganz zurück-
nehmen, um so zu werden, wie uns die anderen gerne hätten. Wer
sich beliebt machen will, macht sich mit Sicherheit unbeliebt. Denn
denken Sie mal darüber nach: Wodurch wird eigentlich jemand
beliebt? Dadurch, dass er sich den anderen anpasst? Dass er ihnen
nach dem Munde redet und keinen eigenen Standpunkt bezieht?
Dass er seine eigenen Gedanken verschweigt und seine Eigenarten
unterdrückt?

Eben gerade nicht. Es liegt eine gewisse Tragik darin, dass solche
Leute, die sich ja geradezu aufopfern, um anderen zu gefallen, niemals wirklich gemocht werden. Im Gegenteil, sie werden verach-
tet. Sogar von autoritären Führungspersönlichkeiten, die sich vor-
zugsweise mit Jasagern und Speichelleckern umgeben. Respekt
bringen sie diesen gewiss nicht entgegen. Und es ist keine Seltenheit, dass auch ein autoritärer Chef an allen seinen ergebenen Un-
tertanen vorbei plötzlich jemanden befördert, der ausgesprochen
unbequem und eigensinnig ist. Dieser Fall tritt vor allem dann ein,
wenn es um wirklich wichtige Positionen geht – Positionen, in denen eine hohe Eigenverantwortlichkeit gefragt ist, verbunden mit
sozialer Kompetenz und Rückgrat. Denn es hat sich längst herum-
gesprochen, dass Leute ohne Rückgrat für solche Posten gar nicht
zu gebrauchen sind.

Davon abgesehen neigen sich die Zeiten der autoritären Bosse ohnehin ihrem Ende zu. Es gelangen nicht diejenigen in Spitzenposi-
tionen, die sich rücksichtslos gegenüber ihren Konkurrenten
durchsetzen, sondern es sind mehr und mehr »weiche« Führungs-
eigenschaften gefragt. Ganz entscheidend kommt es dabei darauf
an, wie gut der- oder diejenige mit Menschen umgehen kann. Ein
guter Chef bewertet seine Mitarbeiter nicht danach, wie sehr sie
ihm nach dem Munde reden, sondern wie autonom und intuitiv sie
ihre Aufgaben erfüllen. Solche Mitarbeiter werden gebraucht –
dringend gebraucht. Heute mehr denn je.

Aber überlegen wir doch kurz selbst, welche Menschen wir mögen.
Es sind fast immer diejenigen, die ihren eigenen Kopf haben. Die
vielleicht sogar ein wenig frech sind. Die sich nicht scheuen, uns

manchmal die Meinung zu sagen und auf die wir gelegentlich sogar ein wenig sauer sind. Denn jemand, der uns niemals etwas entgegensetzt, der berührt uns buchstäblich gar nicht. Er lässt uns einfach kalt.

Die Menschen, die wir wirklich mögen, sind jedenfalls nicht diejenigen, die perfekt »gestylt« sind, die ihre Persönlichkeit marktgerecht »designt« haben. Die nie eine Schwäche zeigen, sondern makellos sind. Die präzise und zuverlässig arbeiten wie ein Roboter. Die sich keine Fehler erlauben und niemals über die Stränge schlagen. Die unangreifbar sind. Die Menschen, die wir wirklich mögen, vermitteln uns persönliche Wärme.

Mit Ecken und Kanten mehr erreichen

Schauen wir uns die Profiltypen doch einmal näher an. Was zeichnet sie aus? Warum meistern sie Schwierigkeiten besser als die aalglatten Karrieristen und braven Jasager? Überlegen wir mal, wer warum Erfolg hat, weshalb wir jemanden mögen und wieso wir ihm vertrauen. Dabei geht es gar nicht um bestimmte einzelne Eigenschaften. Vielmehr ist der gesamte Eindruck entscheidend dafür, ob jemand glaubwürdig ist.

Die beliebtesten Promis sind nicht perfekt

Es sind nicht die unvergleichlichen Stärken, sondern es sind die kleinen Schwächen, die jemanden sympathisch machen. Das gilt nicht nur für uns »Alltagsmenschen«, das gilt auch für diejenigen, die im Licht der Öffentlichkeit stehen wie Schauspieler, Politiker oder TV-Promis.

Oft genug sind ihre vermeintlichen Macken und die Art, wie sie damit umgehen, der eigentliche Schlüssel zum Erfolg. Denken Sie an Verona Feldbusch. Bei den Deutschen zwischen sechs und sechzig Jahren kommt zurzeit niemand so gut an wie das quirlige Multitalent. Sie ist zur sympathischsten Moderatorin gewählt worden. Und bei einer Umfrage vom Gesamtverband der Werbeagenturen – wer ist der beliebteste Prominente in der Werbung? – belegte sie den ersten Platz. Weit vor dem »Kaiser« Franz Beckenbauer oder der schönen Claudia Schiffer.

Nun sieht Verona Feldbusch gewiss auch nicht schlecht aus. Doch hat sie eine etwas piepsige Stimme, redet wie ein Wasserfall, verliert gelegentlich den Faden und bringt oftmals Dativ und Akkusativ durcheinander. Na und? Was macht das schon? Ihr Versprecher »Hier werden Sie geholfen!« ist zum geflügelten Wort geworden. Die Leute schmunzeln über ihre Unbekümmertheit und mögen sie dafür.

Doch das war nicht immer so. Als die ehemalige Miss Germany anfing das Erotikmagazin »Peep!« zu moderieren, sich dabei immer wieder verhaspelte und das nicht mal peinlich fand, schlugen die Wellen der Empörung hoch. Manche Fernsehzuschauer empfanden das als Zumutung. Eine Moderatorin, die nicht in der Lage ist, sich den Text zu merken und die dicke Grammatikfehler macht – was ist denn davon zu halten? Über Verona Feldbusch ergossen sich Kübel von Spott. Es wurden höhnische Witze über sie gemacht. Sie galt als unfähiges Dummchen, was sie nun wirklich nicht ist.

Mal ehrlich, wie hätten Sie in so einer Situation reagiert? Hätten Sie sich zurückgezogen und Grammatik gepaukt oder vielleicht versucht, Ihr Image aufzupolieren und den anderen gezeigt, wie schlau Sie in Wirklichkeit sind? Verona Feldbusch machte das einzig Richtige: Sie blieb sich treu, sie ließ sich nicht beirren, sondern pflegte weiterhin mit Charme und Selbstbewusstsein ihren ganz persönlichen Stil. Und zu diesem gehört eben auch, sich vor laufender Kamera Schnitzer zu leisten und herzhaft darüber zu lachen.

Da geschah etwas Wunderbares: Die gehässigen Kommentare verstummten. Mehr und mehr Leute kamen auf den Geschmack. Sie lachten die Moderatorin nicht mehr aus, sondern sie amüsierten sich über ihre unverwechselbare Art. Mehr und mehr erwarb sie sich Respekt. Verona Feldbusch wurde zur »Kultfigur«. Sie bekam eine eigene Sendung, »Veronas Welt«, und war ein gefragter Gast in Talkshows. Wo immer sie auftauchte – und sie tauchte bald fast überall auf –, erntete sie Sympathien. Ob sie für Spinat Werbung machte oder für die Weltausstellung in Hannover, ob sie am Rande eines Autorennens mit den Reportern plauderte, ob sie ihr eigenes Spinatkochbuch präsentierte oder ihre Bademode. Verona Feldbusch kam gut an. Für viele junge Mädchen wurde sie zum großen Vorbild, für viele Jungs zur Traumfrau. Aus dem Dummchen war mit einem Mal ein Superstar geworden.

Ändern Sie ruhig mal Ihre Laufrichtung

Profiltypen können sehr hartnäckig sein. Was sie für richtig halten, das verfolgen sie auch dann noch, wenn die anderen sie massiv unter Druck setzen. Sie lassen sich halt nicht verbiegen. Das heißt aber nicht, dass Profiltypen unbewegliche Sturköpfe sind, die um jeden Preis bei ihrer Meinung bleiben. Auch und gerade Profiltypen lernen dazu, ändern ihre Einstellung, sie sind stark genug, eigene Irrtümer zu erkennen und sie zu korrigieren.

Ein Beispiel dafür ist Joschka Fischer, ein Politiker mit bewegter Vergangenheit, mit Ecken und Kanten, Seiten, an denen sich auch Parteifreunde gelegentlich stoßen. Auf der anderen Seite genießt Fischer bei vielen, die politisch eine andere Auffassung vertreten, hohe Anerkennung, auch wenn er im politischen Tagesgeschäft sehr hart angegangen wird. Schon über lange Zeit ist Joschka Fischer der beliebteste Politiker in Deutschland. Warum? Weil Joschka Fischer ein Profiltyp ist.

Ein ehemaliger Hausbesetzer als Außenminister, ein früherer Straßenkämpfer als Vizekanzler – auch wenn manche das noch immer für ein Unding halten mögen, ist es möglich. Und zwar ohne sich verbiegen zu lassen. Auch wenn Fischers ehemalige Kampfgefährten da natürlich ganz anderer Auffassung sind und ihm »Verrat« vorwerfen. Dabei hat er nur dazugelernt – und immer wieder neue Wege eingeschlagen. Warum auch nicht? Denn entscheidend ist: Es waren *seine* Wege. Als erster Minister in Turnschuhen, als Obergrüner, als wohlgerundeter Genussmensch, als hagerer Marathonläufer.

Es kommt hier gar nicht auf die einzelnen Stationen an und ob wir das alles richtig oder sympathisch finden. Für uns ist nur eines wichtig: Profiltypen entscheiden selbst darüber, ob sie morgen nicht etwas ganz Neues beginnen. Sie kümmern sich nicht darum, ob das jetzt besonders konsequent ist oder ob die ehemaligen Weggefährten die Nase rümpfen. Wenn sie der Ansicht sind, dass es

Zeit ist, eine neue Richtung einzuschlagen, so tun sie es. Frei nach dem Motto »Nur wer sich ändert, bleibt sich selber treu«.

Lassen Sie sich nicht von Ihrer Vergangenheit behindern

Eines der größten Hindernisse auf dem Weg zu dem, der wir werden wollen, ist unsere Vergangenheit. Natürlich ist unsere Vergangenheit auch ein unvergleichliches Reservoir, eine wahre Schatzkammer, aus der wir die kostbarsten Dinge zu ziehen vermögen. Aber manches an unserer Vergangenheit kann uns auch lähmen. Manches schleppen wir wie eine Last mit uns herum und lassen uns dadurch unsere Lebensfreude trüben. Manches kann uns richtiggehend darin blockieren, Dinge zu tun, die wir gerne tun möchten. Vielleicht würden Sie gerne ein Geschäft eröffnen? Aber nein, das geht doch nicht. In der Vergangenheit haben Sie schon ähnliche Dinge versucht und die sind immer schief gegangen. Oder aber Sie sind seit jeher angestellt. Weil Sie in der Vergangenheit ein Angestellter waren, sind Sie in Ihrer Vorstellung auf diese Rolle festgelegt: Ich bin ein Angestellter. Und ein Angestellter macht sich doch nicht selbstständig! Das kann doch nur misslingen!

Vielleicht waren Sie auch früher ein braves, hilfsbereites Mädchen und würden jetzt gerne verrückte Dinge anstellen? Das geht doch nicht. Das passt doch gar nicht zu Ihnen. Und was sollen die Leute denken, die Sie von früher kennen?

Die Vergangenheit sperrt Sie sozusagen in einen Käfig, aus dem Sie nicht mehr herauskommen. Jedenfalls glauben Sie das. Sie kommen nämlich doch aus dem Käfig heraus. Sie müssen sich nur selbst daraus befreien. Sie dürfen nicht zulassen, dass Ihre Vergangenheit Sie lähmt und an Ihnen hängt wie eine Fessel. Wenn das so ist, sollten Sie diese Fessel durchschlagen. Sie werden erleben, wie beglückend und befreiend das sein kann. In den weiteren Kapiteln dieses Buches werde ich Ihnen einige Tipps geben, wie Sie am besten vorgehen können.

Profiltypen denken nicht daran, anderen zu gefallen

Kein Zweifel, Verona Feldbusch und Joschka Fischer sind Profiltypen. Beide denken überhaupt nicht daran, ihre vermeintlichen

Schwächen zu kaschieren und sich verbiegen zu lassen. Sie reden, »wie ihnen der Schnabel gewachsen ist«. Sie tun das, was sie für richtig halten, und nicht das, von dem sie glauben, dass es am besten ankommt.

Langfristig haben sie damit Erfolg. Denn es wirkt sich immer negativ aus, wenn jemand ohne innere Überzeugung handelt. Auch wenn er es zunächst viel leichter zu haben scheint, früher oder später verliert er das Wichtigste, was er hat: seine Glaubwürdigkeit. Dabei müssen wir uns vor Augen halten, dass beide, TV-Star und Politiker, unmittelbar vom Wohlwollen der anderen abhängig sind. Ein Politiker will von möglichst vielen gewählt werden, eine Moderatorin, die den Zuschauern unsympathisch ist, kann einpacken. Als Lebensmittelchemiker oder EDV-Spezialist können wir es schon eher mal in Kauf nehmen, dass die anderen uns zeitweilig etwas seltsam finden.

Aber – und darauf kommt es mir hier an – Profiltypen sind auch dann erfolgreich, wenn sie in der Öffentlichkeit stehen und durch ihre unverwechselbaren Eigenarten Kopf und Kragen riskieren. Ja, ich gehe noch weiter: Es sind gerade solche Profiltypen, die sich früher oder später durchsetzen. Sie überwinden Widerstände und sorgen für Veränderung. Sie richten ihre Persönlichkeit nicht nach den herrschenden Vorstellungen aus. Sie setzen sich einfach darüber hinweg und prägen so die herrschenden Vorstellungen um.

Dabei stoßen Profiltypen sehr oft zunächst einmal auf Widerstand. Sie werden abgelehnt, lächerlich gemacht oder sogar ausgeschlossen. Viele andere würden da resignieren. Sie würden sich zurückziehen, klein beigeben oder etwas anderes versuchen. Nicht so die Profiltypen. Sie können gar nicht anders als dort weiterzumachen, wo sie aufgehört haben. Sie lassen sich nicht einschüchtern, denn sie haben eine innere Stärke, die sie dazu bringt, hartnäckig ihr Ziel zu verfolgen.

Durchbrechen Sie die Angst vor der Blamage

Ein sehr verbreitetes und machtvolles Gefühl ist die Angst vor der Blamage. Sie hält uns davon ab, aus der Reihe zu tanzen und unsere Mitmenschen mit ungewöhnlichen Ideen zu behelligen. Wir ahnen, dass Abweichler Schwierigkeiten bekommen. Ja, vielleicht haben wir schon selbst die Erfahrung gemacht und sind ganz fürchterlich bloßgestellt worden. Wir haben keine Lust, noch einmal so eine Demütigung über uns ergehen zu lassen.

Doch das ist ein verhängnisvoller Fehler. Denn damit verhindern wir nur, dass wir uns durchsetzen. Wir stutzen uns die Flügel und kehren sozusagen auf halber Strecke um. Vor der gleichen Situation stehen auch die, die später so viel Bewunderung einheimsen. Aber sie gehen das Risiko ein, sich lächerlich zu machen. Und oft genug blamieren sie sich auch bis auf die Knochen. Am Anfang. Dabei geht es nicht nur darum, dass die anderen damit überfordert sind, die wahren Qualitäten einer Sache zu erkennen. Möglicherweise ist Ihr Vorhaben dramatisch schief gegangen oder Ihr Vorschlag tatsächlich unausgegoren. Na und? Fehler sind dazu da, dass man aus ihnen lernt und mit ihnen arbeitet. Nicht, dass man die ganze Sache abbläst.

Einer der wichtigsten Ratschläge, die ich Ihnen geben kann, lautet daher: Überwinden Sie die Angst, sich zu blamieren. Fast alle Menschen, die später bewundert werden, machen anfangs eine Phase durch, in der sie auf Ablehnung stoßen. Ja, man kann fast sagen, je stärker vorher die Ablehnung ausfällt, umso größer ist später die Bewunderung. Wer diese schwere Phase durchsteht, der hat gute Aussichten zu erreichen, was er wirklich will. Denn es ist eine Tatsache, dass sich später niemand mehr daran erinnert, wie unmöglich man denjenigen gefunden hat, der jetzt als Vorbild erscheint. Denn jetzt ist er natürlich nicht mehr lächerlich. Jetzt ist er mit einem Mal ein großes Vorbild, dem alle nacheifern, oft auch diejenigen, die sich vorher über ihn lustig gemacht haben. Eines dieser großen Vorbilder ist der indische Freiheitskämpfer und Prediger der Gewaltlosigkeit Mahatma Gandhi. Er hat die Erfahrung gemacht: »Erst ignorieren sie dich, dann machen sie sich über dich lustig, dann kämpfen sie gegen dich. Und dann siegst du.«

Kommen wir noch einmal auf unsere Profiltypen Verona Feldbusch und Joschka Fischer zurück. Beide wurden oft hart angegangen. Sie waren Zielscheibe von Spott und Hohn, der sich nicht auf ein Amt oder eine Funktion, sondern konkret gegen ihre Person richtete.

Hätten sie sich dadurch beeindrucken lassen, hätten sie damit ihren Kritikern Recht gegeben. Verona Feldbusch wäre uns dann als ausgemachtes Dummchen, Joschka Fischer als gescheiterter Oppositionspolitiker in Erinnerung.

Machen Sie sich Folgendes klar: Jemanden verächtlich zu machen ist eine äußerst grausame und scharfe Waffe. Allerdings ist es eine Waffe, die durch fortgesetzten Gebrauch immer stumpfer wird, und häufig ist es auch die einzige. Anders gesagt: Es trennt Sie gar nicht so viel vom Erfolg, wie es den Anschein hat. Wenn es Ihnen gelingt, den Spott unbeschadet durchzustehen, dann sind Sie auf der Sonnenseite. Wie aber können Sie den Spott unbeschadet durchstehen? Indem Sie Profil zeigen. Wie das geht, erfahren Sie in diesem Buch.

Der richtige Zeitpunkt ist jetzt

Vielleicht meinen Sie ja, der Zug sei abgefahren. Vor drei, vier, fünf oder zehn Jahren, ja, da hätten Sie durchaus noch etwas aus sich machen können. Aber jetzt? Jetzt stecken Sie in so vielen Abhängigkeiten und haben sich irgendwie arrangiert. Sie würden ja gerne etwas ändern, vielleicht sogar sehr viel, aber Sie glauben, es ist zu spät dafür. Sie müssten jünger sein. Doch das ist ein Irrtum.

Sie können immer, zu jedem Zeitpunkt Ihres Lebens noch etwas verändern. Es gibt gar nicht wenige Menschen, die erleben erst in fortgeschrittenem Alter ihren persönlichen Durchbruch. Das einzig Bedauerliche dabei ist, dass sie erst so spät darauf gekommen sind. Aber natürlich ist es jederzeit möglich, sein Leben zu verändern. Sie können durchaus auch dann noch neu anfangen, wenn andere eher ans Aufhören denken.

Denken Sie an den energiegeladenen Superstar Tina Turner. Ihren Durchbruch hatte sie in einem Alter, in dem sich Popstars sonst kaum noch auf die Bühne trauten: mit vierundvierzig Jahren. Zwar war sie schon vorher bekannt, vielleicht sogar ein wenig berühmt, doch nur als Teil des Erfolgsduos »Ike und Tina Turner«. Ihr Ehemann Ike war derjenige, der die Fäden straff in der Hand hielt, der sie gängelte und tyrannisierte, der gewalttätig über sie herrschte und ihr Leben vollkommen kontrollierte.

Es war ein außerordentlich mutiger Schritt von Tina Turner, sich von ihrem Mann zu trennen. Da war sie Ende dreißig. Im Popgeschäft mit seinem Jugendlichkeitswahn ist das nicht gerade ein günstiges Alter für einen Neuanfang, zumal für eine Frau. Es dauerte dann auch fast acht Jahre, bis sie 1984 mit »Private Dancer« einen richtig großen Superhit landen konnte. Interessanterweise entfernte sie sich dabei immer mehr von dem, was sie vorher gemacht hatte. Sie ging ihren eigenen Weg. Aus der Ex-Ehefrau von Ike Turner wurde Tina Turner mit ihrem einzigartigen und unverwechselbaren Stil. Mittlerweile ist sie über sechzig und noch immer ein Megastar. An Ike Turner erinnert sich heute kaum noch jemand mehr. Allenfalls als tyrannischer Ex-Ehemann von Tina ist er im Gedächtnis geblieben.

Profiltypen sind Erfolgstypen

Kein Zweifel, es sind nicht die konturlosen Ehrgeizlinge und die durchgestylten Anpasser, denen die Zukunft gehört. Zwar kommen einige von denen auch nach oben, sie machen hier und da sogar wesentlich schneller Karriere als die knorrigen Profiltypen, die sich erst über Umwege oder durch beharrliches Abwarten durchsetzen. Sie gelangen also mitunter leichter dorthin, wo sie hinwollen. Doch was folgt daraus? Sie haben gelernt zu taktieren, Ränke zu schmieden, andere auszutricksen und die Ideen anderer so zu verkaufen, als seien es ihre eigenen. Vielleicht können sie das bis zur Perfektion. Aber sonst? Wenn sie keine eigenen Vorstellungen haben, keine Standpunkte, keine Visionen, für die sie brennen, dann sind sie zwar irgendwann am Ziel ihrer Wünsche angelangt, aber nichts weiter als seltsam leere Hülsen. Beim ersten kräftigen Windstoß werden sie weggeblasen.

Auch wenn sie in der Chefetage angekommen sind, so sind nicht sie es, die steuern, sondern sie lassen sich noch immer steuern, weil sie keine andere Sorge haben, als die Position, die sie erreicht haben, zu halten. Sie haben sich zeit ihres Lebens verbiegen lassen und mit dieser Taktik ihre jetzige Position erreicht. Also bleiben sie dabei. Sie interessiert nur, wie sie ihre Machtposition behalten oder festigen können. Dafür sind sie auch bereit, ihre Überzeugungen über Bord zu werfen. Denn genau genommen waren das gar nicht ihre Überzeugungen, sondern Mittel, um sich Macht zu verschaffen. Interessanterweise geht dieses Machtspiel häufig nicht auf. Um es deutlich zu sagen: Es geht immer seltener auf. Denn eine Führungskraft kann sich immer weniger erlauben, ihre Glaubwürdigkeit zu verlieren. Und genau diese Glaubwürdigkeit steht auf dem Spiel, wenn die Mitarbeiter merken, dass ihr Chef nur taktiert, dass er sie nicht aus einer starken Persönlichkeit heraus führt, sondern manipuliert. Und so kommen die profillosen Karrieristen vielleicht rascher nach oben, aber auch schneller wieder nach unten.

Ganz anders die Profiltypen. Für sie bemisst sich der Erfolg nicht in erster Linie daran, welche Karrierestufe sie gerade erklommen haben, für sie liegt die Erfüllung vielmehr in ihrer Tätigkeit selbst. Sie verfügen über eine klare Vorstellung von dem, was zu tun ist, und haben einfach Spaß daran, sich dafür einzusetzen. Und weil das so ist, machen sie ihre Sache viel besser als diejenigen, die ihre Aufgabe nur deshalb erledigen, weil sie sich davon ihren schnellen beruflichen Aufstieg versprechen. Wir kennen das alle: Wenn wir etwas tun, weil es uns Freude bereitet, erzielen wir ein wesentlich besseres Ergebnis, als wenn eine Belohnung für uns im Vordergrund steht. Sind wir eins mit dem, was wir tun, vergeht die Zeit außerdem wie im Fluge und wir werden scheinbar mühelos damit fertig. Tun wir es aber quasi nur für die Prämie, schauen wir ständig auf die Uhr, um zu prüfen, wann wir es endlich hinter uns gebracht haben.

Es gibt noch einen weiteren Aspekt: Profiltypen sind erfolgreicher, weil sie experimentierfreudiger sind. Sie sind nicht ängstlich darauf bedacht, ihre Position zu halten. Sie sind eher bereit, Dinge auszuprobieren – auch auf die Gefahr hin, dass die Sache schief geht. Das hat zwar zur Folge, dass sie ständig von Bedenkenträgern umgeben sind, die es jedes Mal aufs Neue gilt hinter sich zu bringen. Doch Profiltypen schreckt das nicht. Es reizt sie, den Dingen auf den Grund zu gehen. Und dafür nehmen sie es in Kauf, sich gegen Widerstände durchzusetzen. Das heißt nicht, dass sie die Vorbehalte und Bedürfnisse anderer nicht ernst nähmen, sie gehen nur anders mit dem Begriff »Risiko« um. Sind sie davon überzeugt, dass die Zeit reif ist, die Dinge auf andere Weise voranzubringen als bisher, gibt es für sie kein Risiko, sondern nur Weiterentwicklung.

Diese Haltung zahlt sich aus. Denn so werden Fehlschläge nicht als Versagen gewertet, sondern als notwendiger Teilabschnitt auf dem Weg zum Erfolg. Ging etwas daneben, versucht man es eben noch einmal unter anderen Voraussetzungen. Bis es schließlich klappt.

Profiltypen kultivieren ihre Schwächen

Wir alle haben unsere Schwachpunkte. Im Allgemeinen haben wir gelernt, sie zu verbergen oder sie zu überspielen. Die anderen sollen nicht merken, wo wir Defizite haben, wo wir unsicher oder verletzbar sind. Sie könnten das ja ausnutzen. Wenn unsere Schwächen offenbar werden, ist uns das oft unsagbar peinlich. Profiltypen macht das gar nichts aus. Sie stehen zu ihren kleinen »Webfehlern«. In einigen Fällen kann man sogar sagen, sie pflegen ihre Schwächen. Sie gehören ja zu ihrem unverwechselbaren Profil. Ähnlich wie es in einer schönen Landschaft Berge und Täler gibt, so hat auch jede profilierte Persönlichkeit nicht nur ihre Gipfelpunkte, sondern auch ihre Fehler, Macken und schlechte Angewohnheiten. Das macht jedoch gar nichts. Solange diese Schwächen zu der Entfaltung der Persönlichkeit beitragen und sie nicht etwa hemmt.

Was ist damit gemeint? Nun, ich kenne zum Beispiel einen brillanten Zeichner, eine ausgesprochene Profilpersönlichkeit. Er ist ein sehr genauer Beobachter, erfasst die Dinge sofort und kann sie mit wenigen Strichen aufs Papier bringen. Auf der anderen Seite ist dieser Zeichner äußerst schüchtern und ängstlich. In größerer Gesellschaft fühlt er sich stets unwohl. Nie geht er auf andere Leute zu. Und wenn man ihn anspricht, so wird er verlegen. Diese Schüchternheit gehört jedoch zu ihm, sie ist Teil seines Wesens. Es wäre vollkommen falsch, ihm seine Menschenscheu austreiben zu wollen. Denn sie gehört genauso zu ihm wie sein Zeichentalent. Ich bin davon überzeugt, dass beide Eigenschaften miteinander zusammenhängen. Wäre er nicht so schüchtern, so würde er vermutlich nicht zeichnen können.

Anders liegt der Fall, wenn diese Schwäche ihn ernsthaft stören oder einschränken würde. Also wenn unser Zeichner durch seine Schüchternheit daran gehindert würde zu zeichnen oder er selbst zu sein. Dann wäre es ratsam, diese Eigenschaft abzulegen. Denn sie gehört ja nicht richtig zu ihm. Im Gegenteil, sie verhindert, dass er sich richtig entfalten kann.

Aber das ist ja bei unseren Profiltypen ja gerade nicht der Fall: Stellen Sie sich eine Verona Feldbusch vor, die sich nie verhaspelt. Oder einen Joschka Fischer, der in seiner Jugend Kreisvorsitzender der Jungen Union gewesen ist. Das geht nicht, die wären nicht sie selbst.

Nicht zuletzt haben unsere kleinen Schwächen und Unvollkommenheiten auch eine entlastende Wirkung. Wir müssen nicht in allem große Klasse sein. Wir müssen uns nicht überall anstrengen. Wir geben uns die Erlaubnis, einmal »Fünfe gerade sein zu lassen«. Kein Wunder also, dass die Schwächen den Profiltypen gar nicht peinlich sind, sondern dass manche sie sogar hätscheln bis zur Exzentrik. Wer über seine eigenen Fehler wirklich lachen kann, der ist mit sich im Reinen.

Profiltypen haben einen inneren Kompass

Was haben Albert Einstein, Beate Uhse, Stefan Raab und Margaret Thatcher gemeinsam? Nicht viel, aber alle vier sind unverwechselbare Profiltypen. Sie haben ihre ganz speziellen Eigenarten, mit denen sie ziemlich stark angeeckt sind. Für viele ihrer Mitmenschen waren sie ein »rotes Tuch«, oder sie sind es noch heute. Sie sind gewiss nicht jedermanns Fall – auch Albert Einstein nicht, der zwar ein genialer Physiker war, im persönlichen Umgang jedoch ziemlich schwierig gewesen sein muss. Vielleicht finden Sie selbst den einen oder die andere dieser Profiltypen gar nicht vorbildlich, sondern lehnen das, wofür er oder sie steht, strikt ab. Darauf kommt es hier jedoch gar nicht an. Sie können Beate Uhse, Joschka Fischer, Verona Feldbusch oder Stefan Raab ganz fürchterlich finden. Eines müssen Sie diesen Profiltypen jedoch bescheinigen: Sie haben sehr viel erreicht, nämlich genau das, was sie sich vorgenommen hatten. Ob uns das nun passt oder nicht.

Immer mussten sie sich gegen erheblichen Widerstand behaupten. Fast immer sprach zunächst alles gegen sie. Doch sie konnten sich durchsetzen. Denn Profiltypen besitzen eine Art von »innerem Kompass«, der dafür sorgt, dass sie bei allem, was sie tun, innerlich Kurs halten, dass sie ihr Ziel doch noch erreichen, auch wenn sie Umwege einschlagen müssen.

Einen solchen inneren Kompass besitzt jeder von uns. Auch wenn Ihnen das vielleicht im Moment gar nicht bewusst ist und Sie noch auf der Suche sind nach jemandem, der Ihnen sagt, welche Richtung Sie in Ihrem Leben einschlagen müssen. Das kann jedoch gar nicht gelingen. Sie besitzen Ihren eigenen Kompass, und an den müssen Sie sich halten.

Stellen Sie sich vor, was wohl dabei herauskäme, wenn der innere Kompass von Stefan Raab in Joschka Fischer gesteckt hätte. Oder der innere Kompass von Margaret Thatcher in Verona Feldbusch. Vermutlich ein heilloses Durcheinander, vollkommene Desorientierung, eine völlig verunsicherte Persönlichkeit, die nicht weiß, wie sie leben soll, und die bei allem, was sie tut, in eine Richtung läuft, in die sie gar nicht möchte.

Für uns muss es also darum gehen, unseren persönlichen inneren Kompass zu entdecken – bzw. wiederzufinden, denn oftmals ist er uns im Laufe unseres Lebens nur verloren gegangen. Früher, da hatten wir nämlich eine Ahnung, wohin die Reise unseres Lebens führen sollte. Als Kind hatten wir ein natürliches Selbstverständnis – eine innere mentale Führung, die uns half, Veränderungen zu meistern und eine andere Richtung einzuschlagen, wenn uns ein Spiel nicht mehr gefiel. Heute sind wir da häufig sehr viel unsicherer geworden. Wir müssen also unsere Lebendigkeit von damals zurückerobern. Und das ist möglich. Denn unser innerer Kompass hat sich ja nicht in Luft aufgelöst. Er ist noch immer in uns vorhanden. Verborgen zwar, vielleicht unter einem ganzen Stapel von komplizierten Landkarten und verwirrenden Reiserouten, die wir einst als Lebenspläne für uns erdacht und wieder verworfen haben, doch es gibt ihn noch. Wir müssen ihn nur freilegen und ihm folgen. Dann werden wir erstaunt sein, zu welchem Handeln wir fähig sind.

Starten Sie neu durch

Also gut, denken Sie jetzt vielleicht, Profiltypen leben besser. Einverstanden. Aber bin ich denn überhaupt ein Profiltyp? Das sind doch eher die anderen, die selbstbewussten Dickschädel, die sich alles zutrauen und die sich sowieso immer durchsetzen. Ich bin doch nicht so. Ich weiß noch nicht einmal, was eigentlich mein Profil ist. Oder vielleicht kennen Sie Ihr Profil, sind damit aber gar nicht so zufrieden? Sie stellen an sich Eigenschaften fest, die Sie lieber loswerden möchten, statt sie liebevoll zu pflegen? Ist es da nicht gerade der falsche Weg, mehr Profil zu zeigen?

Ich kann Sie beruhigen. Es ist auf jeden Fall der richtige Weg. Denn es ist Ihr Weg. Aus Ihnen soll weder ein Dickschädel werden noch sonst irgendetwas, was Sie nicht sind. Es geht ja gerade darum, dass Sie sich *nicht* verbiegen lassen, dass Sie Ihre Potenziale erkennen und nutzen. Sie sollen ein glücklicher und erfolgreicher Mensch werden, weil Sie der sein können, der Sie sind.

Das ist nämlich gar nicht so selbstverständlich. Oftmals leben wir nicht so, wie es uns entspricht. Unsere eigentlichen Fähigkeiten und Talente kommen nicht zum Tragen, sie bleiben ungenutzt. Stattdessen müssen wir uns in Tätigkeiten üben, die uns nicht liegen. Das ist so, als würden wir mit angezogener Handbremse einen Berg hinauffahren. Wir drücken das Gaspedal voll durch und kommen doch nur langsam voran. Wir wenden sehr viel Energie auf und erreichen trotzdem nur wenig. Das erschöpft uns und macht uns unzufrieden.

Wir haben uns längst daran gewöhnt, ein Leben zu führen, das eigentlich gar nicht richtig zu uns gehört. Es hat sich so ergeben. Vielleicht spüren wir tief in unserem Innern, dass da etwas nicht stimmt. Wir vernehmen diesen inneren Zwiespalt so wie »mögen tät' ich schon gerne wollen, aber dürfen trau' ich mich nicht«. – Aber ändern? Was sollten wir ändern und wie?

Lösen Sie die Bremse

Jeder von uns kann sein Profil neu entdecken und zu einem erfüllteren und glücklicheren Leben finden. Jeder von uns kann ein Profiltyp werden, wenn er der Persönlichkeit, die in ihm steckt, mehr Ausdruck verleiht. Jeder von uns kann die Bremse lösen, die ihn daran hindert, mit Vollkraft zu leben. Sie werden erstaunt sein, wie viel Energie plötzlich aus Ihnen herausschießt, wenn Sie sich erlauben, ungebremst voranzugehen.

Allerdings können wir dabei nicht den dritten vor dem ersten Schritt tun. Das heißt, wir müssen mit unserer Persönlichkeit erst einmal ein paar Trainingsrunden drehen. So wie mit einem Sportwagen oder Oldtimer, der lange in der Garage stand und nun wieder für die Straße fit gemacht werden soll. Denn in vielen Fällen ist unser wahres Profil eingestaubt und zugedeckt unter einem Berg von falschen Vorstellungen, Zuschreibungen und folgenschweren Fehleinschätzungen. Wir müssen uns vollkommen neu entdecken, neu prüfen und neu abstimmen. Das ist nicht immer einfach. Manchmal müssen wir dabei so behutsam vorgehen wie ein Mechaniker, der einen Motor neu einstellt. Dazu braucht man, wie wir wissen, nicht nur Geschick, sondern auch Geduld.

Vorsicht, verschüttete Talente!

Das Unternehmen ist im Übrigen keineswegs ungefährlich: Vielleicht stoßen Sie auf Talente und Neigungen, die Sie bei nüchterner Betrachtung ein wenig beunruhigen. Da haben Sie einen krisenfesten Job bei einer Versicherung und entdecken, dass Sie sich nichts sehnlicher wünschen als zum Beispiel Gärtner zu werden. Oder Musiker. Oder Galeristin. Ihr ganzes Leben wollten Sie im Grunde nur das erreichen. Was sollen Sie tun? Den Job hinwerfen? Unter Umständen muss die Antwort lauten: ja. Wenn Sie nämlich feststellen, dass es sich nicht um eine bloße Träumerei handelt. Wenn Sie Ihre Unzufriedenheit mit Ihrer jetzigen Situation genau diesem Umstand verdanken, dass Sie früher nur auf Sicherheit gesetzt und nichts riskiert haben. Dann könnte es tatsächlich das Beste sein, die sichere Stelle aufzugeben und den Beruf zu wechseln. Dabei können Sie sicher sein: Was Ihnen zunächst vielleicht etwas Angst macht, wird sich im Nachhinein als ungemein befreiend erweisen. Sie nehmen von nun an Ihr Leben selbst in die Hand. Allein das wird sich auswirken wie der Start mit einem Turbolader.

Die Kompromissfalle

Auch wenn wir uns über unser Profil klar geworden sind, so scheuen wir oftmals davor zurück, Ernst zu machen und es auch tatsächlich auszuleben. Man muss Kompromisse machen, sagen wir uns und beginnen damit, unsere Wünsche zu verwässern und unser Profil wieder abzuschleifen.

Am liebsten würden wir unseren jetzigen Beruf ja aufgeben, aber das geht nun mal nicht. Am liebsten würden wir das Reihenhaus verkaufen und in eine andere Stadt ziehen, aber das können wir unserem Partner doch nicht antun. Am liebsten würden wir in einer Rockband spielen, aber unsere Familie ist dagegen. Also geht es nicht. So manövrieren wir uns selbst in die Kompromissfalle. Wir bleiben unter unseren Möglichkeiten, weil wir immer jemanden finden, der uns zu einem Kompromiss nötigt. Wir würden ja gerne. Aber es geht nicht. Und daran sind die anderen schuld.

Damit wir uns richtig verstehen: Dies ist kein Plädoyer für mehr Egoismus. Ganz und gar nicht. Sie sollten sich sehr genau überlegen, was Sie tun und welche Folgen Ihr Handeln hat. Profil zu zeigen heißt nicht, sich rücksichtslos auf Kosten von anderen durchzusetzen, sondern Verantwortung für das eigene Leben zu übernehmen.

Sie müssen entscheiden, ob Sie in der Rockband spielen möchten oder nicht, ob Sie Ihren Beruf weiter ausüben möchten, ob Sie in eine andere Stadt ziehen wollen. Natürlich müssen Sie sich dabei auch mit denen auseinandersetzen, die von Ihrer Entscheidung mitbetroffen sind. Aber – und darum geht es mir hier – Sie können sich nicht hinstellen und behaupten, die anderen wären dafür verantwortlich, welches Leben Sie führen müssen. Diese Ausrede gilt nicht.

Wenn Sie es richtig finden, Ihren Beruf an den Nagel zu hängen, dann tun Sie es. Wenn Sie mit sechzig Jahren den Führerschein machen wollen, dann melden Sie sich bei der Fahrschule an. Wenn Sie es in Ihrer Beziehung nicht länger aushalten, dann trennen Sie sich. Es ist Ihre Entscheidung. Und Sie werden sehen, wie gut es Ihnen tut, wenn Sie die Entscheidung aus eigener Verantwortung treffen.

Die anderen finden Sie unmöglich? Herzlichen Glückwunsch!

Natürlich können Sie nicht erwarten, dass die anderen »Bravo!« rufen, wenn Sie anfangen, sich auf Ihren eigenen Willen und Ihre Eigenarten zu besinnen. Auch wenn Sie auf lange Sicht besser ankommen, so müssen Sie damit rechnen, dass die anderen Ihnen erst einmal Widerstand entgegensetzen. Das liegt in der Natur der Sache und sollte Sie nicht im Geringsten beunruhigen. Im Gegenteil, es ist ein Zeichen dafür, dass Sie auf dem richtigen Weg sind. Entscheidend ist, wie es in Ihrem Innern aussieht. Sind Sie mit sich selbst im Reinen, so können Sie vollkommen zufrieden sein. Erinnern Sie sich bitte, wie massiv der Druck gewesen ist, gegen den sich unsere prominenten Profiltypen behaupten mussten.

In Ihnen stecken ungeheure Kräfte

Wenn uns die anderen »unmöglich« finden, sich über uns lustig machen, dann ist das zunächst einmal eine sehr unangenehme Vorstellung. Niemand begibt sich gerne in eine Situation, in der er befürchten muss, ausgelacht zu werden. Vielleicht haben Sie es aber selbst schon einmal erlebt, dass Sie sich gegen alle Widerstände behauptet haben.

Gewiss, wir fühlen uns zunächst nicht gerade prächtig, wenn wir in solch eine Situation geraten, vielleicht sind wir sogar richtig unglücklich. Aber wir bleiben dabei, weil wir von der Richtigkeit unserer Position absolut überzeugt sind. Und plötzlich spüren wir, wie wir immer stärker werden. Manchmal sind wir selbst darüber verblüfft, wie stark wir mit einem Mal geworden sind. Wir fühlen uns immer sicherer und merken, wie die anderen schwächer werden. Sie erkennen, dass sie nichts ausrichten können.

In solchen Situationen erfahren wir überhaupt erst, was in uns steckt, wozu wir im Stande sind. Wir gewinnen Selbstvertrauen, Sicherheit, Souveränität. Das macht uns furchtloser. Vielleicht ist der Widerstand der anderen beim nächsten Mal schwächer. Vielleicht knicken sie sogar schon ein. Oder sie lassen uns zumindest in Ruhe. Solche Erfahrungen sind eminent wichtig, auch wenn sie sich nur auf klitzekleine Nebensächlichkeiten beziehen. Wir merken, dass wir uns behaupten können, wenn wir von unserer Position wirklich überzeugt sind. Da spielt es mit einem Mal keine Rolle, ob wir jemandem gegenüberstehen, der uns turmhoch überlegen zu sein scheint. Wir haben gespürt, dass wir die innere Kraft haben, diesem Druck zu widerstehen.

Ohne diesen Druck von außen, der uns erst einmal unangenehm ist, wüssten wir gar nicht, dass wir solche Kräfte haben. Vielleicht bringt uns diese Erfahrung dazu, diese Kraft von nun an häufiger einzusetzen. Denn wie jede Kraft können wir auch diese innere Stärke weiter wachsen lassen, indem wir sie gebrauchen. Wir trainieren sozusagen unseren inneren Persönlichkeitsmuskel. Und wir werden von Tag zu Tag stärker.

Gehen Sie sorgsam mit Ihren Eigenarten um

Unser Profil können wir ausbilden und pflegen, wir können es aber auch verkümmern lassen. Dies passiert, wenn wir uns nicht genügend um uns selbst und unsere Eigenarten kümmern. Dann bleibt unsere Persönlichkeit ohne Konturen, ohne Form, sie wird immer flacher, sie verwandelt sich also in das Gegenteil einer Profilpersönlichkeit.

Lassen Sie sich darum nicht einreden, Sie sollten Ihre kleinen Marotten ablegen. Pflegen Sie Ihre »nutzlosen« Talente. Und widmen Sie sich ausgiebig Ihrem »überflüssigen« Hobby. Gerade Hobbys, die den anderen seltsam und sinnlos erscheinen, sind häufig sehr gut geeignet, um Profil zu gewinnen. Dabei steht natürlich nicht im Vordergrund, dass Sie die anderen durch Ihr Hobby verblüffen, sondern dass Sie selbst Spaß daran haben. Es zählt nicht die Originalität, sondern das Vergnügen, das damit verbunden ist. Solche Tätigkeiten, die ernsthafte Menschen gerne als Zeitverschwendung abtun, sind äußerst wichtig und nützlich. Wir erleben uns in neuen Situationen und erfahren viel über uns selbst. Wir lernen die Dinge aus einem anderen Blickwinkel zu betrachten. Wir stärken unser Selbstbewusstsein und merken, was in uns steckt.

Wenn Sie kein Hobby haben oder Ihr letztes Steckenpferd längst eingemottet ist, kann ich Ihnen nur empfehlen: Legen Sie sich ein Hobby zu, oder entdecken Sie ein altes neu. Sie haben früher gerne fotografiert oder Gitarre gespielt? Warum fangen Sie nicht wieder damit an? Während der Schulzeit haben Sie Theater gespielt? Comics gezeichnet? Geschichten geschrieben? Wäre das nicht etwas, was Sie auch heute gerne tun würden? Dann nehmen Sie den Faden einfach wieder auf. Oft sind wir ganz überrascht, wie schnell die Übung zurückkommt und uns wieder einfällt, was wir lange vergessen hatten.

Es müssen im Übrigen gar keine »klassischen« Hobbys sein. Als Steckenpferd eignen sich alle Aktivitäten, die Ihnen zusagen und die nicht unmittelbar mit Ihrem Beruf oder Ihren alltäglichen Pflichten zu tun haben. Ein bisschen Abstand sollte schon sein. Wenn Sie Hausfrau sind, tun Sie nur wenig für sich selbst und Ihr Profil, wenn Sie Kuchenbacken zu Ihrem Hobby machen. Aber Sie tun sehr viel, wenn Sie sich stattdessen für Motorradfahren interessieren. Das heißt natürlich nicht, dass Motorradfahren ein besseres Hobby ist als Kuchenbacken. Es geht um den Abstand zum Alltag, für einen Motorradmechaniker gilt daher der umgekehrte Ratschlag. Er gewinnt mehr Profil, wenn er sich in seiner Freizeit dem Kuchenbacken widmet, als wenn er auch dann noch an den Feuerstühlen herumschraubt. Doch ausschlaggebend ist letztlich, was Ihnen persönlich am meisten zusagt. Das gilt es zu finden.

Folgen Sie Ihrem »inneren Leader«

Ab heute gelten keine Ausflüchte mehr: Sie müssen sich nicht länger verbiegen. Sie können die Persönlichkeit werden, die Sie gerne sein möchten. Ohne Wenn und Aber. Allerdings geht das nicht auf Knopfdruck, das braucht seine Zeit und ist auch nicht gratis zu haben. Sie müssen etwas dafür tun, zum Beispiel den folgenden Selbst-Test absolvieren.

Stellen Sie sich vor, Sie seien bei einem Flug in den Urlaub notgelandet. Zum Glück haben alle Passagiere überlebt. Da Sie sich mitten im Dschungel befinden, weiß niemand so recht, was zu tun ist, welche Richtung man einschlagen soll, um auf Zivilisation zu stoßen. Zwei Mitreisende mit Trekking-Erfahrung kristallisieren sich als »Leader« heraus. Beide bieten sich an, die Reisenden heil aus dem Dschungel herauszuführen. Allerdings haben beide gegensätzliche Vorstellungen, welche Richtung einzuschlagen ist. Da man sich nicht einigen kann, wird entschieden, zwei Gruppen zu bilden. Die eine geht nach Norden, die andere nach Süden. Da Sie selbst weder Ahnung noch Kompass haben, bleibt Ihnen nichts weiter übrig, als rein nach dem Persönlichkeitsprofil der beiden Anführer zu gehen. Der eine ist eher undurchschaubar und konturlos. Er kann sich aber gut verkaufen und genießt seine Machtstellung sichtlich. Da er darauf pocht, Recht zu haben und er jedem nach dem Munde redet, schließen sich die meisten Leute ihm an. Der andere ist eigensinniger und geradeheraus. Aufgrund seiner knorrigen Art und da er keinen Hehl daraus macht, dass er auch Unrecht haben könnte, bildet sich um ihn nur eine kleine Gruppe. Trotzdem spürt man bei ihm, dass er sein Bestes geben wird und dass er dafür kämpfen wird, die Menschen durchzubringen. Und nun fragen Sie sich: Wem würden Sie folgen? Dem einen oder dem anderen? Ich denke, Sie haben sich längst entschieden. Es ist derselbe Leader, der auch in Ihrem Innern wohnt. Gehen Sie mit ihm in die richtige Richtung. Brechen wir auf!

Befreien Sie
Ihre Persönlichkeits-Power

Sie haben die Reise angetreten. Es erwartet Sie ein ungeheurer Energieschub, wenn Sie sich ganz auf sich selbst einlassen – Ihrem inneren Leader vertrauen. In dieser Phase ist es wichtig, dass Sie wirklich Ernst machen. Denn diese neue Antriebskraft ist nur zu erreichen, wenn Sie den festen Willen haben, ehrlich zu sich selbst zu sein. Motive, wie anderen durch einen starken Auftritt imponieren zu wollen, führen zu keinem positiven Resultat. So gerät man nur tiefer in ein unerfülltes Leben aus Bluff und Schein. Mehr Selbstvertrauen, Selbstsicherheit, Selbstmotivation und eine natürliche Autorität entstehen nur dann, wenn Sie aufrichtig zu sich selbst sind. Zwar stellen Sie sich so unter den Zwang, auch mögliche Selbsttäuschungen aufzudecken. Doch bedenken Sie, was Sie damit bewirken: Eine vollkommen neue Persönlichkeits-Power kann wach werden in Ihnen. Und diese vermag Ihnen ein Gefühl zu geben, als hätten Sie Stahlfedern unter den Füßen. Sie können Sprünge machen wie ein Känguru. Auf einmal erreichen Sie in wenigen Tagen mehr als in manchen Jahren zuvor. Vor allem »hoppen« Sie mutig auf Aufgaben und Ziele zu, um die Sie früher einen großen Bogen gemacht haben. All das, was Ihnen wichtig ist im Leben – mit Hilfe der neu gewonnenen Kraft Ihrer Persönlichkeit können Sie es für sich durchsetzen.

Verhindern Sie einen »seelischen Bandscheibenvorfall«

Als erste Hürde gilt es das dichte Gestrüpp innerer Fehlhaltungen zu durchdringen. Anders ausgedrückt: Wir müssen herausfinden, mit welchen kleineren oder größeren Lebenslügen wir leben. Natürlich wäre es angenehmer, wenn wir ohne diese Art der Nabel-

schau zu neuer Persönlichkeits-Power finden könnten. Doch wir
können unserer Persönlichkeit und damit unserem Leben nur dann
die Substanz zugute kommen lassen, die wir benötigen, um stärker
zu werden, wenn wir diese Anstrengung erbringen. Tun wir es also.
Stellen Sie sich folgende Fragen:

• Auf welche Verlockungen bin ich in den letzten Jahren besonders hereingefallen?

• Wo war mir die äußere Form meines Lebens wichtiger als der
Inhalt?

• Was hat dazu geführt, dass ich eine Fehlhaltung eingenommen
habe, eine Fehlhaltung, die ich am liebsten wieder ablegen würde, weil sie mein Lebensgefühl beschwert?

Seien Sie bei der Beantwortung dieser Fragen ehrlich zu sich. Nehmen Sie Ihr Seelenleben genau unter die Lupe. Denn so wie es körperliche Fehlhaltungen gibt, die dazu führen, dass man sich ver-
krampft, verspannt und schließlich bewegungsunfähig wird, so
gibt es auch »seelische Haltungsschäden«. Ihnen gilt hier die nähere Analyse.

Insbesondere diejenigen unter Ihnen, die sich bereits daran gewöhnt haben, sich anzupassen, und nur selten eigene Vorstellungen und Bedürfnisse anmelden, mögen sich hier selbst ein gnaden-
loser Kritiker sein. Denn ein seelischer Haltungsschaden entwickelt sich nicht aus den Aufgaben und Pflichten, der Arbeitszeit
und den Freiräumen des normalen Alltags. Nein, wer sich in seinem Leben weitestgehend dem inneren Leader anvertraut hat und
sich dabei relativ unabhängig von den Meinungen anderer gemacht
hat, der ist auch meist von einem solchen Schaden verschont geblieben. Wer sich aber seit längerer Zeit in der Situation befindet,
die eigenen Wünsche hintanzustellen und sich mehr den Forderungen der anderen zu beugen, der geht ein hohes Risiko ein. Ihm
droht ein »seelischer Bandscheibenvorfall«.

Sie nehmen Schaden an Körper und Seele

Ein »seelischer Bandscheibenvorfall« ist nicht weniger schmerzhaft
und gefährlich als ein körperlicher. Und er ist gewiss nicht seltener. Oft gehen körperliche und seelische Verspannungen Hand in

Hand. So kommt zum Bandscheibenvorfall der Seele auch noch der an der Wirbelsäule hinzu. Menschen mit »seelischem Bandscheibenvorfall« fühlen sich ausgebrannt und leer. Ihr Leben kommt ihnen sinnlos und nutzlos vor. Sie haben keine Energie mehr, sondern sind buchstäblich lahm gelegt. Manche verfallen in Schwermut, andere reagieren überempfindlich, hochgradig nervös oder sie werden aggressiv, laufen wie ein offenes Rasiermesser durch die Welt, als wollten sie Rache dafür nehmen, dass sie nicht so leben können, wie sie es insgeheim wünschen. Manche fangen an, übermäßig viel zu essen und stopfen alles Mögliche in sich hinein, andere werden zum Kettenraucher, wieder andere versuchen sich mit Alkohol zu betäuben. Manche stürzen sich auch in einen ungesunden Aktionismus, werden zum Workaholic, treiben Extremsportarten, um sich irgendwie wieder zu spüren.

Wenn Sie also darangehen, sich nähere Gedanken über sich selbst zu machen, so ist das kein Luxus, sondern eine Notwendigkeit. Es ist eine wichtige Aufgabe, die eigenen Fehlhaltungen kennen zu lernen. Und noch wichtiger ist es, sie wieder aufzulösen. Wenn Sie so wollen, so können Sie das Programm dieses Buches als eine Art »mentale Rückenschule« betrachten. Es möchte Sie dazu anleiten, Haltungsschäden Ihrer Persönlichkeit zu erkennen, zu korrigieren und weiteren Schäden vorzubeugen. Wer sich darauf einlässt und kräftig trainiert, dem eröffnen sich Möglichkeiten, die Zügel für sein Leben wieder selbst in die Hände zu bekommen.

Wer sich verbiegt, wertet sich ab

Wenn wir uns immer nach den anderen richten und unsere eigenen Wünsche ignorieren, geben wir die Zügel für unser Leben aus der Hand. Mehr und mehr suchen wir die Anerkennung der anderen und richten unser Denken und Handeln nach ihnen aus. Was wir für richtig und wünschenswert halten, das stellen wir zurück, denn damit könnten wir die anderen ja kränken oder verärgern. Wir kommen ihnen entgegen und erwarten, dass sich dadurch Vorteile für uns ergeben. Aber genau das ist meistens nicht der Fall. Stattdessen ernten wir einen großen Nachteil, denn wir werden uns selbst untreu. Wir betrügen uns selbst um unsere eigenen Wünsche und Interessen. Wir leben nicht so, wie es unseren eigentlichen Bedürfnissen entspräche. Das macht uns unausgeglichen und unzufrieden. Mehr noch: Es entfernt uns zusehends von uns selbst. So kann es geschehen, dass wir den Wert unserer Person mit der Zeit nur noch von der Wertschätzung unserer Mitmenschen abhängig machen. Unabhängig von ihnen erachten wir uns nicht mehr als wertvoll. Gleichzeitig haben wir bei dem, was wir tun, nur mäßigen Erfolg. Auch wenn wir einigermaßen vorankommen, so spüren wir doch, dass wir weit unter unseren Möglichkeiten bleiben. Wir sind einfach nicht mit Herz und Seele dabei. Und das wirkt sich natürlich negativ auf das Ergebnis unseres Handelns aus. Denn wir leisten weniger als wir könnten. Und wir müssen jedes Mal aufs Neue zuerst große innere Widerstände überwinden. Dadurch werden wir noch missmutiger und unzufriedener.

Und sogar wenn wir Glück haben und uns das, was wir da gegen unsere tiefe innere Überzeugung tun, wider Erwarten gelingt, so ist dieser Erfolg wenig wert. Er erfüllt uns allenfalls kurzzeitig mit Freude, ansonsten lässt er uns kalt. Das ist vielleicht sogar das Tragischste an der Geschichte: Nicht einmal der Erfolg kann uns Genüge leisten. Er macht uns eher mürrisch.

Warum ist das so? Weil wir nicht bekommen, was uns wirklich etwas bedeutet. Das haben wir nämlich beiseite geschoben, verleugnet. Aber insgeheim wollen wir noch immer nichts anderes als eben dies, was wir da angeblich aufgegeben haben. Und es hilft uns wenig, wenn wir dafür etwas anderes bekommen.

Vielleicht haben Sie selbst schon die Erfahrung gemacht: Sie haben sich in jemanden verliebt, bei dem Sie aber nicht so recht »landen« konnten. Vielleicht sind Sie sogar unmissverständlich abgewiesen worden. Das ist schmerzlich. Sie versuchen darüber hinwegzukommen und lernen jemanden kennen, der sich sehr wohl für Sie interessiert. Das macht Sie jedoch nicht glücklich, sondern lässt Sie nur um so schmerzhafter die Tatsache empfinden, dass es mit dem eigentlichen Ziel Ihrer Wünsche nicht geklappt hat. Ähnlich ergeht es denjenigen, die ihre Ziele vorschnell aufgeben, sich auf irgendeine andere Sache werfen, damit erfolgreich sind und schließlich feststellen: Es ist nicht das, was ich wirklich will.

Falsche Erfolge machen krank

Auch wenn es zunächst merkwürdig klingt: Erfolge, die wir im Grunde gar nicht wollen, können zu einer Belastung werden, ja sie können uns sogar regelrecht krank machen. Zum einen weil sie uns Energie rauben – wir verbrauchen uns an ihnen. Zum anderen weil uns durch diese falschen Erfolge jedes Mal aufs Neue bewusst wird, dass wir am liebsten *uns selbst folgen* würden statt dem Erfolg.

Es kommt noch etwas hinzu: Unsere Mitmenschen zeigen dafür kein Verständnis. Sie meinen, wir sollten uns glücklich schätzen, wenn etwas gelingt. Sehr oft ist der Vorwurf zu hören, wir seien undankbar, weil wir unsere Erfolge nicht genießen würden. Dadurch geraten wir noch tiefer in ein Fremdheitsgefühl uns selbst gegenüber. Wir fühlen uns schlecht, weil wir glauben, irgendeinen charakterlichen Defekt zu haben. Manche zwingen sich dann dazu, mit doppelter Energie weiterzumachen – und erleiden früher oder später mit hoher Wahrscheinlichkeit einen »seelischen Bandscheibenvorfall«.

In unserer karriereverzückten Gesellschaft ist dieses Leiden außerordentlich weit verbreitet. Es ist eine regelrechte »Berufskrankheit« geworden von Menschen, die hoch hinaus wollen und bereit sind, alles dafür zu geben. Hinter einer Fassade von Erfolg und Hochleistung verstecken sie ihren zunehmenden Schmerz und ihr Elend. Sie verrennen sich immer weiter in ihr persönliches Unglück, bis es nicht mehr geht. Eines Tages stehen sie buchstäblich vor dem Nichts. Oder es kommt zum Zusammenbruch.

Dies passierte einem Metzgermeister, den ich einmal kennen gelernt habe. Er führte einen gut gehenden Laden, als er eines Tages mit einem schweren Nervenzusammenbruch in eine Klinik eingeliefert wurde. Der Mann hatte in seiner eigenen Metzgerei herumgewütet, Gegenstände herumgeworfen und Geräte zerstört. Seine Familie, seine Angestellten, alle waren fassungslos. Wieso macht der so etwas? War der Mann übergeschnappt?

Keineswegs, es handelte sich um die verzweifelte Reaktion, einer Lebenssituation zu entkommen, die für ihn unerträglich geworden war. Wie sich nämlich herausstellte, hatte der Metzger keineswegs aus freien Stücken seinen Beruf ergriffen, sondern war von seinem

Vater, der zuvor die Metzgerei geführt hatte, dazu gedrängt worden. Der Sohn sollte das Geschäft übernehmen, dabei wollte der eigentlich Musiker werden, genauer gesagt Posaunist, denn er spielte dieses Instrument schon als Kind recht gut. Doch er stieß mit dem Wunsch, sein Hobby zum Beruf zu machen, auf pures Unverständnis. Er wurde nicht ernst genommen, er wurde regelrecht lächerlich gemacht. Sein Vater gab sich alle Mühe, ihm das Posaunespielen zu verleiden und ihm einzureden, was für ein miserabler Musiker er sei.

Und so gab der Sohn nach, hängte seine Posaune an den Nagel und wurde eben Metzger. Er führte seinen Laden ordentlich. Schließlich wollte er ja auch seinem Vater beweisen, dass er ein »richtiger Kerl« war und nicht so ein »Spinner«, wie sein Vater alle künstlerisch veranlagten Menschen zu nennen pflegte. Nun wurde er zu einem »richtigen Kerl«, doch zu einem allzu hohen Preis. Er führte ein Leben, das nicht sein eigenes war. Jahr für Jahr staute sich mehr und mehr Frustration und Verdrossenheit in ihm an. Dabei lief der Laden recht gut. Es schien also völlig absurd, das solide Geschäft aufzugeben, um so etwas Unsicheres zu beginnen wie eine Laufbahn als Musiker.

Doch diese Lebenskonstruktion konnte auf Dauer nicht funktionieren, sie stürzte schließlich in sich zusammen, als der Metzger seinen Nervenzusammenbruch bekamen. Was war nun zu tun? Der Mann dachte lange über eine Lösung nach. Seinen ungeliebten Beruf konnte er nicht aufgeben. Doch immerhin war es möglich, dass er sich zwei Nachmittage und drei Abende in der Woche nur für seine Musik reservierte. Sein Zustand besserte sich zusehends. Seine Metzgerei konnte er schon bald wieder weiterführen. Doch was für ihn noch wichtiger war: Mit Lust und Hingabe konnte er sich endlich seiner Musik widmen, ohne dass ihm irgendjemand reinredete oder ein schlechtes Gewissen machte. Es dauerte nicht lange, da schloss er sich einem kleinen Orchester an.

Zwar hatte der Metzgermeister die Musik nicht zu seinem Beruf machen können, doch war es ihm gelungen, sich von seinem »seelischen Bandscheibenvorfall« zu erholen und sein Leben ein großes Stück mehr nach den Vorstellungen zu führen. Dazu gehört auch, dass er sich nicht Hals über Kopf in die Musik gestürzt hat, das hätte nämlich nur schief gehen können. Sondern er überlegte sich sehr genau, wie er seinem Wunsch konkret näher kommen konnte, ohne zu viel zu riskieren. Und – wer weiß? – vielleicht wird er sich eines Tages ganz aus seiner Metzgerei zurückziehen können.

Beißen Sie sich nicht fest!
Nun müssen wir dennoch eines festhalten: Natürlich kann man sich auch verrennen. Man hält an einem Ziel fest, von dem man eigentlich schon weiß, dass man es nicht erreichen kann. In diesem Fall ist es gut und hilfreich, sich eine neue realistische Aussicht zu schaffen, statt stets darunter zu leiden, dem erträumten Ziel nicht näher kommen zu können.

Bezogen auf unseren Metzgermeister hieße das: Wenn er immer wieder das Feedback erhält, dass er für die Musik doch nicht so begabt ist, dann ist es besser, er sucht sich ein Betätigungsfeld, das seinen Neigungen und Fähigkeiten besser entspricht.

Denn wir werden nicht glücklicher und erreichen auch keine befriedigenden Ergebnisse, wenn wir mit dem Kopf durch die Wand wollen. Vielmehr sollten wir immer bereit sein, unsere Ziele zu überprüfen und unter Umständen abzuändern. Es gibt durchaus nicht wenige Menschen, die in einem wahren Trauerkloß-Dasein versinken, weil sie ihr einmal gestecktes Ziel nicht erreicht haben. Dann kann der Rat nur lauten: Verabschieden Sie sich von solchen Zielen, die ja schon hinter Ihnen liegen. Gehen Sie in sich und denken Sie nach, ob Sie nicht ein geeigneteres Ziel für sich finden können – eines, das Ihnen einen Weg bereitet, bei dem Sie ebenfalls ganz sich selbst folgen können. Wie Sie schlechte durch gute Ziele ersetzen, davon wird in diesem Buch noch die Rede sein. Machen Sie sich zunächst nur eines klar: Es ist unsinnig und quälend, sich auf Zielvorstellungen zu fokussieren, wenn Sie, sachlich eingeschätzt, dadurch nur Enttäuschungen erleben.

Aber – und das ist ebenso wichtig – geben Sie ein Ziel auch nicht leichtfertig auf. Nur weil es Anfangsschwierigkeiten gibt, nur weil die anderen etwas dagegen haben oder sich über Ihre Wünsche lustig machen, sollten Sie niemals damit aufhören, sich selbst zu folgen. Denken Sie immer daran: Es kommt nicht auf die anderen an. Entscheidend ist, wie tief Sie sich mit Ihrem Ziel verbunden fühlen.

Testen Sie sich selbst:
Droht ein »seelischer Bandscheibenvorfall«?
Wir haben es bereits angesprochen: Vom »seelischen Bandscheibenvorfall« sind heute viele Menschen bedroht. Manche bemerken es erst, wenn es sie »erwischt« hat, wenn das Unglück da ist und sie gar nicht anders können als darauf zu reagieren. Oft ist das ein einschneidender Moment, in dem vieles ins Wanken gerät, woran man zuvor geglaubt hat. Beziehungen brechen auseinander, man wird krank – nicht selten ist der Herzinfarkt, das Magengeschwür oder das Burnout-Syndrom ein deutliches Signal dafür. Das Hauptproblem ist, dass man durch das jahrelange Hinwegsehen über die eigenen Potenziale große Schwierigkeiten hat, sich selbst wieder zu kurieren. Der Weg zum Therapeuten ist dann meistens unumgänglich. Deshalb ist es in jedem Fall besser, wenn Sie frühzeitig erkennen, dass etwas schief läuft und Sie auf etwas zusteuern, was sehr schmerzlich ist.

Solange Sie das Gefühl für sich selbst nicht verloren haben, lässt es sich wesentlich leichter umlenken. Mehr noch: Sie können aus manchem Minus spontan ein Plus machen, wenn Sie Ihre Einstellung zu sich und Ihre Erwartungshaltung an sich selbst überprüfen und gegebenenfalls verändern.

Daher sollten Sie sich für die folgenden Punkte etwas Zeit nehmen und sehr aufrichtig gegenüber sich selbst sein. Denn wenn Sie sich etwas vormachen, können Sie nicht erwarten, dass sich in Ihrem Leben etwas zum Positiven wendet. Im Gegenteil, Sie zementieren dadurch nur die ungünstigen Verhältnisse, unter denen Sie leiden. Und die gewünschte Persönlichkeits-Power für neue Lebensziele bleibt aus.

Im Folgenden stelle ich Ihnen einige Aussagen vor. Überlegen Sie bei jeder Aussage zunächst einmal, wie sehr Sie ihr zustimmen können oder ob der entsprechende Satz auf Sie gar nicht zutrifft. Dann erst lesen Sie bitte die Erläuterung darunter.

»Ich bin mit meinem Leben nicht immer zufrieden.«
Zeiten der Unzufriedenheit haben wir alle mal. Auch kommt es vor, dass wir uns ärgern, weil wir eine ganz bestimmte Sache (noch) nicht erreicht haben. Das ist eine produktive Unzufriedenheit, die durchaus nützlich ist, eine Unzufriedenheit, die uns in Bewegung hält und die Sie durchaus pflegen sollten. Davon zu unterscheiden ist jedoch ein anderes Gefühl von Unzufriedenheit. Dabei spüren wir, dass mit unserem Leben etwas nicht stimmt. Irgendetwas läuft falsch. Manchmal wissen wir gar nicht so genau, was da überhaupt schief läuft. Dieses Gefühl ist keine vorübergehende schlechte Stimmung, die wir ja alle kennen. Es ist nicht der Ärger über ein bestimmtes Ereignis, eine Niederlage oder einen unglücklichen Zufall. Vielmehr handelt es sich um eine Grundstimmung, um eine Art Grauschleier, der über unserem Leben liegt und der so gut wie nie verschwindet. Wenn Sie in sich hineinhorchen und auf dieses verschwommene Grundgefühl stoßen, dann ist dies ein Indiz dafür, dass Sie etwas ändern sollten. Auch wenn Sie zunächst noch gar keine Vorstellung haben, was eigentlich.

»Manchmal habe ich zu allem einfach keine Lust.«
Auch hier gilt: Es gibt immer wieder Phasen, da haben wir keine Energie mehr oder haben einfach einen schlechten Tag. Wenn diese Phasen allerdings gehäuft auftreten oder gar zum Dauerzustand werden, dann sollten Sie sich Gedanken machen. Entweder sind Sie überlastet oder Sie verbringen Ihre Zeit mit den falschen Aktivitäten. Das merken Sie daran, dass Sie sich zu ihnen zwingen müssen, während Ihre eigentlichen Talente verkümmern. Überprüfen Sie systematisch, wann genau Sie lustlos sind. Machen Sie eine Liste. Gibt es bei bestimmten Anlässen eine Häufung? Haben die Phasen der Lustlosigkeit zugenommen? Gab es eine Zeit, in der Sie weniger lustlos waren? Wann genau war das? Was haben Sie da getan?

»Ich bin für meinen Beruf nicht so gut geeignet.«
Wenn Sie das Gefühl haben, im falschen Beruf zu stecken, dann ist das eine große Belastung für Ihr seelisches Gleichgewicht. Doch immer langsam. Möglicherweise unterschätzen Sie sich. Überlegen

Sie, welche Fähigkeiten Sie haben müssten, damit Sie für Ihren Beruf geeignet wären. Können Sie diese Fähigkeiten erwerben? Was müssen Sie dafür tun? Gerade wenn Sie am Anfang Ihrer beruflichen Laufbahn stehen, sollten Sie daran denken, dass sich vieles erst mit einer gewissen Routine einstellt. Auch lohnt es sich darüber nachzudenken, ob Sie mit Ihren Fähigkeiten tatsächlich nicht so gut geeignet sind. Wer sagt denn, dass Sie in Ihrem Beruf anders sein müssen, als Sie jetzt sind? Ihre Kollegen? Ihr Chef? Ihre Eltern? Ihre Freunde? Vielleicht können Sie mit Ihrer Art sogar mehr erreichen als die anderen. Vor allem wenn diese Ihnen mit aller Macht einreden möchten, dass Sie »nicht dafür geschaffen« sind.

»Meine Familie/meine Freunde kommen immer zu kurz.«
Oftmals ist es eine Zerreißprobe: Wie bekommt man Job und Privatleben unter einen Hut? Natürlich müssen da Kompromisse sein, doch wenn Sie das Gefühl haben, dass Sie Ihr Privatleben systematisch vernachlässigen, so ist das ein deutliches Alarmsignal, das häufig unterschätzt wird. Man möchte beruflich vorankommen, also muss die Familie, müssen die Freunde zurückstecken, denkt man. Während wir davon ausgehen, das private Netz sei uns sicher, investieren wir den größten Teil unserer Energien in unser berufliches Fortkommen. Doch das ist oft ein Fehler. Denn wenn all Ihre Freundschaften einschlafen und/oder die Familie auseinanderbricht, dann ist es fraglich, wer Sie auffängt, wenn Sie Stress oder Probleme haben. Der Beruf ganz allein vermag dies nur in Ausnahmefällen zu leisten.

»Ich würde gern ein ganz anderes Leben führen.«
Tagträume können durchaus etwas Positives sein. Sie können uns entlasten und uns helfen, unangenehme Zeiten durchzustehen. Auch zeigen sie uns, wonach wir uns sehnen und was uns wichtig ist. Doch ist es eine ziemlich traurige Angelegenheit, wenn Sie von dem Leben, das Sie leben möchten, ewig nur träumen. Was hindert Sie daran, damit anzufangen, dieses Leben zu führen? Es ist eine banale Einsicht: Das Leben ist dazu da, um gelebt zu werden, und nicht, um nur davon zu träumen. Also nutzen Sie Ihre Tag-

träume nicht bloß, um Ihre Traumwelt zu verzieren, sondern dazu, Ihre reale Welt zu verschönern und für sich ein besseres Leben zu erreichen.

»Ich lebe nur noch von Wochenende zu Wochenende.«
Dies ist eine weit verbreitete Einstellung: Während der Arbeitszeit lebt man nicht richtig, erst am Wochenende beginnt das »eigentliche« Leben. Eine solche Geisteshaltung ist nicht unbedenklich, denn sie hindert uns daran, die meiste Zeit unseres Lebens »wir selbst« zu sein. Während der Woche funktionieren wir nur noch. So werden wir auf Dauer innerlich leer und nehmen eine unbeteiligte Haltung gegenüber unserer Arbeit ein. Nach und nach verlieren wir das Interesse an unserem Beruf und geben damit einen sehr großen Teil unseres Lebens in seiner möglichen Qualität einfach auf. Und das birgt Gefahren und zieht viele negative Folgen nach sich. Nehmen Sie ein solches Gefühl deshalb zum Anlass, etwas zu verändern. Halten Sie intensiv nach Möglichkeiten Ausschau, wie Sie Ihre Arbeitszeit im Großen und Ganzen als positive Lebenszeit wahrnehmen können.

»In der letzten Zeit häufen sich körperliche Beschwerden.«
Der Körper lügt nicht. Manchmal können wir uns selbst ganz gut überlisten, um einen Zustand zu ertragen, der eigentlich unerträglich ist. Wir beißen auf die Zähne, liefern Scheinerklärungen und täuschen uns selbst, weil wir Angst vor der Veränderung haben. Doch unser Körper gibt uns unmissverständliche Signale: Wir bekommen Magenschmerzen, Kopfweh, leiden an Appetitlosigkeit, Schlafstörungen oder Nervosität. Manche werden von Rückenschmerzen geplagt, andere haben Probleme mit der Verdauung. Was es auch immer ist, es wäre fatal, solche Warnzeichen des Körpers zu ignorieren. Vielmehr sind Sie gut beraten, ihnen genauer nachzugehen. Wann sind sie aufgetreten? Wie lange haben die Beschwerden angehalten? Mit welchen Ereignissen, Personen, Tätigkeiten lassen sie sich in Verbindung bringen? Auf jeden Fall sind körperliche Beschwerden ein deutlicher Hinweis darauf, dass etwas nicht in Ordnung ist. Und dass Sie etwas ändern müssen.

»Ich fühle mich den Ansprüchen nicht gewachsen, die wichtige Personen an mich stellen.«
Dies ist eine sehr häufige Quelle von Unzufriedenheit: Wir fühlen uns von denjenigen, auf die es ankommt, überfordert. Wir bemühen uns redlich, ihren Ansprüchen gerecht zu werden, legen uns dafür mächtig ins Zeug und bleiben doch hinter ihren Erwartungen zurück. Möglicherweise verstärken wir unsere Anstrengungen und setzen damit eine Spirale in Gang, bei der wir nur verlieren können. Wir verbiegen uns nämlich immer mehr. Wir orientieren uns nicht an unseren eigenen Vorstellungen, sondern an denen der anderen. Weil die aber nicht direkt etwas mit unseren Bedürfnissen und Interessen zu tun haben, kommt es zu einer ungesunden »Überdehnung« der Ansprüche, eine Überdehnung, die nicht selten zum »seelischen Bandscheibenvorfall« führt.

Was haben Sie herausgefunden?
Unser Selbst-Test ist so gestaltet, dass Sie selbst aus Ihren Antworten erkennen können, ob und wie stark Sie gefährdet sind. Es ist nicht so, dass Sie, wenn Sie den Aussagen achtmal zugestimmt haben, einem besonders hohen Risiko unterliegen, während Sie sozusagen aus dem Schneider sind, wenn Sie sich nur mit einer einzigen Aussage anfreunden konnten. Es kommt vielmehr darauf an, zu welchen Überlegungen Sie angeregt worden sind. Haben Sie erkannt, dass Sie nicht so leben, wie Sie es gerne möchten? Dass Sie Vorstellungen folgen, die Ihren eigenen Wünschen geradezu widersprechen? Dass Sie Ziele verfolgen, die einander ausschließen? Dass Ihr Körper rebelliert, weil Sie »falsch« leben? Dann genügt es, wenn Sie sich bei *einem einzigen* Statement wiedergefunden haben, um zu wissen: Sie müssen etwas für sich tun.

Die ungeheure Kraft Ihrer Persönlichkeit

Ein Einwand, den ich häufig zu hören bekomme, lautet folgendermaßen: »Ich würde ja gerne anders leben, aber ich bin dazu einfach nicht stark genug. Die Profiltypen setzen sich doch nur durch, weil

sie starke Persönlichkeiten sind. Ich dagegen bin eher zurückhal-
tend und gehe Auseinandersetzungen am liebsten aus dem Weg.
Denn ich schaffe es ja sowieso nicht, für meine Bedürfnisse und
Interessen zu kämpfen.«

Auf den ersten Blick scheint die Argumentation durchaus schlüs-
sig. Doch hat sie einen großen Schwachpunkt: Sie ist eine sich
selbst erfüllende Prophezeiung. Genauso gut könnte ein Ertrinken-
der den Rettungsring ablehnen mit dem Argument: »Ich ertrinke
ja doch.« – Woraufhin genau dieser Fall eintritt: Er ertrinkt. Vielleicht hätte er doch den Rettungsring mal wenigstens ausprobieren sollen ...

Und so ist es auch mit Ihrer Persönlichkeits-Power. Sie werden die
geballte Kraft erst dann zu spüren bekommen, wenn Sie sich auf
sich selbst einlassen. Wenn Sie erkunden, was in Ihnen steckt.
Wenn Sie Ihre Persönlichkeit *leben*. Um es ganz schlicht zu sagen:
Ein Holzfäller, der nie einen Baum gefällt hat, ist keiner. Er weiß
nicht, dass er einer ist. Und alle anderen wissen es auch nicht. Bis
zu dem Tag, an dem er sich endlich entschließt, eine Axt in die
Hand zu nehmen.

Sie sind stärker, als Sie glauben

Es ist eine alte Erfahrung: Wozu wir im Stande sind, das wissen wir
erst, wenn wir gefordert werden. Zum Beispiel in Krisenzeiten. Da
zeigt sich oft, dass wir Situationen meistern, von denen wir vorher
geglaubt haben, dass wir hoffnungslos untergehen. Jemand, der
vorher ausgesprochen ängstlich und unsicher gewesen ist, handelt
in einer wirklich bedrohlichen Situation plötzlich mit schlafwand-
lerischer Sicherheit. Ein anderer, der immer furchtbar wehleidig
war, steht mit beeindruckender Tapferkeit eine schwere Krankheit
durch.

Wie kommt so etwas? Weshalb tauchen mit einem Mal Eigenschaften und Fähigkeiten auf, von denen die Betreffenden selbst keine
Ahnung hatten? Die Antwort: Wir kennen uns oft selbst nicht richtig, sondern nur einen kleinen Teil. Nämlich das, was wir tagtäglich
»ausleben«. Doch das ist längst nicht alles, was wir sind. Es ist wie
mit dem sprichwörtlichen Eisberg, von dem wir auch nur ein Zehn-

tel zu sehen bekommen, während die größte Masse unter Wasser bleibt. Jeder von uns ist viel mehr, als ihm bewusst ist, ja, als ihm bewusst sein *kann.* Wie die neuere Kognitionswissenschaft herausgefunden hat, sind wir gar nicht in der Lage, alle Fähigkeiten, die wir haben, zu erfassen. Sie liegen nämlich nicht vor uns wie Schraubenzieher und Zange im aufgeräumten Werkzeugkasten. Wir müssen uns das eher so vorstellen, als hätte unser Werkzeugkasten einen doppelten Boden. Und in dem Geheimfach sind weit mehr Werkzeuge und Instrumente gestapelt, als griffbereit obenauf liegen. Wir müssen die verborgenen Werkzeuge nur herausholen. Anders gesagt: Wir alle haben noch viele Schätze im Keller, Talente und Begabungen, die uns gar nicht bewusst sind. Erst wenn sie gebraucht werden, öffnet sich eine geheimnisvolle Tür, und wir sind in der Lage so zu handeln, wie wir es uns nie zugetraut hätten. Nun braucht es nicht unbedingt eine Notsituation, um den doppelten Boden oder die Kellertür zu öffnen. Sie kommen auch auf weniger aufreibende Art und Weise an Ihre Potenziale heran. Sie können Ihre Kräfte, die jetzt noch im Verborgenen sind, sogar gezielt weiterentwickeln und bewusst einsetzen. Wie das geht? Das werden Sie auf den folgenden Seiten genauer erfahren.

Sind Sie unbestimmt unzufrieden?

Ein zweiter häufiger Einwand lautet:»Ich beuge mich zwar meistens dem Willen der anderen, aber das liegt einfach daran, dass ich mir selbst nicht darüber im Klaren bin, was ich überhaupt möchte.« Auch das klingt zunächst einmal ganz einleuchtend. Aber auch dieses Argument zieht nicht. Denn damit stellt man die Dinge letztlich auf den Kopf. Wenn Sie sich ganz nach den anderen richten, dann verzichten Sie ja gerade darauf, Ihre eigenen Ziele zu entwickeln, Ziele, die Ihrem Wesen entsprechen und die Ihnen Erfüllung bringen können. Und genau dieser Verzicht ist die Ursache des Problems und nicht dessen Lösung. Sie geraten dadurch immer tiefer in den Sumpf eines falschen Lebens, anstatt sich daraus zu befreien.

Sie können nicht den dritten Schritt vor dem ersten tun. Und der erste Schritt heißt: Sie müssen sich von allen falschen Ansprüchen trennen. Denn sie sind es, die dafür sorgen, dass wir uns verbiegen und ein Leben führen, das gar nicht zu uns gehört.

Befreien Sie sich von falschen Ansprüchen

Oftmals fällt es uns gar nicht so leicht, falsche Ansprüche zu erkennen bzw. sie uns einzugestehen. Da sind wir jahrelang einem bestimmten Ziel hinterhergerannt, haben große Opfer gebracht, weil wir der festen Überzeugung waren, es müsse so sein, und sollen nun erklären, dass dies alles ein großer Irrtum war. Das kann sehr schmerzlich sein.

Und doch geht es nicht anders. Auch wenn es schwer fällt: Alle falschen, überzogenen, unterschwelligen Ansprüche an uns müssen auf den Tisch. Wir müssen sie uns klar machen, ihre einengende Wirkung erkennen, und dann müssen wir uns von ihnen verabschieden. Dieser Schritt wird manchen nicht leicht fallen. Aber er lohnt sich auf jeden Fall. Er ist im wahrsten Sinne des Wortes notwendig und hat eine ungeheuer befreiende Wirkung.

Ansprüche können nützlich sein

Jeder stellt Ansprüche an uns: unser Lebenspartner, unsere Eltern, unsere Kinder, unsere Vorgesetzten, unsere Kollegen, unsere Freunde, die Gesellschaft und wir selbst. Ansprüche sind zunächst einmal gar nichts Schlechtes. Im Gegenteil, sie sind für das Zusammenleben geradezu unverzichtbar. Denn sie verbinden und helfen uns, miteinander auszukommen.

Stellen Sie sich einmal vor, Ihr Chef hätte keinerlei Ansprüche mehr an Sie. Er würde nichts mehr von Ihnen erwarten. »Großartig«, mögen Sie zunächst meinen, »das ist genau die Arbeitssituation, die ich mir immer gewünscht habe.« Doch betrachten Sie es bitte auch von dieser Seite: In einer solchen Situation wären Sie schlichtweg überflüssig für Ihren Chef und müssten mit Ihrer Entlassung rechnen.

Oder Ihr Lebenspartner: Wenn Sie seine Ansprüche nicht kennen oder sich darüber hinwegsetzen, riskieren Sie mit großer Wahrscheinlichkeit den Bruch. Ihre Beziehung *lebt* davon, dass beide Partner Ansprüche aneinander haben und damit rechnen können, dass diese Ansprüche in Form von gegenseitigem Geben und Nehmen erfüllt werden.

Ansprüche können uns auch beflügeln. So bewirken Lehrer, die viel von uns erwarten, dass wir uns richtig in eine Sache reinhängen und erheblich mehr leisten. Gegenüber anspruchsvollen Menschen geben wir uns mehr Mühe und erreichen im Allgemeinen ein besseres Ergebnis. Wir wachsen mit den Ansprüchen der anderen. Insoweit sind Ansprüche eine höchst segensreiche Einrichtung. Aber nicht nur, es gibt nämlich eine Kehrseite. Ansprüche können uns auch einengen, einschnüren, lähmen. Sie können uns daran hindern zu wachsen. Und zwar dann, wenn die Ansprüche maßlos werden oder wenn sie uns in eine Richtung drängen, in die wir gar nicht gehen wollen. Genau dann ist es an der Zeit, diese Ansprüche zurückzuweisen und seinen eigenen Weg zu gehen.

Seien Sie ruhig mal undankbar

Das Vertrackte bei den falschen Ansprüchen ist, dass sie häufig früher einmal sehr nützlich waren. Deshalb fällt es uns so schwer, sie aufzugeben oder uns ihnen zu entziehen. Das kann nämlich sehr schnell als »Undankbarkeit« aufgefasst werden. Wir bekommen zu hören, wir hätten den anderen »verletzt«, wenn wir die alten Ansprüche, die jemand geltend machen möchte, plötzlich zurückweisen. Doch davon dürfen wir uns nicht täuschen lassen. Häufig ist genau diese »Undankbarkeit« das einzig richtige Verhalten.

Ich will Ihnen ein Beispiel geben: Eine Klavierschülerin wird von ihrem Lehrer stark gefördert. Sie ist begabt und bekommt daher einen exzellenten Unterricht. Die Anforderungen steigen, die Schülerin spielt immer besser. Ihre Technik ist nahezu perfekt. Eines Tages erklärt sie, dass sie den Unterricht aufgibt. Sie will nun Jazz machen. Und da kann ihr der Lehrer nichts mehr beibringen. Der Lehrer ist allerdings fassungslos. Er findet, die Schülerin habe ihn »unsagbar enttäuscht«.

Auch wenn es der Klavierlehrer nur gut meint, so ist es für die Schülerin das Beste, sich von diesem emotionalen Erpressungsversuch nicht beeindrucken zu lassen und einen Schnitt zu machen. Überhaupt muss man sagen, dass sich alle Schüler irgendwann einmal »freistrampeln« sollten. Nämlich wenn sie merken, dass sie in eine andere, eine eigene Richtung aufbrechen möchten und der Lehrer ihnen nicht mehr viel helfen kann. Nur so haben sie eine Chance, etwas aus sich zu machen oder anders gesagt: Profil zu gewinnen. Gute Lehrer wissen das übrigens. Sie geben ihren Schülern nur so lange Hilfestellung, bis sie auf eigenen Füßen stehen. Dann müssen sie selbst vorwärts kommen. Das schaffen sie jedoch nur, wenn sie nicht länger hinter ihrem Lehrer hertrotten. Ein Schüler, der zeit seines Lebens seinem Lehrer nacheifert, wird nie mehr sein können als eine mehr oder minder perfekte Kopie.

Vorsicht vor Vorbildern

Was wir über die Lehrer gesagt haben, gilt auch für Vorbilder oder Mentoren. Sie sind ungemein nützlich, wenn wir von ihnen den richtigen Gebrauch machen. Sie geben uns Orientierung und lassen uns erkennen, wie etwas gemacht wird. Egal ob Sie Schauspieler werden möchten, Autoverkäufer oder Wertpapierberater, es kann die Sache erheblich erleichtern, wenn Sie sich abschauen, wie es »die Profis« machen, wenn Sie Erfolgsrezepte kopieren und jemandem nacheifern, den Sie bewundern.

Aber ein Vorbild hat auch seine Tücken: Es kann Sie nämlich sehr stark einengen. Dann hilft es Ihnen nicht mehr, Ihre Persönlichkeits-Power zu entfalten, sondern es hindert Sie daran. Wenn Sie sich ganz einem Vorbild verschreiben, dann werden Sie allenfalls dessen Abziehbild. Schlimmer noch: Sie verzichten darauf, Ihre eigenen Stärken ins Spiel zu bringen, und schneiden deshalb immer schlechter ab, als Sie eigentlich könnten.

Darüber hinaus haben strahlende Vorbilder die Tendenz, kein allzu realistisches Bild abzugeben. Wir sehen nur die Schokoladenseite und vergessen, dass unsere Idole natürlich auch ihre Schwächen haben. Vielleicht sind sie sogar zutiefst gespaltene oder unglückliche Wesen, die mit dem Leben überhaupt nicht so gut zurecht kommen, wie es den Anschein hat. Darüber erfahren wir aber in aller Regel nichts. Wir sehen nur die glänzende Fassade. Dieses unrealistische Bild verleitet uns wiederum dazu, uns selbst für kleiner und schlechter zu halten, als wir tatsächlich sind. Wir geraten unter Druck, weil wir nicht so »perfekt« sind wie unser Vorbild. Ja, wir setzen uns selbst unter Druck und sorgen dafür, dass wir einem Trugbild nachjagen.

Deshalb kann ich Ihnen nur den Ratschlag geben: Gehen Sie entspannt mit Vorbildern um. Lassen Sie sich von ihnen anregen, aber nicht einengen. Gehen Sie lieber Ihre eigenen Wege. Und schließlich noch eines: Vorbilder können niemals die Auseinandersetzung mit sich selbst ersetzen.

Die Spirale der Ansprüche

Wir haben es bereits angesprochen: Ansprüche können uns wachsen lassen. Wer uns viel zutraut, wer uns fordert, der bringt uns weiter, der trägt dazu bei, dass wir mehr schaffen, als wir uns vielleicht selbst zutrauen. Aber leider wachsen eben nicht nur unsere Fähigkeiten, die Ansprüche wachsen gleich mit. Und manchmal werden sie so groß, dass sie uns förmlich erdrücken.

Diese Verhaltensweise ist außerordentlich weit verbreitet. Jeder von uns kann sie im Alltag beobachten. Haben wir die Ansprüche unserer Mitmenschen außerordentlich gut erfüllt, ja übererfüllt, so ernten wir vielleicht erst einmal ein dickes Lob. Doch beim nächsten Mal wird unsere exzellente Leistung als Selbstverständlichkeit betrachtet. Bleiben wir nur ein wenig drunter, heißt es sofort: »Sie lassen aber nach. Woran liegt das bloß? Werden Sie alt? Oder haben Sie etwas gegen mich?«

So ist es übrigens auch bei Geschenken, Überraschungen und all den netten kleinen Dingen, die das Leben verschönern. Spendieren Sie jedes Mal, wenn einer Ihrer Kollegen Geburtstag hat, eine dicke fette Torte. Beim ersten Mal werden alle begeistert sein, beim dritten Mal werden es alle von Ihnen erwarten und beim fünften Mal werden sich die ersten beschweren, weil die Torte zu mickrig ausgefallen ist.

Das ist die Spirale der Ansprüche: Sie schrauben sich immer höher, bis es nicht mehr geht. Darüber müssen Sie nicht besorgt sein. Das liegt einfach in der Natur der Sache oder vielmehr in der Natur der Menschen. Denn wir verhalten uns gegenüber unseren Mitmenschen ganz genauso. Überlegen Sie mal, was Sie jeden Tag so alles voraussetzen, was Ihnen selbstverständlich geworden ist, obwohl es keineswegs selbstverständlich ist. Gegenüber Ihrem Körper, Ihrem Partner, Ihren Freundinnen und Freunden, gegenüber einem Arbeitskollegen oder in Hinblick auf Ihre Lebensqualität und Ihren Wohnkomfort.

Im Übrigen kann die Spirale der Ansprüche in manchen Fällen auch ganz sinnvoll sein: Nämlich solange wir Fortschritte machen, wenn wir zum Beispiel etwas erlernen. Stellen Sie sich vor, Sie könnten Ihren Klavierlehrer nach drei Jahren Unterricht noch immer damit begeistern, dass Sie fehlerfrei »Hänschen klein« spielen. Nein, da muss er einfach viel mehr von Ihnen erwarten.

Für uns kommt es jetzt zunächst einmal darauf an, das Prinzip dieser Spirale zu durchschauen, um ihr dann entgegenzusteuern. Ab einem bestimmten Punkt sind die hohen Ansprüche, die uns vorher ermutigt haben, nämlich etwas Schlechtes. Sie überfordern uns oder führen uns in die falsche Richtung. Wir müssen ihnen unbedingt entgegentreten und sie zurückweisen. Sonst verschlimmern wir unsere Lage noch.

Testen Sie sich selbst:
Wo stecken die falschen Ansprüche?

Nun werden wir gemeinsam die Ansprüche prüfen, die an Sie gestellt werden. Wir werden überlegen, ob diese Ansprüche nützlich sind oder ob sie dazu führen, dass Sie sich verbiegen und nicht der Mensch sein können, der Sie gerne sein möchten. Dabei gehören auch die Ansprüche auf den Prüfstand, die Sie an sich selbst stellen. Denn es ist keine Seltenheit, dass wir uns durch überzogene Anforderungen selbst lahmlegen.

Tragen Sie zunächst die jeweiligen Ansprüche in die folgenden sechs Tabellen ein oder machen Sie sich eigene Listen dafür. Erst wenn Sie alle Ansprüche notiert haben, gehen Sie an die Bewertungen. Lassen Sie also bitte die Spalten mit »Ich erfülle diesen Anspruch« und »Ich möchte diesen Anspruch erfüllen« noch offen. Später erkläre ich Ihnen, was Sie vor dem Ausfüllen dieser Spalten beachten sollten.

Welche Ansprüche stellt Ihr Lebenspartner an Sie?
Überlegen Sie, was Ihr Lebenspartner von Ihnen fordert: Im täglichen, ja auch im intimen Umgang miteinander, im Umgang mit
Dritten und in Bezug darauf, was Ihr gemeinsames Leben betrifft.
Engt er Sie ein, will er Sie ganz für sich haben? Oder erwartet er
Freiheit, Ungebundensein, Toleranz? Müssen Sie bestimmte berufliche Erfolge erbringen, damit Ihr Partner zufrieden ist? Oder müssen Sie auf Ihre Karriere verzichten – um seinetwillen oder wegen
der Kinder? Welchen materiellen Ansprüchen sehen Sie sich gegenüber? Welche Leistungen werden von Ihnen gefordert? Legt Ihr
Partner auf eine Eigenschaft besonderen Wert, über die Sie nicht
verfügen? Lässt er Sie zuweilen spüren, dass er an Ihrem Äußeren
etwas vermisst? Fordert er von Ihnen, dass Sie einem bestimmten
Vorbild entsprechen? Erwartet er von Ihnen, dass Sie bestimmte
moralische, politische oder religiöse Vorstellungen teilen, die nicht
die Ihren sind? Lässt er nicht zu, dass Sie bestimmte Marotten und
Eigenarten pflegen, die Ihnen lieb und teuer sind?

Die Ansprüche meines Lebenspartners	Ich erfülle diesen Anspruch	Ich möchte diesen Anspruch erfüllen

Welche Ansprüche stellen Ihre Freunde an Sie?
Was müssen Sie tun, um dazuzugehören? Welche Eigenschaften,
die Sie haben, dürfen Sie den anderen nicht zeigen? Ist die Freund-
schaft an bestimmte gemeinsame Aktivitäten oder Überzeugungen
geknüpft? Müssen Sie eine bestimmte Leistung erbringen? Worauf
sollen Sie verzichten, damit Ihre Freunde Sie akzeptieren?

Die Ansprüche meiner Freunde	Ich erfülle diesen Anspruch	Ich möchte diesen Anspruch erfüllen

Welche Ansprüche stellt Ihr Vorgesetzter an Sie?
Was erwartet Ihr Vorgesetzter von Ihnen? Im persönlichen Umgang? Fachlich? Und wenn er besonders unter Stress steht? Fühlen Sie sich bei bestimmten Aufgaben unterschätzt, überschätzt? Ist er zu penibel, zu oberflächlich? Teilt er Ihnen Aufgaben zu, die Sie gar nicht mögen? Gibt er Ihnen nicht die Aufgaben, die Sie von allen am besten erledigen können? Würgt er bestimmte Aktivitäten von Ihnen sofort ab? Fördert er andere? Gibt er Ihnen widersprüchliche Signale?

Die Ansprüche meines/r Vorgesetzten	Ich erfülle diesen Anspruch	Ich möchte diesen Anspruch erfüllen

Welche Ansprüche stell(t)en Ihre Eltern an Sie?
Welche Vorgaben haben Ihre Eltern Ihnen mit auf den Weg gegeben? Sollten Sie eine bestimmte Tradition fortsetzen? Missbilligen Ihre Eltern eine bestimmte Lebensform, die Ihnen attraktiv erscheint? Sollen Sie so werden wie Ihr Vater, Ihre Mutter oder wie eines Ihrer Geschwister? Fordern Ihre Eltern, dass Sie sich besonders um sie kümmern? Erwarten sie eine Art Ausgleich dafür, dass sie sich um Sie gekümmert haben, als Sie Kind waren?

Die Ansprüche meiner Eltern	Ich erfülle diesen Anspruch	Ich möchte diesen Anspruch erfüllen

Welche Ansprüche stellen Sie selbst an sich?
Es mag überraschend erscheinen, aber auch wir selbst können falsche Ansprüche an uns stellen. Auch wir können uns überfordern oder unterfordern. Wir können uns einreden, dass wir die Welt retten müssten oder dass es unsere Bestimmung sei, so auszusehen wie Claudia Schiffer. Übertriebener Perfektionismus oder fragwürdige Vorbilder, die wenig mit uns zu tun haben, führen häufig zu solchen falschen Ansprüchen. Aber auch das gegenteilige Verhalten wird uns schaden: Wenn wir zu wenig von uns fordern, weil wir uns zu wenig zutrauen. All das sind falsche Ansprüche, von denen wir uns trennen sollten. Es ist sehr schwer, unseren eigenen falschen Ansprüchen auf die Schliche zu kommen. Versuchen Sie es trotzdem!

Meine Ansprüche an mich	Ich erfülle diesen Anspruch	Ich möchte diesen Anspruch erfüllen

Gibt es noch weitere Personen, die Ansprüche an Sie stellen?
Überlegen Sie, welche anderen Personen etwas von Ihnen erwarten oder erwartet haben. Personen, die Ihnen etwas bedeuten. Ihre Kinder, ehemalige Lehrer, Verwandte, Nachbarn, Kollegen, Expartner, Expartnerinnen. Gehen Sie auch zurück in die Vergangenheit. Gibt es da noch bestimmte Vorgaben, Erwartungen, Hoffnungen? Was aus Ihnen werden sollte oder was Sie unbedingt vermeiden sollten? Schreiben Sie alles auf. Unter Umständen werden Sie feststellen, welchen ungeheuren Einfluss Personen auf Sie ausüben, mit denen Sie im täglichen Leben überhaupt nichts mehr zu tun und die Sie schon fast vergessen haben.

Die Ansprüche von ...	Ich erfülle diesen Anspruch	Ich möchte diesen Anspruch erfüllen

Überprüfen Sie die Ansprüche

Gehen wir nun gemeinsam die Tabellen durch (bzw. die Listen, die Sie sich gemacht haben). Jede Tabelle sieht zwei weitere Spalten vor, in die Sie per Kreuzchen Ihre persönliche Bewertung des notierten Anspruches einsetzen können. Bevor Sie sich erneut mit der ersten Tabelle »Ansprüche meines Lebenspartners« beschäftigen, sollten Sie sich bewusst machen: Kreuzen Sie etwas an, so ist das eine Zustimmung. Kreuzen Sie etwas nicht an, so bedeutet das eine Ablehnung dessen, was in der Spalte steht. Sie entscheiden also:

- Spalte »Ich erfülle diesen Anspruch«: Wenn Sie den eingetragenen Anspruch erfüllen, machen Sie hier ein Kreuz. Wenn Sie ihn nicht erfüllen, lassen Sie die Spalte leer.
- Spalte »Ich möchte diesen Anspruch erfüllen«: Wenn Sie den eingetragenen Anspruch erfüllen möchten, machen Sie hier ein Kreuz. Wollen Sie ihn hingegen nicht erfüllen, lassen Sie die Spalte leer.

Nehmen Sie sich nun die Tabellen mit den Ansprüchen vor und setzen Sie ohne lange zu überlegen, aus dem Bauch heraus Ihre Kreuzchen. Schon fertig? Gut! Aus dem, was Sie angekreuzt haben, können sich nun vier verschiedene Kombinationen ergeben.

1. Haben Sie bei einem Anspruch nichts angekreuzt, ergibt sich die Kombination »Ich erfülle diesen Anspruch nicht« / »Ich möchte diesen Anspruch nicht erfüllen«.

   Das sind falsche Ansprüche, von denen Sie sich verabschieden, ja denen Sie entgegentreten sollten. Solche Ansprüche können Sie nur blockieren. Also weg damit!

2. Bei der gemischten Kombination »Ich erfülle diesen Anspruch nicht« / »Ich möchte ihn erfüllen« liegt der Fall etwas komplizierter, denn es gibt zwei Möglichkeiten.

   Entweder handelt es sich um einen falschen Anspruch, den Sie verinnerlicht haben, ein unerreichbares Ideal, das Ihren eigentlichen Qualitäten gar nicht gerecht wird. In diesem Fall: Trennen Sie sich davon! Je schneller desto besser.

   Oder aber Sie erfüllen den Anspruch nicht, weil Sie *noch nicht* so sind. Sie können ihn aber erfüllen. Und Sie werden ihn erfüllen, denn als jemand, der sich nicht länger verbiegen lässt, sondern sich um das Wesentliche kümmert, haben Sie die Stärke dazu. Dann müssen Sie diesen Anspruch doppelt und dreifach unterstreichen, denn es ist eines Ihrer Ziele, ihn für sich selbst umzusetzen und zu nutzen.

3. Die gemischte Kombination »Ich erfülle diesen Anspruch« / »Ich möchte diesen Anspruch nicht erfüllen« führt uns in einen ähnlichen Zwiespalt. Dahinter kann eine ungute Resignation stecken, von der Sie sich verabschieden sollten. Denn auch wenn Sie heute überzeugt sind, dass Sie den an Sie gestellten Anspruch erfüllen – niemand kann Sie zwingen, das auf Dauer fortzuführen. Niemand außer Sie selbst. Anders gesagt: Sie können sich verändern, wenn Sie das möchten.

4. Zur letzten Kombination »Ich erfülle diesen Anspruch« / »Ich möchte diesen Anspruch erfüllen« kann ich Ihnen nur gratulieren. Herzlichen Glückwunsch! Dieser Anspruch bestärkt Sie in den Eigenschaften, die Sie selbst an sich mögen. Und jeder, der derlei Ansprüche an Sie stellt, tut einiges für Ihr Selbstwertgefühl. Das kann sich nur positiv auswirken.

Werden Sie eine authentische Persönlichkeit

Wenn Sie sich nur von einem falschen Anspruch haben freimachen können, sind Sie schon ein gutes Stück vorangekommen. Doch es geht nicht nur darum, etwas, was Sie einschränkt, zu verabschieden, sondern Sie sollten auch etwas Positives an seine Stelle setzen. Ein positives, authentisches Selbstbild. Ein Selbstbild, das Ihnen nicht von außen aufgedrückt wird, sondern das wirklich etwas mit Ihnen zu tun hat, mit Ihren ganz persönlichen Wünschen und Fähigkeiten. Dieses Selbstbild wird Ihnen helfen, Ihre Persönlichkeits-Power zu entfalten. Sie werden zu einer authentischen Persönlichkeit heranreifen. Und genau darum geht es in diesem Buch: authentisch zu werden.

Doch was meint das überhaupt, authentisch? Der Begriff stammt aus dem Griechischen und bedeutete so viel wie »mit eigener

Hand geschrieben«. Schriftstücke, die »authentisch« waren, stammten direkt von ihrem Autor, sie waren Originale, keine Kopien oder Fälschungen. Das griechische „authentikos" heißt „zuverlässig, verbürgt", und in diesem Sinne wurde es auch auf menschliche Verhaltensweisen bezogen. Eine authentische Person ist zuverlässig, echt, glaubwürdig, sie verstellt sich nicht. Sie macht keinem etwas vor, weder sich selbst noch den anderen. Die alte Bedeutung scheint noch ein wenig hindurch, denn die authentische Persönlichkeit ist keine Kopie einer anderen, keine Fälschung. Wer authentisch lebt, versucht nicht jemand anders zu sein oder Züge vorzutäuschen, die er nicht hat. Wer authentisch leben möchte, der braucht vor allem absolute Ehrlichkeit gegenüber sich selbst.

Rote Karten, grüne Karten
Nehmen Sie sich für die folgende Übung etwas Zeit. Es lohnt sich. Alles, was Sie brauchen, sind zehn bis fünfzehn rote und zehn bis fünfzehn grüne Karten oder Zettel. Wenn Sie keine Karten zur Hand haben, können Sie die folgenden Tabellen verwenden. Auch diesmal gilt: Füllen Sie zuerst nur die linke Seite der Tabelle aus. Den Bewertungsspalten auf der rechten Seite »Wesentlich für mich« und »Hinderlich für mich« widmen wir uns später.
Auf den roten Karten notieren Sie all Ihre vermeintlichen Schwächen und Eigenarten, mit denen Sie anecken, Verhaltensweisen, die man Ihnen vorwirft, und Angewohnheiten, die von Ihrer Umwelt als ungut empfunden werden. Schreiben Sie hierzu alles auf, was Ihnen in den Sinn kommt. Was Sie selbst stört, welche Vorwürfe Sie sich ständig anhören müssen, worüber sich die anderen beschweren und woran sie herumnörgeln. Gibt es etwas, von dem Sie sagen würden: »Das macht man nicht!«, aber Sie machen es trotzdem oder würden es zumindest gerne machen? Aufschreiben! Reichen die Karten oder die Zeilen nicht? Dann nehmen Sie ruhig mehr oder verlängern die Tabelle.

Die »roten Karten«: Meine Schwächen und Eigenarten, mit denen ich anecke	Wesentlich für mich	Hinderlich für mich
1.		
2.		
3.		
4.		
5.		
6.		
7.		
8.		
9.		
10.		

Lassen Sie sich ausreichend Zeit. Wenn Ihnen nichts mehr einfällt, dann machen Sie vielleicht eine kleine Pause und starten eine zweite Runde. Wenn Sie das Gefühl haben, es ist genug, dann hören Sie auf. Entspannen Sie sich.

Und nun die grünen Karten!
Jetzt wenden Sie sich dem zweiten Stapel oder der zweiten Liste zu, nämlich den grünen Karten. Auf denen notieren Sie Ihre guten Eigenschaften, Ihre Stärken, die Dinge, für die man Sie mag, alles, wovon Sie glauben, dass Sie es ganz gut hinbekommen. Haben Sie Schwierigkeiten? Fällt Ihnen nicht so viel ein wie bei den roten Karten? Kein Grund zur Beunruhigung, das geht uns vermutlich allen so. Wir entdecken eben eher das Haar in der Suppe als das Gemüse, auch wenn mehr Gemüse drin herumschwimmt.
Sind Sie unsicher und zögern Sie, sich eine bestimmte Eigenschaft zuzuschreiben, weil Sie meinen: Nun ja, da bin ich zwar nicht schlecht, aber ich kenne eine ganze Reihe von Leuten, die sind viel besser als ich? Nur keine falsche Bescheidenheit, schreiben Sie alles auf – wir sind ja unter uns.
Richten Sie Ihren Blick in die Vergangenheit: Gibt es da etwas, das Sie gut bewältigt haben? Auf das Sie sogar ein wenig stolz sind? Welche Eigenschaften haben Sie dafür gebraucht? Denken Sie nicht

nur an »offizielle« Erfolge wie bestandene Prüfungen, gute Schulnoten oder die Beförderung. Vergessen Sie nicht die kleinen, persönlichen Dinge, die Ihnen geglückt sind. Rufen Sie sich eine Situation ins Gedächtnis, in der Sie sich glücklich und zufrieden gefühlt haben. Was war da geschehen? Wie waren Sie in dieser Situation? Was hat Sie ausgezeichnet?

Haben Sie keine Scheu, auch Dinge zu notieren, die Ihnen vielleicht ein wenig läppisch vorkommen. Wie zum Beispiel »Ich habe mit meiner ruhigen Art schon oft Leute davor bewahrt durchzudrehen«, oder »Ich bringe meine Freunde immer zum Lachen« oder »Ich kann aus einem fast leeren Kühlschrank ein Drei-Gänge-Menü zaubern«. Gerade Eigenschaften, die wir für klein und unscheinbar halten, können uns helfen, unsere echten Stärken zu entdecken.

Auch brauchen Sie sich nicht darum zu kümmern, ob eine positive Eigenschaft, die Sie gerade notieren wollen, in eklatantem Widerspruch zu einer anderen Eigenschaft steht, die Sie aufgeschrieben haben. Haben Sie vorhin »Geiz« auf einer roten Karte notiert und kommt Ihnen nun »Großzügigkeit« in den Sinn? Kein Problem. Im Gegenteil, Sie sollten das unbedingt aufschreiben!

Die »grünen Karten«: Meine Stärken und Eigenarten, für die man mich mag	Wesentlich für mich	Kann ich täglich einsetzen
1.		
2.		
3.		
4.		
5.		
6.		
7.		
8.		
9.		
10.		

Bei den grünen Karten gilt in noch höherem Maße: Nehmen Sie sich Zeit. Legen Sie zwischendurch ruhig mal eine kurze Verschnaufpause ein. Und hören Sie erst auf, wenn Sie das Gefühl haben, jetzt ist es genug. Danach gönnen Sie sich wieder etwas Ruhe.

Wie Sie rote Karten in grüne verwandeln

Jetzt nehmen wir uns den Stapel oder die Tabelle mit den roten Karten vor, den vermeintlichen Schwächen und vermeintlich schlechten Eigenarten oder Angewohnheiten. Wir werden sie Punkt für Punkt durchgehen.

- Spalte »Wesentlich für mich«: Ist diese vermeintliche Schwäche und Eigenart wirklich wesentlich für Sie? Dann machen Sie hier ein Kreuz. Oder nehmen nur die anderen diese Eigenschaft als Schwäche wahr bzw. fühlen sich nur Ihre Mitmenschen – vielleicht nur ein Einziger – durch diese Eigenart gestört? Dann bleibt das Kästchen leer.

- Spalte »Hinderlich für mich«: Hindert Sie diese vermeintliche Schwäche und Eigenart daran, etwas zu erreichen, was Sie gerne erreichen möchten? Dann machen Sie ein Kreuz. Oder ist dem nicht so? Dann bleibt das Kästchen leer.

Im weiteren Verlauf dieses Buches werden Sie sehen, wie sich Ihre jeweils notierte vermeintliche Schwäche und Eigenart in einen positiven Wesenszug umformulieren lässt und wie nützlich das sein kann.

Doch zunächst zu dem, was Sie angekreuzt haben. Sie werden feststellen: Einige unangenehme Dinge, die man Ihnen nachsagt, lösen sich ganz plötzlich in Luft auf. Sie sind einfach nicht wichtig. Sie sind nicht *Ihr* Problem, sondern das Ihrer Mitmenschen, die Sie nicht so akzeptieren wollen, wie Sie sind. Daran haben Sie jedoch keine Schuld. Sie müssen sich durchaus nicht Ihre Eigenarten austreiben lassen, weil sich irgendjemand dadurch gestört fühlt. Wer Ihnen deshalb Vorwürfe macht, zielt ins Leere. Es wäre genauso sinnlos wie einem Zebra vorzuwerfen, dass es nicht so aussieht wie ein Löwe.

Problematischer ist es schon, wenn Sie bei der zweiten Frage zugestimmt haben und Sie Ihre Eigenart daran hindert, etwas für Sie Wichtiges zu erreichen. Hier müssen Sie genauer hinschauen: Wie wichtig ist das Ziel für Sie, das Sie durch Ihre Eigenart gefährden? Lässt es sich möglicherweise durch ein anderes ersetzen? Eines, das Sie eher erreichen können? Und schließlich: Ist es wirklich so, dass Sie *ohne* Ihre vermeintliche Schwäche dem Ziel tatsächlich näher kommen?

In manchen Fällen kann es nämlich auch ein Vorwand sein, Sie in dem Glauben zu lassen, Sie müssten nur eine bestimmte Eigenart ablegen, um ans Ziel zu gelangen. »Wenn du nicht aufhörst zu rauchen, verlasse ich dich«, sagt Ihr Freund oder Ihre Freundin, weil er oder sie einen Vorwand sucht, mit Ihnen Schluss zu machen. Oder es steckt eine Spirale von Ansprüchen (siehe Seite 55) dahinter: Haben Sie aufgehört zu rauchen, sollen Sie als Nächstes Ihren Kleidungsstil wechseln, dann sollen Sie anfangen Frauencatchen oder die Oper zu lieben und Ihre politischen Ansichten ändern. In einem solchen Fall kann ich Ihnen nur den Rat geben: Trennen Sie sich nicht vorschnell von Ihren »schlechten Angewohnheiten«.

Stehen Sie sich selbst im Weg?

Aber dann sind da noch die Eigenarten, die Sie selbst einschränken, die Sie an sich selbst stören, die Sie loswerden möchten. Sie stehen sich sozusagen selbst im Weg. Nehmen wir zum Beispiel an, Sie sind übervorsichtig. Wie wir gleich sehen werden, kann das durchaus auch eine sehr nützliche Eigenschaft sein. Aber vielleicht fühlen Sie sich dadurch eingeschränkt. Sie würden gerne ausgelassen sein, sich gehen lassen, unbeschwert genießen, aber nein, das geht nicht, weil Sie sich gar nicht darauf einlassen. Ihnen gehen ganz andere Gedanken im Kopf herum, nämlich, was alles schief gehen könnte und wie Sie sich am besten dagegen wappnen. Auch Ihre Mitmenschen reagieren zunehmend gereizt, weil Sie ihnen ständig in den Ohren liegen mit besorgten Nachfragen: Hast du auch alle Fenster zugemacht? Die Herdplatte ausgeschaltet? Hast du dein Handy dabei, damit ich dich unterwegs anrufen kann? Und das Ersatzhandy, für den Fall, dass Handy Nummer 1 ausfällt? Hast du auch einen Schirm dabei? Es könnte ja regnen. Bist du auch korrekt angezogen? Man könnte dich ja daraufhin begutachten. Und und und.

Keine Frage, übertriebene Vorsicht kann eine Belastung sein. Und sie kann uns daran hindern, andere Seiten an uns zu entdecken und sie auszuleben. Sie kann Ihre vorhandenen Talente regelrecht abwürgen. Und das wäre nun wirklich sehr schade. Was ist da also zu tun?

Zunächst einmal ist es wichtig, dass Sie sich trotz Ihrer Einschränkung zu dieser Eigenschaft bekennen. Wohl gemerkt: Das heißt nicht, dass Sie Ihre Situation nicht verändern könnten! Im Gegenteil, es ist die Voraussetzung für eine positive Veränderung. Nehmen Sie zur Kenntnis, wie Sie sind, stellen Sie sich Ihrer vermeintlichen Schwäche. Genau das wird Ihnen helfen, diese rote Karte in eine grüne zu verwandeln, also eine Schwäche in eine Stärke umzukehren.

Hüten Sie sich vor dem »Sündenbock-Denken«

Es wäre völlig verfehlt, sich selbst wegen dieser vermeintlichen Schwäche anzuklagen. Nach dem Motto: »Ach, wäre ich doch nur nicht so übervorsichtig! Dann würde ich ein unbeschwertes, glückliches Leben führen und wäre alle Probleme los!« Damit begeben Sie sich nämlich auf die abschüssige Bahn des »Sündenbock-Denkens«. Für all Ihre Probleme haben Sie dann einen Verantwortlichen gefunden. Der ist schuld daran, wenn Ihnen dieses oder jenes misslingt.

Das mag zunächst zwar bequem sein, doch damit lösen Sie Ihr Problem nicht, Sie verschärfen es nur. Die Eigenschaft, die Sie als störend empfinden, existiert ja nicht ohne Grund, sie gehört zu Ihnen. Und sie hat nicht nur negative Folgen. Schütten Sie also nicht das Kind mit dem Bade aus. Verabschieden Sie sich vor allem von der Vorstellung, ein glückliches Leben sei nur möglich, wenn Sie Ihre vermeintliche Schwäche mit Stumpf und Stil ausrotten. Das geht nämlich nicht. Wer alles auf den vermeintlichen Sündenbock schiebt, macht sich selbst unglücklich. Sie werden viel mehr für sich herausholen, wenn Sie Ihre Eigenart in eine positive Vorstellung mit einbauen. Wer also übervorsichtig ist, tut sich keinen Gefallen, wenn er sich einredet, er müsste ein Draufgänger sein. Anstatt seine Eigenart zu verleugnen, kann er von ihr profitieren.

Mildern Sie die Eigenschaften ab

Natürlich brauchen Sie eine Eigenart, die Sie stört, nicht einfach hinzunehmen. Es gibt zwei Möglichkeiten, wirksam eine positive Veränderung zu erzielen. Sie können zum Beispiel versuchen, Ihre störende Eigenschaft einfach ein wenig »abzumildern«. Sehr oft besteht das Problem nämlich nur darin, dass ein nützlicher Charakterzug etwas zu stark ausgeprägt ist. Übertriebene Vorsicht, die uns daran hindert, uns auf das Leben einzulassen, lässt sich so weit mindern, dass sie zur Besonnenheit wird.

Die zweite Möglichkeit besteht darin, für einen Ausgleich zu sorgen. Dies kommt immer dann in Frage, wenn die störende Eigenschaft Sie einschränkt und daran hindert, andere Fähigkeiten zu entfalten. Versuchen Sie in diesem Fall, weiteren Eigenarten Raum zu geben. Drücken Sie die störende Eigenschaft nicht einfach weg, sondern geben Sie ihr Gelegenheit, sich sozusagen auszutoben. Es muss aber auch eine Zeit geben, in der die anderen Eigenarten zu ihrem Recht kommen.

Um bei unserem Beispiel zu bleiben: Der Übervorsichtige, der aber auch gerne ausgeht, kann sich einen Abend in der Woche reservieren, an dem er das Haus verlässt und ganz bewusst ohne Handy, ohne Schirm und ohne korrekte Kleidung loszieht. Das wird ihn vielleicht zunächst beunruhigen, doch wirkt es sich sehr bald schon entlastend aus, da er sich sechs Tage in der Woche innerhalb seines ausgeprägten Sicherheitsdenkens bewegen darf, um dann am siebten Tag eine andere Seite seines Wesens auszuleben. Dabei ist die Gewichtung keineswegs endgültig. Es kann sich schon bald zeigen, dass er lieber zwei oder drei Tage in der Woche so sorglos und »unvorsichtig« ausgeht. Warum nicht? Aber zunächst kommt es erst einmal darauf an, überhaupt einen Anfang zu machen und auf den Geschmack zu kommen.

Entdecken Sie die Stärke Ihrer »schwachen Seiten«

Nun wird es knifflig: Versuchen Sie einmal, Ihre negativen Eigenarten jeweils positiv auszudrücken. Das macht Ihnen Schwierigkeiten? Kein Wunder, denn wir sind es gewohnt, unsere Person aus einem bestimmten Blickwinkel zu betrachten. Und aus diesem

Blickwinkel erscheinen eben bestimmte Eigenschaften positiv, andere negativ.

Was wir also brauchen, das ist ein Perspektivenwechsel. Versuchen Sie die störenden Eigenschaften von einem anderen Standpunkt aus zu betrachten. Dadurch kann sich alles ändern. Mit einem Mal bemerken Sie, dass ein bestimmter Charakterzug, den Sie vorher um jeden Preis loswerden wollten, Ihnen auch Vorteile bringt. Und die vormals erstrebenswerten Eigenschaften können aus einer anderen Perspektive durchaus nicht mehr so glänzend erscheinen.

Wenden wir uns noch mal demjenigen zu, der so übervorsichtig durchs Leben geht. Hat er überhaupt Vorteile von seiner Art? Allerdings! Er passt besser auf als die anderen. Daher stößt ihm auch weniger zu. Wo sich andere sicher fühlen, da prüft er lieber wiederholt nach und manchmal wird er, der Übervorsichtige, auch fündig: Da ist die Wohnungstür einmal doch nicht richtig abgeschlossen. Auf dem Küchentisch liegt ein scharfes Messer, als Kinder zu Besuch kommen. Er nervt den zuverlässigen Mitarbeiter Müller mit seinen penetranten Nachfragen, und eines Tages hätte der tatsächlich beinahe wichtige Unterlagen im Büro liegen lassen. Der Übervorsichtige verpasst nie einen Zug. Überhaupt bietet es manche Vorteile, mit ihm zu verreisen. Die Hotels sind im Voraus gebucht, alle Reisenrouten durchgecheckt. Verpasst man einen Anschlusszug, weiß er mit Sicherheit, wann der nächste geht. Damit haben wir einen wichtigen Vorzug angesprochen: Es sind nicht selten die anderen, die von seiner Vorsicht profitieren. Jedes Team kann sich beglückwünschen, wenn es jemanden hat, der auch ein wenig vorsichtig ist und die kreativen Höhenflüge der anderen daraufhin abklopft, ob damit nicht zu große Risiken verbunden sind. Vorsicht kann eine sehr soziale Sache sein. Wenn das so ist, können Sie die rote Karte mit der Aufschrift »Ich bin übervorsichtig« eintauschen in die grüne Karte »Ich bin verantwortungsbewusst«.

Ein zweites Beispiel: Sie finden, Sie sind zu langsam und zu bedächtig. Ihre Kollegen im Büro haben Sie deswegen schon mal geneckt. Vielleicht sind Sie überzeugt, Sie müssten sich ändern, um ein glücklicherer Mensch zu werden. Sie müssten Ihren Rhythmus unbedingt beschleunigen. Doch wenden Sie Ihre Bedächtigkeit ins

Positive, so werden Sie bemerken, dass diese Art eine ganze Reihe von Vorzügen hat: Sie sind gründlich, Sie sind verlässlich. Sie lassen sich nicht hetzen, sondern erledigen Ihre Arbeit solide und gewissenhaft. Sie strahlen Ruhe aus. Das erweckt Vertrauen. Sie können auf andere mäßigend und beruhigend einwirken. Sie überstürzen nichts, daher unterlaufen Ihnen weniger Fehler und Irrtümer. Bei Konflikten können Sie ausgleichen und schlichten, denn Sie bilden sich mit Bedacht Ihr Urteil. Menschen wie Sie können die gute Seele des Unternehmens oder der Familie sein.

Das sind alles höchst erstrebenswerte Qualitäten. Und nun stellen Sie sich bitte vor, dieser bedächtige Mensch würde versuchen, mit aller Kraft diese guten Eigenschaften loszuwerden. Er würde sich beeilen, würde pfuschen und schnell die Geduld verlieren. Er wäre hektisch und nervös. Er lebt viel ungesünder, leidet unter Schlaflosigkeit und Bluthochdruck. Er trifft schnell seine Entscheidungen, ohne sich gründlich zu informieren. Dadurch macht er viel mehr Fehler und stößt Leute vor den Kopf. Und er ist anfällig für Manipulationen, weil er sich eben keine Zeit mehr nimmt. Überlegen Sie mal: Wäre es nicht töricht, seine wertvolle Bedächtigkeit einfach über Bord zu werfen, um sich diesen ganzen Ärger einzuhandeln?

Sie könnten also die rote Karte mit der Aufschrift »Ich bin zu langsam« ersetzen durch eine grüne Karte, auf die Sie schreiben: »Ich bin gründlich.« Oder: »Ich nehme mir Zeit.« Oder: »Ich strahle Ruhe aus.«

Ihre »roten Karten« ...	... werden »grüne Karten«
1.	
2.	
3.	
4.	
5.	
6.	
7.	
8.	
9.	
10.	

Nehmen Sie sich alle Eigenschaften vor, die Sie auf die roten Karten oder unsere Tabelle auf Seite 64 geschrieben haben. Sie werden sicher nicht alle Ihre »Schwachpunkte« in Stärken umwandeln. Doch ist schon vieles gewonnen, wenn Ihnen der eine oder andere Nutzen klar wird, der mit dieser Eigenschaft verbunden ist.

Und nun zu Ihren Stärken!

Natürlich haben wir die »grünen Karten«, auf denen Sie Ihre Stärken notiert haben, nicht vergessen. Vermutlich sind es durch die Verwandlung der roten Karten noch ein paar mehr geworden. Auch diesmal gehen wir die notierten Eigenarten einzeln durch. Nun interessieren uns die folgenden Fragen:

* Spalte »Wesentlich für mich«: Wie wesentlich ist diese Eigenschaft für Sie? Messen Sie Ihr größere Bedeutung bei? Ist sie Ihre ganz persönliche Stärke? Dann machen Sie hier ein Kreuz. Oder ist sie nur für die anderen Menschen wichtig? Dann bleibt das Kästchen leer.
* Spalte »Kann ich täglich einsetzen«: Können Sie diese Stärke in Ihrem alltäglichen Leben häufig einsetzen? Dann machen Sie hier ein Kreuz. Oder kommen Sie nicht oft dazu, diese Eigenschaft zu zeigen? Vielleicht nur im Urlaub? Oder in Ausnahmesituationen? Dann bleibt das Kästchen leer.

Wozu das Ganze? Sie werden feststellen, dass es Stärken gibt, die Ihnen ganz besonders viel bedeuten. Das müssen nicht die sein, die auch die anderen an Ihnen schätzen. Ja, es ist durchaus denkbar, dass die anderen an Ihnen eine Eigenschaft mögen, die für Sie gar nicht so wichtig ist. Die Sie sogar vielleicht gar nicht an sich mögen. Denken Sie an den musikalischen Metzgermeister (S. 42). Sein Vater gab ihm zu verstehen, dass er ihn wegen seiner Fähigkeit schätzte, das Geschäft ordentlich zu führen. Für den Sohn war das jedoch gar nicht so wichtig. Im Gegenteil, es blockierte ihn darin, das auszuleben, worauf es ihm wirklich ankam, nämlich seine musikalische Begabung.

Wir werden diesen Punkt gleich noch vertiefen, weil er sehr wichtig ist. Für Sie kommt es jetzt erst einmal darauf an, ernsthaft darüber nachzudenken, ob die Stärken, die die anderen schätzen und fördern, auch wirklich diejenigen sind, die Sie haben oder entwickeln möchten. Denn Sie müssen sich klar machen, dass jede Stärke, die Sie ausbilden, immer auf Kosten anderer Eigenschaften entwickelt wird. Genau das ist ja die Bedeutung von Profil: Einige Züge treten stärker hervor, andere treten zurück. Persönlichkeiten, die überall herausragen wollen, sind nicht profiliert, sondern eben flach.

Im Idealfall sticht eine Eigenschaft ganz besonders hervor, Ihre ganz persönliche Stärke, Ihr »Power-Faktor«, auf den wir gleich noch näher zu sprechen kommen. Auf diesen »Power-Faktor« sollten Sie Ihr Augenmerk legen. Doch bleiben wir zunächst mal bei der Frage, wie Sie sich verhalten sollen, wenn Ihre Umwelt ganz andere Qualitäten an Ihnen schätzt als Sie.

Darauf gibt es eine klare Antwort: Bringen Sie die Stärken nach vorne, die Ihnen selbst wichtig sind. Lassen Sie sich nicht einreden, Sie müssten dies oder jenes tun, da Sie das doch ganz toll könnten – wenn Sie selbst darauf keinen Wert legen. Sie können die Sache auch so sehen: Wenn Sie sich darauf konzentrieren, eine Stärke auszubilden, an der nicht Sie, sondern die anderen interessiert sind, verzichten Sie darauf, Ihren eigenen Interessen zu folgen. Vor allem geraten Sie so wieder leicht in die Gefahr, es den anderen recht zu machen und sich selbst dabei zu übergehen.

Ganz anders liegt der Fall, wenn Sie durch Ihre Mitmenschen auf bestimmte Stärken aufmerksam gemacht werden, wenn diese Fähigkeiten und Begabungen an Ihnen entdecken, die Ihnen selbst gar nicht bewusst waren. Dies sollten Sie immer als ein wertvolles Feedback betrachten. Denn Sie können solche Rückmeldungen dazu nutzen, verstärkt das Leben zu führen, das Sie führen möchten. Wir kommen gleich auf diesen wichtigen Punkt zurück.

Können Sie Ihre wahren Stärken wirklich ausspielen?

Wenn Sie wissen, wo Ihre Stärken liegen und worauf es Ihnen ankommt, dann ist das schon mal sehr viel wert. Nun gilt es allerdings zu überprüfen, ob Sie Ihre Fähigkeiten und Begabungen auch richtig einsetzen. Es ist ja gar nicht selten, dass Menschen ihr Leben mit Tätigkeiten zubringen, die sie unterfordern. Sie sind mittelmäßig in ihrem Job und unzufrieden mit ihrem Leben, weil sie das, was sie wirklich gut können und wo sie mit Herzblut dabei wären, nicht ausüben dürfen. Manche verschieben dann ihr eigentliches Können und Wollen auf die Zeit nach Feierabend und schaffen sich so einen gewissen Ausgleich. Doch ist es natürlich viel besser, wenn man seine eigentlichen Qualitäten nicht nur in der Freizeit zeigen darf, sondern jederzeit.

Daher ist die Spalte »Kann ich täglich einsetzen« von großer Bedeutung. Wenn Sie feststellen, dass Sie die Stärken, auf die es Ihnen ankommt, nur in Ausnahmefällen einsetzen können, dann ist das ein Hinweis darauf, dass Sie dringend etwas an Ihrem Leben korrigieren sollten. Schaffen Sie eine Situation, in der Sie Ihre wahren Fähigkeiten voll ausspielen können. So oft wie möglich. Am besten jeden Tag.

Entdecken Sie Ihren Power-Faktor

Stellen Sie sich vor, Sie seien ein Schatzgräber. Ewig warten Sie schon darauf, den ganz großen Fund zu machen. Eines Tages wirken Sie bei einer Ausgrabung mit, die Ihr Leben verändern wird. Nach tagelanger Knochenarbeit in geröllhaltiger Erde stoßen Sie durch Zufall auf einen harten Gegenstand. Vorsichtig beginnen Sie dieses Etwas Zentimeter um Zentimeter freizulegen. Als Sie damit fertig sind, trauen Sie Ihren Augen nicht: Es ist eine wunderschöne und kostbare Amphore, die Ihnen zu Ruhm und Reichtum verhelfen wird.

Dieses Bild lässt sich auf die Persönlichkeit des Menschen übertragen. Irgendwo in der Tiefe besitzen wir alle vergrabene Schätze, die wir noch nicht hervorgeholt haben. Um sie zu finden, müssen wir unsere Eigenarten sehr genau unter die Lupe nehmen. Denn an irgendeiner, meist vollkommen unterschätzten Stelle ragt eine Eigenschaft ganz besonders hervor. Sie gilt es mit aller uns zur Verfügung stehenden Besonnenheit freizulegen. In ihr drückt sich unser ureigenstes Wesen am deutlichsten aus. Durch sie sind wir unserem wahren Selbst ganz nahe – sind wir wirklich »Ich«. Diesen Wesenszug in unserer Persönlichkeit nenne ich den »Power-Faktor«. Denn sobald wir ihn freigelegt haben, schenkt er uns Energie und innere Kraft. Er stärkt unser Selbstwertgefühl und Selbstbewusstsein. Wer ihn lebt, der lebt authentisch.

Power-Faktor Langsamkeit?

Sie tragen also Ihren persönlichen Power-Faktor bereits in sich. Er ist kein nach außen hin positiv auffallendes Charakteristikum Ihrer Person. Es hat weder etwas damit zu tun, ob Sie einen Waschbrettbauch haben oder ob Sie intellektuell brillieren. Es kommt nicht darauf an, ob Sie von der Statur her schlank und beweglich sind oder mollig und langsam. Es kommt in keinster Weise darauf an, irgendeinem vorgegebenen Wertmaßstab zu genügen. Es kommt nur darauf an, dass Sie den Mut aufbringen, diesen für sich selbst so wichtigen Wesenszug auszugraben und im Alltag zu verwerten.

Wir haben es schon angesprochen: In manchen Fällen erkennen wir, dass sich hinter unseren vermeintlichen Schwachpunkten ein Potenzial verbirgt, das für uns sehr segensreich sein kann. Entscheidend ist jedoch, dass wir uns darauf einlassen. Denn zum Power-Faktor kann es erst für uns werden, wenn wir es auch wirklich ernst nehmen.

Ein Beispiel: Nehmen wir an, dass Sie immer langsam und bedächtig vorgehen. Entscheidungen fällen Sie erst nach reiflicher Überlegung. In diesem Fall kann die Langsamkeit durchaus Ihr Power-Faktor werden. Deshalb: Lassen Sie sich nicht unter Druck setzen, gewöhnen Sie sich nicht eine kurzatmige hektische Lebensweise an, auch wenn Sie dadurch kurzfristig »Zeit sparen«. Dies entspricht nicht Ihrem Wesen. Sie gewinnen nur dann an Power, wenn Sie in Ihrem Alltag das Tempo reduzieren, sich Ihrer bedächtigen Natur hingeben. Das ist die für Sie richtige Daseinsform.

Ein anderes Beispiel: Vielleicht wirft man Ihnen vor, allzu harmoniesüchtig zu sein. »Du kannst nicht streiten. Hau doch mal richtig auf den Tisch!« bekommen Sie vielleicht von Freunden zu hören, die es besonders gut mit Ihnen meinen. Nun ist es sicher gut, wenn man sich zu wehren weiß. Doch wäre es sehr problematisch, wollten Sie Ihr starkes Harmoniebedürfnis als etwas Schädliches betrachten, das Sie loswerden müssten. Wer Ihnen einreden will, Sie müssten in dieser Welt kämpfen, um nicht unterzugehen, der tut Ihnen keinen Gefallen. Es entspricht nicht Ihrer Art. Und wenn Sie sich von Ihren wohlmeinenden Freunden überzeugen lassen, in Zukunft »härter« und konfliktfreudiger aufzutreten, dann wirkt sich das nicht gerade positiv auf Ihre Persönlichkeits-Power aus. Denn um es klar zu sagen: Ihr Power-Faktor ist Ihr Harmoniebedürfnis. Sie werden sich wohler und mehr bei sich selbst fühlen, wenn Sie für Ausgleich sorgen, Konfliktparteien versöhnen, Kompromisse schmieden, anstatt auf Konfrontationskurs zu gehen.

Damit ist natürlich nicht gesagt, dass ein Konfrontationskurs für jeden ungünstig ist. Für manche Menschen liegt vielleicht gerade darin ihre Stärke. Sie weichen keinem Streit aus, haben einen starken Gerechtigkeitssinn und fühlen sich ganz in ihrem Element, wenn sie sich für eine bestimmte Sache engagieren können. Auch Konfrontationsstärke kann ein Power-Faktor sein.

Und worin liegt Ihr persönlicher Power-Faktor?

Manchmal ist die Sache ganz einfach. Sie kennen sich gut genug, um zu sagen: Genau das ist meine eigentliche Stärke, das zeichnet mich aus, darin finde ich mich wieder. Dann haben Sie Ihren Power-Faktor gefunden. Und Sie müssen sich nur noch mit der Frage beschäftigen, wie Sie ihn am besten zur Geltung bringen können. Oftmals ist es aber auch so, dass wir nur eine ungenaue Vorstellung davon haben, worin denn nun unsere eigentliche Stärke liegt. Wir haben versucht, Ihrem Power-Faktor auf die Spur zu kommen, indem Sie über Ihre Stärken (und vermeintlichen Schwächen) nachgedacht haben. Das hat Sie hoffentlich einer Antwort etwas näher gebracht.

Und doch – vielleicht sind Sie noch unsicher. Sie ahnen zwar, was Ihr Power-Faktor sein könnte, aber es bleiben Zweifel. Gerade wenn Ihre Stärken etwas »verschüttet« liegen, Sie im Alltag wenig Gelegenheit haben, sie auszuleben, ist es normal, dass Sie sich selbst noch nicht so ganz trauen. Womöglich pendeln Sie gedanklich hin und her und überlegen: »Liegt meine Stärke darin oder eher darin? Und vielleicht sind die Stärken, die ich meine zu besitzen, in Wahrheit gar keine.«

Solche Zweifel sind überhaupt nichts Negatives. Ganz nebenbei: Auch die Fähigkeit, alles in Frage zu stellen, kann eine sehr nützliche Eigenschaft sein, die Sie pfleglich ausbuddeln sollten, sofern sie Ihrer Natur entspricht. Schon allein im Berufsleben ist eine gesunde Skepsis oft sehr nützlich. Sie lassen sich nichts vormachen und vermeiden Fehler und Irrtümer.

Doch kehren wir zurück zu der Frage, wie Sie Ihren Power-Faktor finden, wenn Sie schwanken, unsicher sind oder überhaupt keine Vorstellung haben, was das jetzt sein könnte. Dabei hilft Ihnen ein kleines Gedankenexperiment auf die Sprünge: Malen Sie sich einmal aus, alle Zwänge und Einschränkungen, denen Sie jetzt noch ausgesetzt sind, fallen in sich zusammen. Es gibt keine tyrannischen Vorgesetzten, keinen Partner, der Ihnen vorschreibt, was Sie zu tun haben, es gibt überhaupt keine Verpflichtungen. Die Welt steht Ihnen offen. Was Sie erlernen möchten, das können Sie sich aneignen.

Welches Bild eröffnet sich Ihnen? In welcher Situation sehen Sie sich? Was tun Sie? Welche Fähigkeiten haben Sie? Mit wem haben Sie zu tun? Werkeln Sie allein vor sich hin oder befinden Sie sich unter Menschen? Setzen Sie sich einer gefährlichen Situation aus, genießen Sie die Natur oder bleiben Sie im Büro?

Versuchen Sie dieses Bild so scharf wie möglich zu fassen, dann haben Sie gute Chancen, auf Ihren Power-Faktor zu stoßen. Dabei handelt es sich um jene Wesenszüge, die Sie in der betreffenden Situation am intensivsten einsetzen. »Nanu«, wenden Sie vielleicht ein, »ist das nicht reines Wunschdenken?« – Genauso ist es. Wunschdenken ist bestens geeignet, um uns hier voranzubringen. Denn unsere Wunschträume und Sehnsüchte sagen oft mehr über die in uns verborgenen Schätze aus, als wir glauben. Wir sehnen uns nach einem bestimmten Zustand, weil wir sicher sind, dass wir darin glücklich sind. Und glücklich sind wir nur in Situationen, die unserem Wesen entsprechen. Sie können Ihrem Power-Faktor also auch näher kommen, wenn Sie sich erlauben, Ihre Sehnsüchte und Wunschträume hervorzuholen.

Die Träume hinter unseren Träumen

Manchmal werden Sie etwas »Übersetzungsarbeit« leisten müssen, nämlich wenn Wunsch und Wirklichkeit sehr weit auseinander klaffen. Wenn der Wunsch ganz und gar unerreichbar scheint. Wenn er gar nicht wirklich etwas mit Ihnen zu tun hat, sondern mit einem aufgepfropften Ideal. Zum Beispiel: Eine junge Frau mit Figurproblemen wünscht sich nichts sehnlicher als auszusehen wie Britney Spears. Dann heißt das natürlich nicht, dass diese Frau die Fähigkeit, ein bestimmtes Gewicht zu halten, als ihren Power-Faktor ansehen sollte. Damit hat sie ja gerade Probleme. Ihre eigentliche Stärke liegt ganz sicher woanders. Überhaupt sind alle Wunschvorstellungen nach dem Muster »ich möchte so werden wie ...« mit Skepsis zu betrachten. Egal, ob Sie so intelligent wie Einstein, so muskulös wie Arnold Schwarzenegger oder so selbstbewusst wie Alice Schwarzer werden wollen, das sind keine Eigenschaften, die von Ihnen kommen, sondern die Sie an anderen wahrgenommen haben. Und sobald Sie meinen, Sie müssten genauso werden, fangen Sie an – jawohl – sich zu verbiegen! Im Übrigen haben wir über die zweifelhafte Rolle der Vorbilder ja schon gesprochen (siehe Seite 54).

Aber damit will ich diese Träume gar nicht vollends beiseite wischen, sondern Sie dazu animieren: Starten Sie einen neuen Versuch! Oftmals ist es so, dass hinter solchen unrealistischen und aufgepfropften Idealvorstellungen echte tiefe Wünsche stecken, die Ihnen einiges über sich selbst sagen können. Vielleicht geht es der jungen Frau mit dem Britney-Spears-Ideal im Grunde darum, Anerkennung zu bekommen. Dann sieht die Sache nämlich anders aus. Anstatt in Frust über ihre überzähligen Pfunde zu verfallen, die sie von Britney trennen, kann sie darüber nachdenken, mit welchen Mitteln sie ihr tieferes Ziel »Anerkennung« erreichen kann. Vielleicht stößt sie dabei darauf, dass sie ein Talent besitzt, lustige Geschichten zu erzählen und andere zum Lachen zu bringen. Genau dieses Talent, *ihr* Talent, kann sie nutzen, um möglicherweise eines Tages tatsächlich im Rampenlicht zu stehen. Allerdings nicht als eine schlechte Britney-Spears-Kopie, sondern als brillante Kabarettistin oder Comedy-Frau.

Erklimmen Sie Ihr inneres Siegertreppchen

In meinen Seminaren benutze ich gelegentlich das folgende Bild: Stellen Sie sich ein dreistufiges Siegertreppchen vor, wie bei der Olympiade oder beim Autorennen. Auf dem dritten Platz befindet sich unsere allgemeine Unzufriedenheit. Auf dieser Stufe stehen wir alle schon einmal, das ist auch völlig in Ordnung. Problematisch wird es nur, wenn Sie das Gefühl haben, sich so gut wie nie von Stufe drei wegzubewegen, also immer ein latentes Unbehagen in sich tragen. Dann wird es Zeit, eine Stufe höher zu steigen. Auf den zweiten Platz. Dahin gelangen Sie, indem Sie beginnen, an Ihrer Unzufriedenheit zu kratzen. Fragen Sie sich, was dahinter steckt: »Sind es wirklich nur die anderen, die mir das Leben schwer machen? Oder bin es nicht auch manchmal ich selbst?« Indem Sie sich zum Beispiel durch überzogene Ansprüche selbst unter Druck setzen oder indem Sie stets Folge leisten und brav tun, was die anderen von Ihnen verlangen. Auf der zweiten Stufe hat unsere Unzufriedenheit sozusagen ein Gesicht bekommen. Wir wissen nun, womit wir es zu tun haben, und können das Kind beim Namen nennen.

Die zweite Stufe sieht auch vor, dass wir uns mit unseren Sehnsüchten beschäftigen. Überlegen Sie gründlich: Was sind Ihre Sehnsüchte? Wichtig ist, dass Sie ein tieferes Nachdenken darüber nicht sofort ablehnen, weil Sie vielleicht glauben, »nur der Lottogewinn bringt mich wirklich weiter«. Sezieren Sie daher Ihre Sehnsüchte und pulen Sie heraus, was sich hinter ihnen verbirgt. Finden Sie heraus, wieso und weshalb Sie Ihre Sehnsüchte womöglich gar nicht mehr anschauen und ernst nehmen. Wer hier Klarheit erlangt, sich selbst ein Stück besser erkennt und nicht mehr länger nur andere Menschen als die Schuldigen vorschiebt, der steigt automatisch auf den ersten Platz.

Hier, auf der obersten Treppenstufe, liegen unsere Träume und Vorstellungen von jenem Leben, das wir am liebsten führen möchten. Und hier befinden sich auch diverse Möglichkeiten, dieses Leben zu verwirklichen, es stückweise wahr zu machen, was wir uns von Herzen wünschen. Die Voraussetzung dazu ist: Werden Sie sich bewusst, dass in Ihnen die Kraft-Potenziale liegen, die Sie dazu einsetzen können, um aus Vorstellungen Realitäten zu machen.

Was sagen eigentlich die anderen?

Nicht immer reicht es aus, in sich hineinzuhorchen, um über verborgene Sehnsüchte dem eigenen Power-Faktor auf die Spur zu kommen. Mitunter kann uns auch unsere Umwelt dabei behilflich sein. Denn die Menschen, mit denen wir es zu tun haben, nehmen uns ja auch wahr. Und manchmal vermögen sie sogar noch besser zu spüren, aus welcher für uns sehr typischen Eigenart und Fähigkeit wir die Persönlichkeits-Power beziehen können, mit der sich unser Leben verändern lässt.

Das scheint zunächst ein Widerspruch zu sein. Immerhin geht es uns ja gerade darum, so zu werden, wie *wir* sind und sein wollen. Und nicht darum, was die anderen meinen. Wir wollen uns ja gerade befreien von ihrer Bevormundung. Das ändert aber nichts an der Tatsache, dass mancher uns nahe stehender Mensch uns *auf die Sprünge helfen* kann, unser persönliches Power-Potenzial auszumachen. Denn ein sensibler Mensch vermag unseren Blick auf Qualitäten zu lenken, die uns selbst gar nicht mehr auffallen. Wir werden uns gegenüber leicht betriebsblind.

So etwas kommt häufiger vor, als wir vielleicht meinen. Oft sind wir diejenigen, die einen anderen Menschen darauf aufmerksam machen möchten, was wir an ihm besonders »stark« finden. Da gibt es vielleicht einen Kollegen, den wir bewundern, weil er so viel Courage hat und er gegenüber seinen Vorgesetzten Rückgrat zeigt. Zufällig stellt sich heraus, dass sich der Kollege über seine Qualitäten gar nicht im Klaren ist. Im Gegenteil, er ärgert sich über sich selbst, weil er »wieder mal seinen Mund nicht halten konnte«. Wir halten das zunächst für Koketterie, aber er meint das wirklich ernst. Seine eigentliche Stärke bemerkt er nicht und macht auch nichts für sich daraus, weil er sie als »nicht wertvoll« einschätzt.

Und genau darum geht es: Wir wollen uns nicht von den anderen erzählen lassen, wie wir sein, was wir ausbauen und worauf wir besser verzichten sollen, weil es dem anderen so gefällt. Vielmehr geht es darum, dass wir durch die anderen auf persönliche Stärken aufmerksam werden, die uns sonst entgangen wären.

Allerdings brauchen Sie jemanden, zu dem Sie Vertrauen haben. Und bei dem Sie sicher sein können, dass er Ihnen nicht bloß Honig um den Mund schmiert. Jemanden, der Ihnen aufrichtig seine Meinung sagt. Besser noch, wenn es mehrere sind. Leute, die Sie aus unterschiedlichen Bereichen kennen. Vielleicht zeigen Sie im Beruf ganz andere Qualitäten als zu Hause.

Natürlich tun Sie gut daran, Ihre Mitmenschen nicht mit der Frage zu überfallen: »Sag mal, worin siehst du eigentlich meine unvergleichlichen Stärken?« Verkneifen Sie sich auch unbedingt die Frage, was denn der andere »an Ihrer Stelle« tun würde. Was Sie dann zu hören bekommen, führt Sie nämlich mit an Sicherheit grenzender Wahrscheinlichkeit von Ihrem eigenen Weg ab. Und das aus zwei Gründen: Im Allgemeinen zerbrechen sich die anderen nicht den Kopf darüber, welche Fähigkeiten tief in Ihnen ausgegraben werden sollten, denn sie haben genug mit sich selbst zu tun. Und wenn sie es doch tun, dann beurteilen sie alles ausschließlich aus ihrer Warte. Diese ist immer eine Momentaufnahme ihrer eigenen Stimmung und oft auch davon geprägt, welche persönlichen Vorlieben und Erfahrungen sie haben. Diesen Effekt können Sie sehr häufig beobachten, wenn sich junge Leute nur mal ganz unverbindlich bei Älteren danach erkundigen, welchen Beruf sie denn ergreifen könnten. Eine junge Frau, die gerne Schauspielerin werden wollte, hörte sich kurz vor dem Abitur bei Bekannten ihrer Eltern um. Das nicht überraschende Ergebnis: Ein Anwalt meinte, sie hätte das Zeug zur Anwältin, eine Lehrerin empfahl ihr den Lehrberuf und ein Bankangestellter äußerte die Ansicht, sie sei bei der Bank am besten aufgehoben. Nur einer riet ihr ganz entschieden von seinem Beruf ab – ein Schauspieler.

Nutzen Sie die anderen als Spiegel

Ich denke, die Botschaft ist angekommen: Es geht nicht darum, Verantwortung für sich selbst auf andere abzuwälzen. Vielmehr wollen wir uns bemühen, die »blinden Flecken« unserer Selbstwahrnehmung auszugleichen.

Die anderen sollen uns also keine Ratschläge geben, vielmehr sollen sie der Spiegel für uns sein, damit wir uns innerhalb unseres täglichen Handelns und Wirkens genauer und realistischer wahrnehmen können. So sollten wir mit dem Urteil der anderen umgehen. Sie erkundigen sich ja vermutlich auch nicht bei Ihrem Spiegel, ob Sie sich rasieren oder kämmen sollen. Sie blicken hinein und fällen dann die Entscheidung, was zu tun ist.

Im Kern geht es also darum, dass der andere uns eine Art Profil erstellen soll. Er soll uns durch seine Augen charakterisieren, unsere Stärken einschätzen. Wir werfen seine Wahrnehmung mit in die Waagschale, um zu sehen, ob unsere Selbsteinschätzung nicht vielleicht einer Korrektur bedarf.

Mit Hilfe der folgenden Tabelle können Sie herausfinden, welche Stärken die anderen an Ihnen besonders wahrnehmen. Kopieren Sie diese Seite und bitten Sie einen Menschen, der Sie gut kennt, die Liste auszufüllen. Er soll einen positiven Wert ankreuzen, wenn er der Ansicht ist, dass bei Ihnen diese Eigenschaft sehr stark ausgeprägt ist. Für Eigenschaften, die er gar nicht an Ihnen sieht, gibt es negative Punkte, während die Null einen Durchschnittswert bezeichnet.

_____ ist	-2	-1	0	+1	+2
gesellig					
spontan					
intelligent					
durchsetzungsfähig					
diszipliniert					
gewissentreu					
humorvoll					
warmherzig					
ausdauernd					
kreativ					
zuverlässig					
begeisterungsfähig					
originell					
fair					
einfühlsam					

_____ ist	-2	-1	0	+1	+2
selbstständig					
selbstbeherrscht					
gelassen					
kommunikativ					

Eine Frage der Wahrnehmung

Was immer bei dieser Tabelle herauskommt – betrachten Sie das Ergebnis in jedem Fall als eine Anregung und nicht etwa als Urteil über Ihre Qualitäten. Es muss überhaupt nicht gegen Ihre Selbsteinschätzung sprechen, wenn Ihre Mitmenschen die Stärken gar nicht wahrnehmen, die Sie an sich festgestellt haben. Wenn das so ist, dann zeigt das vielmehr, dass Sie den anderen so erscheinen, wie Sie nicht sind und vermutlich auch nicht sein wollen. Es ist ein klarer Hinweis darauf, dass Sie sich selbst auf die »Schatzsuche« begeben müssen. Entwickeln Sie Ihre Stärke. Besinnen Sie sich darauf, Ihren persönlichen Power-Faktor wie jene »kostbare Amphore« vom Erdschlamm der Jahre zu befreien, und leben Sie ihn aus. Dann werden Sie den anderen in vollkommen neuem Licht erscheinen. Und jeder wird überrascht sein, was in Ihnen steckt. Sie sollten nicht zögern, es ihnen zu zeigen!

Es ist aber auch denkbar, dass Sie in ganz anderer Hinsicht überrascht sind: Die anderen trauen Ihnen viel mehr zu, als Sie dachten, ja, vielleicht sogar als Sie sich selbst jemals zugetraut haben. Das sollten Sie als Ermutigung betrachten, dass Sie auf dem richtigen Weg sind und als »mentale Starthilfe« dafür, weiterhin in Bewegung zu bleiben.

Schließlich gibt es noch die Möglichkeit, dass Ihnen das Ergebnis völlig unerwartete Stärken aufzeigt. Zum Beispiel wenn Ihnen die Befragten übereinstimmend großes Verhandlungsgeschick bescheinigen. Eine Eigenschaft, die Ihnen zuvor gar nicht so bewusst war. Sie geraten ins Grübeln. Und kommen zu dem Ergebnis: »Stimmt eigentlich.« Denn plötzlich fällt Ihnen auf, dass es Ihnen schon häufiger gelungen ist, zerstrittene Parteien wieder an einen Tisch zu bekommen und zu vermitteln. Auch wenn Ihre persönlichen Interessen ebenfalls mit im Spiel waren, so haben Sie die Verhandlungspartner davon überzeugen können, dass konstruktives Vorgehen für alle Beteiligten gewinnbringender ist. Sehen Sie! Da hätten Sie doch beinahe eine wesentliche Stärke Ihrer Person übersehen!

Allerdings gilt auch hier: Die Einschätzung der anderen sollten Sie immer mit Vorsicht und nur als Anregung betrachten – und wenn sie noch so schmeichelhaft für Sie ausfallen mag. Denn eines müssen Sie unbedingt vermeiden: Dass die Einschätzung der anderen Ihnen den Weg zu den eigenen Persönlichkeits-Schätzen abnimmt. Den müssen Sie allein gehen, um *»Ruhm und Reichtum«* für sich zu ernten.

So machen Sie Ihre Ecken und Kanten zu einem Plus!

Wie oft haben Sie beim Lesen dieses Buches schon innegehalten und sich gedacht: »Wenn das alles so einfach wäre. Ich habe einen äußerst reizbaren und empfindlichen Partner. Mache ich es ihm/ ihr einmal nicht recht, gibt es prompt wieder Streit und man redet tagelang nicht mehr miteinander. – Ich habe einen ziemlich kleinlichen und cholerischen Vorgesetzten. Nehme ich mich einmal nicht zurück und sage ihm klipp und klar, wo er wieder falsch geplant hat, bekommt er sogleich einen Tobsuchtsanfall und ich kann die nächste Gehaltserhöhung vergessen. – Ich habe Eltern, Kinder, Verwandte und Freunde. Wenn ich denen zeige, dass ich in Zukunft häufiger meinen eigenen Weg gehen und mich abgrenzen möchte, so würden sie mir Vorwürfe machen ohne Ende. – Also, was soll ich machen? In der Theorie klingt das so leicht. Im Leben aber ist das unendlich schwer. Und überhaupt – dieses Buch hält gewiss vielerlei nützliche Anregungen bereit. Doch was weiß der Autor schon von der Komplexität meines ganz persönlichen Falles?«

Kneifen gilt nicht

Sie haben natürlich Recht. Ich kenne Sie nicht persönlich. In der Tat weiß ich nicht, wie es im Einzelnen um Sie bestellt ist. Ich weiß nicht, ob Ihnen viele oder nur sehr wenige Möglichkeiten offen stehen, Dinge abzustellen, die Ihnen schon seit langem das Leben verleiden. Und Sie haben auch Recht damit, wenn Sie anführen, dass Erkenntnisse zu gewinnen eine Sache ist, sie in die Tat umzusetzen aber eine völlig andere. Ich weiß also sehr wohl um die vielgestaltigen Härten und Schwierigkeiten, die damit ver-

bunden sind, wenn man sein Leben und sich selbst verändern und erneuern möchte.
Ich kann Ihnen daher auch nicht den direkten Rat geben: Zeigen Sie es Ihrem Partner, Ihrem Chef und all denen, die Sie manchmal nicht so sein lassen, wie Sie am liebsten sein möchten. Denn ich weiß nicht genau, ob Ihnen damit geholfen ist. Das können nur Sie allein entscheiden. Nur weiß ich eines sehr genau: Dass es äußerst viele Menschen gibt, die nur bis hierhin gelangen und nicht weiter. Kurz davor ihr Leben verändern zu können zählen sie tausend Faktoren auf, die sie davon abhalten, tatsächlich damit zu beginnen. Kurz vor dem Ziel kneifen sie.

Veränderung macht Angst

Die Symptomatik ist wohl jedem vertraut. Kurz davor, Dinge in Ordnung zu bringen, die uns nicht mehr gut tun, zaudern wir plötzlich, den entscheidenden Schritt zu tun. Auf einmal schießen uns Gedanken durch den Kopf wie: »Was sollen nur die anderen Leute denken?« Oder: »Ich kann doch nicht so egoistisch sein!« Oder: »Eigentlich bin ich schon viel zu alt, um noch etwas zu ändern.« Oder: »Dieses Jahr ist es wirklich nicht so günstig, mal sehen, vielleicht nächstes Jahr.«
Doch was wir da ins Feld führen, sind Ausreden. Ausreden sind etwas Angenehmes. Sie sorgen für ein hohes Maß an Bequemlichkeit. Mit Ausreden bewahren wir uns davor, wirklich aktiv zu werden. Nach dem Motto: »Schön war's, sich mit erfrischenden Gedanken wie diesen beschäftigt zu haben, aber ich bleibe wohl doch lieber in der Komfortzone, statt ein Risiko einzugehen.« Wir verhalten uns wie ein Vogel, der in einen Käfig gesperrt ist. Liebend gerne möchten wir dem Käfig entfliehen, wagen es jedoch nicht, weil wir befürchten, das Fliegen längst verlernt zu haben. Also spielen wir nur mit dem Gedanken. Denn wir haben Angst. Es ist die Angst vor der Eigenständigkeit, vor der Freiheit und vor allem, was wir noch nicht kennen.
Wir fürchten: »Wenn ich meine enge Behausung verlasse, erlebe ich keinen Höhenflug, sondern eine Bruchlandung.« Wir fürchten uns

davor, unser gewohntes Zuhause aufzugeben. Denn jede Lebenszone – ist sie uns mit Jahren auch noch so zuwider geworden – betrachten wir irgendwann als unser Zuhause. Auch wenn es uns in unserem tiefsten Innern noch so missfällt, so haben wir uns hier schließlich eingerichtet. Den Käfig kennen wir. Da weiß man, was man hat. Das Neue dagegen ist eine unbekannte Größe. Eine Größe, die Angst macht. Statt sich ihr zu stellen, pflegen wir lieber weiter unsere kleinen Sehnsüchte nach einem besseren Leben und einem authentischen Dasein. Einfach so ins kalte Wasser springen? Nein danke!

Und wie steht es um Ihre Angst? Gewiss wollten auch Sie schon öfter etwas verändern, haben es dann aber beim bloßen Vorhaben belassen. Denn Ihre Angst war stärker als Ihr Sehnen. Damit wir uns nicht missverstehen: Ich möchte Sie deshalb keineswegs kritisieren. Ich will auch nicht zum Ausdruck bringen, dass irgendetwas Verwerfliches daran sei, Angst zu haben. Angst ist etwas völlig Normales und auch Gesundes. Wir können unsere Ängste gar nicht ausschalten, das wäre fatal, denn sie haben die Funktion, uns vor Gefahren zu schützen.

Das Problem ist nur: Wenn wir unseren Ängsten zu viel Raum geben, werden sie zu einer Gefahr. Aus diesem Grunde ist der richtige Umgang mit den eigenen Ängsten angezeigt. Wer sich darauf einlässt, seine Angst vor der Veränderung als Teil der Veränderung zu betrachten und nicht als ein Stoppschild, das dazu auffordert umzukehren, der geht richtig damit um und ist schneller am Ziel seiner Wünsche, als er denkt. Wer seine Angst von vornherein mit einkalkuliert, sie annimmt und sich mit ihr auseinander setzt, der wird bald dazu beflügelt werden, sich über sie hinwegzusetzen.

Entscheidung für den Mut

Es ist also ratsamer, seine Angst zu akzeptieren. Aber um wirklich etwas zu verändern, um die nötigen Schritte zu unternehmen, dazu brauchen wir vor allem Mut. Mut zu haben heißt nicht, keine Angst zu haben. Mut zu haben heißt, die Entscheidung zu treffen, sich von seiner Angst nicht aufhalten zu lassen. Probieren Sie es doch gleich

einmal aus. Legen Sie dieses Buch für einen Moment zur Seite und versuchen Sie, sich mehr für Ihren Mut zu entscheiden als für Ihre Angst. Sagen Sie sich dazu die folgenden drei Sätze:
1. *Mein Mut soll mir in Zukunft wichtiger sein als meine Angst.*
2. *Ich will mich von meiner Angst nicht aufhalten lassen!*
3. *Nur mit Mut kann ich mein Leben verändern.*
»Aber ich habe kein Quäntchen Mut«, räumen Sie vielleicht ein. »Ich fühle immer noch eine große Schwäche in mir, ein Zögern und Zagen, dass es mich manchmal fast zerreißt. Um diese Veränderungen zu initiieren, die ich mir vorstelle, müsste ich richtig stark sein, selbstsicher, siegesgewiss. Wie wird man selbstbewusst, wenn man es nicht ist? Wäre es denn überhaupt so weit gekommen, wenn ich eine ordentliche Portion mehr Selbstwertgefühl hätte?« Sie haben Recht. Mut hängt eng mit Selbstwertgefühl zusammen.

Selbstvertrauen ist der Schlüssel zur Veränderung

Ganz gleich, was Sie vorhaben: Ob Sie im Privaten nicht mehr länger stillhalten und endlich sagen wollen, was Sie möchten und was Sie nicht mehr möchten. Ob Sie im Beruf nicht mehr bloß im Schatten anderer stehen wollen und Ihr Können besser verkaufen möchten. Oder ob Sie sich privat und beruflich stärker zu profilieren wünschen, als es bisher der Fall war. Wenn Sie ein neues Leben beginnen wollen, in dem Sie Ihre Ecken und Kanten ausleben können, dann brauchen Sie vor allem eines: Selbstvertrauen. Denn nur wenn wir uns selbst etwas zutrauen, sehen und ergreifen wir die Chancen, die sich uns bieten. Wir sind dann überzeugt, alle Probleme und Hindernisse überwinden zu können, die sich uns in den Weg stellen. Dagegen: Wer sich nichts zutraut, lässt alle Chancen ungenutzt. Die Entscheidung zum Mut kann also von der Angst zu versagen wieder unterminiert werden. Ohne ein gewisses Maß an Vertrauen in uns selbst kann sich die Angst so richtig breit machen und uns zur Passivität zwingen. Behaupten Sie jetzt nicht, Sie hätten gar kein Selbstvertrauen. Wenn Sie keines hätten, wären Sie nicht dort, wo Sie jetzt sind. Sie hielten nicht mal dieses Buch in Händen – denn an der Tatsache, dass Sie es tun, zeigt sich ein Stück Vertrauen in sich selbst.

Aber vielleicht haben Sie nicht genug davon. Vielleicht meinen Sie, dass nur derjenige Selbstvertrauen haben kann, der bessere Start- und Lebensbedingungen hat als Sie. Da irren Sie sich. Denn was Sie gelernt haben, wie intelligent, wie alt, wie sportlich Sie sind, welche Figur Sie haben – all das hat mit Ihrem Selbstvertrauen wenig zu tun. Selbstvertrauen ist einfach die Gewissheit, dass Ihnen das gelingen wird, was Sie anpacken. Daran hindern Sie weder kleine Schönheitsfehler noch eine unzulängliche Ausbildung. Selbstvertrauen ist der vertrauensvolle, wenn auch oftmals völlig unbewusste Kontakt zur eigenen Kraft und davon ist – dessen bin ich mir sicher – in Ihnen nicht wenig vorhanden.

Sich klein machen heißt, sich selbst abwerten

Manche Zeitgenossen verstehen es, mit ihren Defiziten zu kokettieren und sich Sympathiepunkte zu verschaffen, indem sie ihr Unvermögen in den Vordergrund stellen. »Ich kann ehrlich gesagt noch nicht einmal ein ordentliches Spiegelei braten.« Oder: »Wenn meine Frau mir nicht morgens Socken und Schuhe zurechtlegen würde, ich ging glatt barfuß zur Arbeit.« Oder: »Ich bin ja nur eine einfache Frau/ein einfacher Mann und nicht so intelligent wie die anderen, ich halte mich da lieber raus.«

Solche Zugeständnisse klingen meist sympathisch, zeigen sie doch denjenigen, der sie benutzt, als fehlbare Person und damit als menschlich. Doch was als Geste ja ganz nett ist, kann zur Selbstvertrauensfalle werden, wenn daraus eine Geringachtung der eigenen Person wird. Machen Sie nicht den Fehler. Stehen Sie zu dem Menschen, der Sie sind. Machen Sie keinen Hehl daraus, was Sie können und nicht können. Verzichten Sie darauf, aufwändige Strategien zu entwickeln bzw. zu pflegen, die nur darauf abzielen, Fehler und Nichtkönnen so herauszustellen, dass man von anderen Menschen dafür eine Sonderbehandlung bekommt. Das haben Sie nicht nötig. Auf diese Weise geben Sie anderen Menschen nur den Freibrief, Sie nicht ganz ernst zu nehmen. Das ist bestimmt nicht in Ihrem Sinne, oder?

Stellen Sie deshalb Ihr Licht nicht unter den Scheffel. Seien Sie bereit offen zuzugestehen, was nicht Ihr Fachgebiet ist und wovon

Sie nur wenig Ahnung haben. Aber tun Sie dies immer mit Würde und niemals so, als seien Sie ein kleines Licht oder gar – entschuldigen Sie bitte – ein armes Würstchen. Wenn Sie ernst genommen werden und an Profil gewinnen möchten, dürfen Sie bei jedem Schwachpunkt, den Sie zugeben, Ihre vielen Stärken nicht aus den Augen verlieren.

Selbstbewusstsein ist unverzichtbar

Zum Selbstvertrauen gehört natürlich auch Selbstbewusstsein. Wer selbstbewusst ist, lässt sich nicht beirren, nicht verbiegen. Selbstbewusste Menschen haben einen aufrechten Gang – sowohl innerlich als auch äußerlich. Haben Sie schon einmal darüber nachgedacht, was Selbstbewusstsein für Sie persönlich bedeutet? Würden Sie sich eigentlich selbstbewusst nennen? Wer erscheint Ihnen selbstbewusst? Was zeichnet diesen Menschen aus?

Selbstbewusstsein heißt nichts anderes als »sich seiner selbst bewusst sein«. Sich über sein Wesen mit allen Stärken und Schwächen im Klaren sein. Wissen Sie eigentlich, was Sie können, welche Talente und Begabungen Sie haben? Was machen Sie in Ihrem Leben mit Freude? Achten Sie nichts zu gering! Sind Ihnen Ihre Ängste, Fehler und Schwächen bewusst? Wissen Sie zum Beispiel, warum Sie Ausreden brauchen, welchen Zweck sie in Ihrem Leben erfüllen? Der Sinn von »sich selbst bewusst sein« ist ja, dass Sie sich erkennen und annehmen können, so wie Sie sind. Dass Sie sagen können: »So wie ich bin, so mag ich mich.« Und vor allem: »So wie ich bin, so mögen mich auch die anderen.« Sie müssen Ihre Schwächen nicht verstecken, Ihre Fehler und Unzulänglichkeiten sind nichts Schlimmes, nichts, was verheimlicht werden müsste, und nichts, wofür Sie Mitleid benötigen.

Sie wissen doch, wir bewundern Menschen, die ihre Fehler und Ängste zugeben. Solche Menschen wissen, dass ihr Wert dadurch nicht sinkt. Im Gegenteil, nur wer souverän und gefestigt ist, der kann solche Sätze sagen wie: »Ich weiß, ich bin schrecklich eifersüchtig.« Oder: »Ich finde es auch nicht toll, dass ich so nachtragend bin.« Oder: »Ich sollte mich wahrscheinlich nicht immer nur mit mir selbst beschäftigen.«

Selbstbewusstsein lässt sich aufbauen

Es gibt Menschen, die von Natur aus sehr selbstbewusst sind. Sie haben niemals einen Kurs belegt. Sie sind einfach so, sie fühlen sich sicher und stark. Es scheint fast, als wäre ihnen das Selbstbewusstsein bereits in die Wiege gelegt worden. Ein Gen für Selbstbewusstsein haben wir noch nicht entdeckt. Aber wir wissen heute, dass unter den vielen Faktoren, die zur Entwicklung einer selbstbewussten Persönlichkeit beitragen, die Erziehung in erheblichem Maße den Ausschlag gibt. Wie wir erzogen wurden, was wir in Kindheit und Jugendjahren erfahren und gelernt haben, prägt unser heutiges Selbstwertgefühl entscheidend mit. Kinder, die von ihren Eltern vorbehaltlos geliebt werden, auch wenn sie etwas falsch gemacht haben, werden meist starke Erwachsene. Sie verfügen eher über ein Urvertrauen als jene Kinder, die dies nicht nur oder spärlich erfahren haben.

Glücklicherweise ist es jedoch so, dass wir auch dann noch Einfluss auf unser Selbstwertgefühl haben, wenn wir dem Kindes- und Jugendalter längst entwachsen sind. Wir sammeln neue Erfahrungen, wir lernen dazu, wir entwickeln uns weiter. Wir haben also gute Chancen, auch dann noch ein schwaches Selbstbewusstsein in ein starkes Selbstbewusstsein umzuwandeln, wenn wir gereifte Erwachsene sind. Wichtig ist nur eines: Wir müssen bereit für neue Erfahrungen, Gefühle und Erkenntnisse sein, denn nur so lassen sich einmal erlernte Verhaltensmuster und Einstellungen verändern.

Basis-Check: »Wie viel Selbstbewusstsein habe ich schon?«
Wer sich seit vielen Jahren wenig selbstsicher fühlt, kann nicht erwarten, mit ein paar »Tricks« über Nacht zu einem selbstbewussten Menschen zu werden. Aber Sie können Ihr Selbstbewusstsein stärken und weiter ausbilden, indem Sie die ehrliche Auseinandersetzung mit sich selbst suchen, sich über einige Ihrer Kindheitserfahrungen sowie über eingefahrene Verhaltensmuster Gedanken machen. Die Fragen der folgenden drei Tabellen sollen Sie in puncto Selbstbewusstsein auf den richtigen Weg bringen. Arbeiten Sie bitte eine nach der anderen durch.

Welche Rolle spielte Selbstbewusstsein in meiner Kindheit?

Frage	Antwort
Wie äußerten sich die Erwachsenen über Ihr Wesen, Ihren Charakter? Denken Sie an Mutter und Vater, an Geschwister und weitere Verwandte sowie Freunde.	
Wenn Sie als Kind etwas getan haben, worauf Sie stolz waren – was taten Sie dann und wie reagierte das Umfeld?	
Wie verhielten sich andere, wenn Sie in ihren Augen etwas Fehlerhaftes taten?	
Wurden Sie ermuntert oder gebremst, neue Dinge auszuprobieren?	
Wie haben Erzieher, Lehrer, Ausbilder sich über Sie geäußert, z. B. in Zeugnissen oder im Gespräch?	
Waren Ihre Eltern und Ihre Geschwister selbstbewusst?	
Hatten Sie als Kind oft Angst vor dem Verlassenwerden oder sind Sie von einem nahe stehenden Menschen verlassen worden?	

Wie selbstkritisch sind Sie?

Frage	Antwort
Was sagen und tun Sie, wenn Ihnen ein Fehler passiert? Wie sagen Sie es?	
Was sagen und tun Sie, wenn andere Ihnen einen Fehler vorwerfen oder Sie darauf hinweisen?	

Frage	Antwort
Vergleichen Sie sich oft mit anderen oder mit den Leistungen anderer?	
Wie würden Sie Ihr Aussehen beschreiben?	
Wie müssten Sie sein, wenn Sie perfekt wären? Gibt es eine Kluft zwischen diesem Idealbild und der von Ihnen empfundenen Realität?	
Verzichten Sie aus Angst vor Fehlern und Selbstkritik auf Dinge, die Ihr Leben bereichern könnten?	

Kennen Sie diese Gedanken?

Mir geht häufig durch den Kopf:	ja	nein
»Typisch, das passiert wieder nur mir.«		
»Das kann der/die andere besser.«		
»Es macht mich fertig, dass er/sie so gut aussieht.«		
»Am liebsten wäre ich gar nicht im Raum.«		
»Was werden die über mich denken?«		
»Die reden bestimmt über mich.«		
»Die finden mich hässlich/ungebildet/ langweilig usw.«		
»Da habe ich gar keine Chance.«		
»Wenn ich jetzt nicht hier wäre, würde es niemandem auffallen.«		
»Warum trampelt man auf mir herum?«		
»Mit denen kann ich nicht mithalten.«		

Eigentum von H. U. Klingner

Haben Sie alle Fragen beantwortet und Ihre Kreuzchen gemacht? Sehen Sie sich Ihre Antworten an und werten Sie sie für sich aus. Was kommt dabei heraus? War Ihre Erziehung eher eine Erziehung zum Selbstbewusstsein oder zum Selbstzweifel? Gehen Sie sehr kritisch mit sich um oder eher nachsichtig, liebevoll und wohlwollend? Urteilen Sie tendenziell schlecht über sich selbst? Halten Sie sich für minderwertig oder für wertvoll?

Es gibt viel über sich nachzudenken. Ganz gleich, wie Ihre Ergebnisse auch aussehen, Sie haben in jedem Fall den ersten Schritt in Richtung mehr Selbstbewusstsein getan. Sie sind dabei, den Unterbau, die Basis für Ihr Selbstbewusstsein besser kennen zu lernen. Sie durchschauen das System Ihres Selbstverständnisses etwas besser. Sie erkennen, dass und auf welche Weise Sie bestimmte Dinge so und nicht anders wahrnehmen und bewerten. Und je besser Sie sich kennen, desto eher sind Sie in der Lage, ein distanziertes Verhältnis zu sich und Ihren vermeintlichen Schwächen aufzubauen. Dieser Blickwinkel ermöglicht Ihnen, sich mit mehr Wohlwollen und Nachsicht anzuschauen.

Die Fragen nach der Prägung und nach dem Stand Ihres Selbstbewusstseins sollten Sie sich immer wieder stellen. Solch ein Prozess sollte niemals aufhören, wenn man immer stärker werden möchte. Was sich hier zunächst nach furchtbar viel Arbeit anhört, kann etwas sehr Beglückendes sein. Denn je mehr wir erkennen, wie alles zusammenhängt, desto mehr wird uns bewusst, dass vieles in unserem Leben, von dem wir immer dachten, es niemals schaffen zu können, doch nicht so schwer ist. Plötzlich stellt man fest, dass man doch nicht von einem Menschen abhängig ist, sondern dass man auch alleine leben kann. Auf einmal versteht man sich darauf, mit anderen Charakteren umzugehen, sich auszutauschen, statt verschlossen zu sein, sie zu führen und zu motivieren statt schüchtern zu sein. Plötzlich liebt man es, wenn es turbulent zugeht im Leben, man an vielen Fronten gleichzeitig beschäftigt ist, statt wie früher ein möglichst ruhiges und gleichförmiges Leben zu führen. Es ist so, als wäre man mit einem Mal befähigt, seinen inneren Standort immer wieder wechseln zu können. Man sieht, dass dieser Standort nicht zementiert ist. Er war es nur in unserem Kopf. Die Welt wird plötzlich ganz groß und weit, die Möglichkeiten wachsen.

Training für mehr Selbstbewusstsein

In der nächsten Zeit werden Sie vielleicht vorwiegend damit beschäftigt sein, sich Klarheit darüber zu verschaffen, an welchen persönlichen Lebensfronten Sie sich nicht länger verbiegen lassen möchten. Zur Unterstützung habe ich Ihnen hier ein Trainingsprogramm für mehr Selbstbewusstsein aufgestellt. Dabei lernen Sie, wie Sie Ihr Selbstbewusstsein stärken und weiter ausbauen können. Sollten Sie dann irgendwann das Gefühl haben:»So, ich bin nun selbstbewusst genug, um die Dinge zu ändern, die ich ändern will«, so empfehle ich Ihnen, zur weiteren Selbstkontrolle dieses Buch immer wieder einmal zur Hand zu nehmen und das folgende Trainingsprogramm komplett oder in Teilen noch einmal zu absolvieren. Denn eine negative Selbsteinschätzung, die wir seit unserer Jugend mit uns herumschleppen, ist niemals ganz wegzutrainieren.

Ein auf allen Gebieten selbstbewusster Mensch kann man mit einem Training nicht werden. Aber vielleicht reicht ja schon der eine oder andere Lebensbereich. Das können Sie auf alle Fälle schaffen. Doch dafür müssen Sie stets am Ball bleiben und sich immer wieder überwinden. Picken Sie aus den nun folgenden Punkten immer wieder eine kleine Aufgabe oder Übung heraus und versuchen sie im Alltag zu verwirklichen.

Selbstbewusstseins-Training Punkt 1:
Trauere nicht über die Vergangenheit!
Wohl wahr, manchmal ist die Auseinandersetzung mit den Erfahrungen unserer Kindheit sehr schmerzhaft. Es ist für uns bitter zu erkennen, dass bestimmte Umstände erheblich dazu beigetragen haben, uns einzuschüchtern und nicht mit der Leichtigkeit zu leben, die wir uns im Grunde unseres Herzens wünschen. Dann entwickeln wir eine große Wut. Und wir denken, dass der Rucksack

unserer Kindheitserfahrungen uns für immer schwer belastet. *Trainieren Sie sich dieses Denken ab.* Betrachten Sie einmal Ihre Wut als etwas Fruchtbares. Wut kann helfen, etwas abzureagieren und hinter sich zu lassen. Warum nicht mal Ihre ganze Wut über die Vergangenheit in einen Sandsack prügeln oder in den Wald hineinschreien oder in die laute Meeresbrandung? Die Hauptsache ist: Lassen Sie sie heraus. Denn erst wenn Sie Ihre Wut einmal (oder immer wieder) so richtig herauslassen, können Sie mit dem Vergangenen auf eine gütige Weise abschließen und neue Gefühle können wachsen.

Was Sie aber nicht tun dürfen, das ist verbittert sein. Verbitterung schwächt das Selbstbewusstsein erheblich. Und Verbitterung erzeugt eine ungute Ausstrahlung. Wer auf seine Vergangenheit blickt und mit dem Jammern und Wehklagen nicht aufhört – nach dem Motto »Mein Leben ist vermasselt« –, der wird kaum Chancen ergreifen können.

Leider haben viele Menschen das Jammern zu ihrer Lieblingsbeschäftigung gemacht. Sie jammern darüber, um etwas betrogen worden zu sein, was andere bekommen haben. Sie fragen ständig: »Warum kann ich nicht auch haben, was die anderen haben?« Oder: »Warum habe ich keine reichen Eltern, dann stünde ich besser da!« Oder: »Warum hat man mich früher derart eingeschüchtert, dass ich heute noch Angst vor Autoritäten habe, beziehungsweise vor Leuten, die als Autorität auftreten?« Und so weiter.

Halten Sie sich nicht mit Jammern auf, das kann Jahre, ja sogar ein ganzes Leben in Anspruch nehmen. Denken Sie nicht länger an das, was war. Die Zukunft liegt vor Ihnen. Wie Sie die Zukunft meistern, darauf kommt es nun an.

Was ich damit sagen möchte: Sie können und sollen nicht versuchen, Ihre Vergangenheit völlig auszuschalten. Das ist unmöglich und wäre auch nicht gesund. Denn schließlich ist sie ein Teil von Ihnen und macht Sie mit aus. Aber es lohnt sich nicht, sie immer und immer wieder zu beklagen und aufs Neue »durchzukauen«. Erkennen Sie, wer Sie heute sind, wo Sie Ihre Wurzeln haben, warum Sie in Ihrem bisherigen Leben bestimmte Dinge durch diese und keine andere Brille gesehen haben. Aber bleiben Sie nicht dort stehen. Richten Sie Ihren Blick nach vorn, in die Zukunft. Sie sind erwachsen. Sie allein sind es jetzt, der sich mit jedem neuen Tag eine neue Vergangenheit schafft!

Selbstbewusstseins-Training Punkt 2: Probiere Neues aus!

Es ist wirklich eine vertrackte Sache. Viele Menschen neigen dazu, ihr ganzes Leben wie einen ewigen Schulunterricht zu betrachten. Sie geben ihre Schülerhaltung auch als Erwachsene nicht auf. Jeden Morgen ist es dasselbe: Sie treten lustlos zur Arbeit an und warten nur darauf, dass die Klingel endlich eine Pause oder den Feierabend ankündigt. Sie warten darauf, dass ihnen jemand sagt, welche Aufgaben sie zu erledigen haben und was als Nächstes auf dem Programm steht.

Und Sie? Haben Sie eigentlich schon so richtig verstanden, dass Sie frei sind? Frei sind, das zu tun, was Sie möchten? Sagen Sie jetzt nicht, dass Sie doch Kind und Mann oder Frau und Oma und Hund und ich-weiß-nicht-was-alles an Zwängen und Verpflichtungen haben, was Sie alles zusammen genommen ziemlich unfrei macht. *Trainieren Sie sich dieses Denken ab.* Versuchen Sie lieber einmal so zu denken: »Alles ist möglich. Wenn ich es will, ist die Welt voller Möglichkeiten! Welch eine Fülle!« Wissen Sie, was Sie sich eigentlich sagen müssten, wenn Sie sich diese unendliche Vielfalt der Möglichkeiten betrachten: »Wo, um Gottes willen, soll ich anfangen? Was könnte ich morgen schon tun?«

Und damit sind wir beim Thema »Ausprobieren«. Die Bereitschaft, immer wieder Neues auszuprobieren und für sich selbst herauszufinden, inwiefern es helfen könnte, die eigene Entwicklung weiter nach vorne zu bringen, ist ebenfalls ein Katalysator für den Zuwachs an Selbstbewusstsein. Ein Beispiel: Ich kenne eine junge Frau, die als junges Mädchen unter den vielen Talenten ihrer älteren Schwester litt. Sie hatte das Gefühl, nichts zu können, keine Talente zu haben, war sehr verschlossen und wenig lebenslustig. Eines Tages brachte die Mutter einen Aquarellmalkasten mit nach Hause, den ihr eine Bekannte geschenkt hatte. Deren Sohn hatte nie Freude daran gehabt. Der Kasten stand eine ganze Weile herum. Irgendwann fragte die Tochter, ob sie ihn benutzen dürfe.

Das war der Tag, an dem das Mädchen sein Talent und eine neue Welt für sich entdeckte. Sie hatte sehr viel Freude an dieser Technik und nutzte bald jede freie Minute, um zu malen. Sie spürte, wie sie über das Malen ihre Gefühle und Sensibilität zum Ausdruck bringen konnte. Das gab ihr enorm viel. Vor allem hatte es bald zur Folge, dass sie in ihrer Entwicklung einen großen Schritt nach vorn tat. Auf einmal war sie nicht mehr das kleine Schwesterchen, das unter dem Können der großen Schwester litt. Über Nacht hatte sie etwas Eigenes gefunden, etwas, das ihr ganz und gar entsprach und wodurch sie ihre Persönlichkeit zum Ausdruck bringen konnte. Das förderte ihr Selbstbewusstsein. Und so kam es, dass sie später Kunst studierte. Heute ist sie eine renommierte Künstlerin, hat einen Lehrauftrag an einer Fachhochschule und zeigt jungen Menschen Wege auf, wie sie über ihre Kreativität zu sich selbst finden können. Nur weil sie etwas ausprobiert hatte.

Falls auch Sie nicht wissen, was Ihnen besonders liegt, was gerade Sie gut können, dann probieren Sie einmal Dinge aus, an die Sie bisher noch nicht gedacht haben. Das kann etwas Künstlerisches sein, ein Handwerk, aber auch eine neue Ausbildung. Es hängt von Ihnen ab, wie intensiv Sie die Sache betreiben wollen. Erst einmal ist es wichtig, dass Sie überhaupt verschiedene Dinge andenken und nicht gleich von sich behaupten: »Ich kann ja nichts Besonderes, ich habe kein Talent!« Jeder hat Begabungen, man muss sie nur entdecken. Und das funktioniert am besten durch Ausprobieren!

Warum nicht gleich heute? Nehmen Sie sich doch eine halbe Stunde Zeit, um bei einem Spaziergang darüber nachzudenken, was es sein könnte. Ich vermute sogar, dass Ihnen jetzt in diesem Moment schon etwas eingefallen ist, was Sie immer schon einmal ausprobieren wollten. Tun Sie es doch einfach. Das Schöne ist ja, dass Sie das, was Sie dann für sich probieren, nicht perfekt können müssen. Es ist eine *Probe*, nichts weiter. Und wenn Ihnen die eine Sache nicht liegt, dann versuchen Sie etwas anderes. Immer mit der Maßgabe, sich zu entfalten und weiterzuentwickeln.

Selbstbewusstseins-Training Punkt 3:
Suche Sicherheit in dir selbst!

Wir alle brauchen manchmal die Anerkennung von außen. Die einen mehr, die anderen weniger. Es ist befriedigend, mit Begeisterung eine Leistung vollbracht zu haben und dafür gelobt zu werden. Aber wer bin ich eigentlich, wenn das Lob der anderen zum Hauptziel meiner Handlungen geworden ist? Was, wenn mein Bedürfnis nach ein wenig Anerkennung dazu führt, mich ständig bis an den Rand des Möglichen zu belasten und mich aufzuopfern in der Partnerschaft, in der Familie, im Job?

Eine Bekannte von mir, nennen wir sie Lea, war immer auf der Suche nach einer Instanz, die sie anerkennt. Das war schon zu Schulzeiten so. Es ging ihr eigentlich nie darum, eine Sache gut zu machen, um dadurch ein gutes Gefühl zu haben und stolz auf sich selbst sein zu können. Sie machte es nur, um das Lob anderer Leute einzufahren. Später, als sie studierte, war das nicht anders. Immer war sie auf der Suche nach Menschen, die ihr Tun loben sollten. Sie brauchte dies wie eine Droge. Nur wenn ihre Umwelt sie lobte und ihr Tun gut hieß, empfand sich Lea als nützlich. Bei einem Klassentreffen vor einigen Jahren berichtete sie von ihrem beruflichen Werdegang. Sie war inzwischen Assistentin eines bekannten Professors für Marketing und ging in diesem Job auf. Irgendwer fragte sie, weshalb sie nicht in die freie Wirtschaft gewechselt habe, da die Verdienstmöglichkeiten dort doch größer seien. Ihre Antwort war ehrlich und erschütternd zugleich. Sie sagte, sie hätte dort nicht das Gefühl, wertvoll zu sein, und könne die Konkurrenz nicht aushalten. Sie brauche die geschützte schulähnliche Situation mit einer Art Lehrer, der ihre Arbeit würdigt. Und weil sie diese Situation anderswo kaum finden könne, habe sie auch das Angebot einer renommierten Unternehmensberatung kürzlich ausgeschlagen. Im Laufe des Gespräches stellte sich heraus, dass sie sich von ihrem Professor regelrecht abhängig gemacht hatte. Lobte er sie, ging es ihr gut und sie war zufrieden. Blieb das erhoffte Lob für eine Leistung aus, ging es ihr schlecht und sie reagierte mit Depressionen.

Was kann ich tun, damit ihr mich liebt? Diese Frage ist es im Grunde, die jeden von uns manchmal beschäftigt. Der Philosoph Hegel bezeichnete den menschlichen Kampf um Anerkennung als den wahren Motor der Geschichte. Und ganz gewiss kennen auch Sie das Verlangen nach Anerkennung und unternehmen täglich eine ganze Menge dafür, von Ihrem Partner, Ihrer Familie, Ihren Freunden oder Kollegen ein lobendes Wort und bewundernde Blicke geschenkt zu bekommen. Was in Maßen gesund ist, kann jedoch ungesunde Folgen für das eigene Selbstbewusstein nach sich ziehen, wenn es zum Selbstzweck wird. Wenn Sie Ihre Leistungen so lange gering schätzen, solange kein anderer sie schätzt, verlieren Sie die natürliche Sicherheit in sich selbst. Wer so »unsicher« durchs Leben geht, wird ständig gezwungen sein sich anzupassen, es den anderen recht zu machen. Wer so durchs Leben geht, denkt, er sei auf die Wertschätzung anderer angewiesen. Wer so durchs Leben geht, denkt, andere ständig fragen zu müssen. »Meinst du, dass ich das wirklich machen kann?«, »Bin ich nicht viel zu schlecht dafür?«, »Ist das nicht viel zu gut für mich?«

Wenn Sie mehr Sicherheit in sich selbst spüren, Ihr Selbstbewusstsein stärken wollen, sind Sie mit einem solchen Denken schlecht beraten.

Trainieren Sie sich dieses Denken ab. Es ist gewiss ein angenehmes Gefühl, gebraucht zu werden. Doch sollten Sie immer darauf achten, dass Sie auch gut und gerne ohne dieses Gefühl leben können. Also: Suchen Sie mehr Sicherheit in sich selbst. Üben Sie es einmal, indem Sie die anderen bei einer Entscheidung nicht um ihre Meinung fragen. Wenn Sie ehrlich zu sich sind, wenn Sie wissen, was Ihnen wirklich gut tut, finden Sie die richtige Entscheidung leicht in sich selbst. Nehmen Sie die Gelegenheit wahr, um sich für eine Zeit lang von allem Hasten nach Anerkennung zu lösen. Bewundern und loben Sie einmal bewusst sich selbst.

Selbstbewusstseins-Training Punkt 4: Lerne nein zu sagen!
Überlegen Sie kurz, wie oft Sie heute etwas getan haben, was Sie eigentlich nicht tun wollten. Der Sohn hat seine schmutzigen Fußballschuhe in den Flur geworfen. Sie haben sie nicht nur in den Schuhschrank gestellt, sie haben sie vorher natürlich noch geputzt. Obwohl sie ihn schon hundertmal gebeten haben, selbst für saube-

re Schuhe zu sorgen. Aber Sie sind es leid, dieses ewige »Nachher!« zu hören. Oder: Da kommt Ihr Partner von der Arbeit nach Hause und setzt sich vor den Fernseher. Sie nehmen ebenfalls auf dem Sofa Platz, weil er das erwartet und es sich eben so eingespielt hat. Obwohl Sie eigentlich viel lieber reden würden. Oder: Sie wollten eigentlich zum Trekking nach Asien mit Ihren besten Kumpels und haben sich schon lange darauf gefreut. Doch da bereitet Ihre Freundin Ihnen Stress, weil sie mit Ihnen nach Schweden möchte, die Vogelwelt beobachten. Und da Sie ein Harmonie liebender Mensch sind, fällt das Trekking flach und die Freunde sind sauer. Oder: Die Tochter bringt mal wieder spontan das Enkelkind vorbei. Eigentlich wollten Sie ja gerade einen schönen Einkaufsbummel machen. Na gut, wenn es denn sein muss. Also her mit dem Wonneproppen, der Bummel wird mal wieder verschoben. Eigentlich ärgern Sie sich über Ihre Tochter und über Ihre ewige Nachgiebigkeit. Und dann plagt Sie auch noch das schlechte Gewissen. Was kann denn schließlich das arme Kind dafür? Hat es nicht eine Omi verdient, die sich jederzeit auf sein Kommen freut? Oder oder oder.

Stellen Sie sich vor, Sie hätten heute einmal nicht das getan, was die anderen von Ihnen erwarten. Nicht das, was Sie immer zu tun pflegen, wenn jemand bittet, fordert, sich nicht kümmert. Das können Sie sich nur schlecht vorstellen? Haben Sie Angst, die Liebe und Zuneigung der anderen zu verlieren, wenn Sie nein sagen? Dann wird es aber höchste Zeit, Ihr Denken darüber zu ändern. *Trainieren Sie sich dieses Denken ab.* Sie tun sich nämlich keinen Gefallen damit, immer ja zu sagen, wenn Sie nein denken. Sie tun nur den anderen einen Gefallen damit. Und da sind wir bei einem anderen, nicht minder das Selbstbewusstsein annagenden Faktor angelangt. Denn Menschen, die das Wörtchen »nein« nur sehr schwer über die Lippen bekommen und sich immerzu bemühen, die Bedürfnisse der anderen zu erfüllen, laufen Gefahr, das »Bewusstsein für sich selbst« zu verlieren. Solche Menschen haben keine eigenen Bedürfnisse, keine eigenen Auszeiten, keine eigenen Wünsche, keine eigenen Prioritäten. Wer nicht nein sagen kann, wird nicht nur bald für »selbstlos« gehalten, er wird es auch sein, »sein Selbst los«.

Nun ist es natürlich sehr schwierig, von heute auf morgen von einem ewigen Ja auf ein häufigeres Nein umzusteigen. Und es wäre auch nicht fair, denn die Menschen um Sie herum würden nicht verstehen, warum Sie plötzlich mit Ablehnung reagieren und die Wünsche und Erwartungen der anderen nicht mehr erfüllen. Aber, und das ist dringend geboten: Sie können Ihre Umwelt langsam daran gewöhnen, dass Sie sich abgrenzen wollen. Vor allem sollten Sie erklären, warum Sie sich anders verhalten. Es sollte deutlich werden, dass Sie nichts gegen die Bedürfnisse Ihrer Mitmenschen haben, jedoch selbst auch über Bedürfnisse verfügen und es sich gelegentlich herausnehmen, die eigenen vorzuziehen.

Mit diesem sanften Übergang vom Ja zum Nein sollten Sie gleich heute einen Versuch starten, auch um sich selbst daran zu gewöhnen. Vielleicht werden Sie ein wenig mit Ihrem schlechten Gewissen oder gar mit Schuldgefühlen zu kämpfen haben – doch halten Sie es durch. Mit der Zeit werden Sie spüren, wie es Ihrem Selbstbewusstsein zugute kommt, sich auch einmal verweigert zu haben. Richten Sie sich darauf ein, dass es viele Menschen um Sie herum erstaunen wird, wenn Sie nicht mehr »vorschriftsmäßig« funktionieren. Zumal wenn Sie sich über Jahre schwer getan haben, nein zu sagen.

Doch denken Sie dann einmal bewusst an Ihren Bekanntenkreis, an Nachbarn oder an die eigenen Familienmitglieder. Da gibt es sicher eine Menge Menschen, die grundsätzlich lieber nein als ja sagen und sich damit eine Menge Probleme, Belastungen und vielleicht sogar Ärger vom Leibe halten. Herr Müller, der immer wieder gebeten wird, ein Ehrenamt in irgendeinem Verein zu übernehmen, hat ganz gewiss keine Probleme, die Erwartungen der anderen nicht zu erfüllen und dankend abzulehnen. Ein Herr Müller lässt sich auch nicht ausnutzen. Dazu denkt er viel zu sehr an sich. Ein bisschen was können Sie sich von dieser Sorte Mensch ruhig abschauen. Nicht zu viel natürlich, wir wollen ja keine Egoisten werden. Aber etwas davon wird Ihnen sicher gut tun. Auf diese Weise lernen Sie Ihre eigenen Bedürfnisse wieder ernst zu nehmen.

Ihr »Bewusstsein für sich selbst« kann sich wieder auf Normalmaß einpendeln. Das wiederum kommt ja am Ende auch wieder den anderen Menschen zugute. Wie heißt es so schön, wenn vor jedem Flug die Stewardess die Benutzung der Sauerstoffmasken erklärt, die bei einem Druckabfall im Flugzeug aus der Decke fallen: »Setzen Sie sich zuerst die Maske auf Mund und Nase. Wenn Sie das getan haben, helfen Sie Ihrem Nachbarn.«

Selbstbewusstseins-Training Punkt 5: Lass dir nichts gefallen!
Kritik kann vernichtend sein. Wir sacken innerlich zusammen. Wir grübeln und fühlen uns wie gelähmt. Kritik kann aber auch fruchtbar sein. Wir erkennen einen Fehler. Wir bemühen uns, ihn nicht mehr zu begehen. Wir entwickeln uns weiter.

Es ist wichtig, unterscheiden zu können, wann Kritik gerechtfertigt ist und wann nicht. Aber nicht nur. Wir müssen auch eine Haltung zu demjenigen finden, der kritisiert. Wer uns anbrüllt, herumkommandiert, degradiert, kurz: wer seine Kritik nicht sachlich vorträgt, dem müssen wir auch nicht zuhören. Sollten Sie in dieser Hinsicht zu wohlerzogen sein, ändern Sie es. Unbedingt! Denn Sie müssen nicht denken, dass Sie in irgendeiner Weise verpflichtet sind, auf derart geäußerte Kritik mit Stillhalten zu reagieren – auch wenn Sie möglicherweise zu diesem Denken erzogen wurden. *Trainieren Sie sich dieses Denken ab.* Auch wenn derjenige, der Sie anherrscht, Ihr Lebensgefährte ist, Ihr Vater, Ihre Mutter oder Ihr Chef. Ganz gleich, wer sich da gehen lässt – lassen Sie es sich nicht gefallen, dass er oder sie mit Ihnen geringschätzig umgeht.

Fordern Sie Respekt. Denn wenn Sie es nicht tun, können Sie auch Ihr Selbstbewusstsein nicht festigen. Im Gegenteil: Sie werden es mit der Zeit mehr und mehr verlieren und sich schwach und schwächer fühlen. Lassen Sie es nicht so weit kommen.

Betrachten Sie es einmal von dieser Seite: Wer kritisiert, ist nicht der liebe Gott. Es ist nur ein Mensch, der selbst nicht unfehlbar ist und Schwächen hat. Es ist die Meinung eines bestimmten Menschen, nichts weiter. Prüfen Sie daher jedes Mal genau, ob Ihnen der andere in der Sache etwas zu sagen hat, und überlegen Sie, ob seine Kritik gerechtfertigt ist. Ist sie es, so reden Sie miteinander, um nach Lösungen Ausschau zu halten respektive um Vorschläge zu machen, wie sich das, was es zu bemängeln gibt, abstellen lässt.

Haben Sie aber den Eindruck, der andere möchte Sie nur runterputzen, weil Sie so nett und brav sind und alles geduldig hinnehmen, oder er möchte bei Ihnen den Dampf ablassen, den er sich woanders nicht traut abzulassen, so gehen Sie. Ja, ich meine es ernst. Haben Sie den Mut, den Zornigen stehen zu lassen. Und machen Sie deutlich, dass Sie erst dann das Gespräch fortführen möchten, wenn Sie nicht mehr als »Blitzableiter« herhalten müssen, sondern wenn der andere zu einem konstruktiven Meinungsaustausch bereit ist – sonst nicht. Setzen Sie dies bei der nächsten sich bietenden Gelegenheit in die Tat um. Sie werden sehen, es wirkt Wunder. Und Ihnen beschert es das gute Gefühl des selbstbewussten Handelns.

Selbstbewusstseins-Training Punkt 6:
Beziehe nicht alles auf dich!
Stellen Sie sich vor, Sie verlassen Ihren Arbeitsplatz, um ein paar Kopien zu machen. Im Flur steht eine Gruppe von Kollegen, die sich unterhalten. Sie beginnen mit dem Kopieren und hören dabei mit einem Ohr zu, was geredet wird. Hat da nicht gerade jemand über Ihr Arbeitsgebiet gesprochen? Ist da nicht sogar Ihr Name gefallen? Und warum haben die anderen Sie eigentlich so auffällig freundlich gegrüßt eben? So als hätten die was zu verbergen? Als Sie mit dem Kopieren fertig sind, nehmen Sie den Stapel Papier und eilen beleidigt an der Gruppe vorbei in Richtung Büro. Da haben wir es also. Niemand spricht Sie an, niemand plaudert mit Ihnen. Die haben etwas gegen Sie. So muss es wohl sein.
Kennen Sie dieses unbestimmte Gefühl, dass andere über Sie reden? Fühlen Sie sich immer sofort angesprochen und kritisiert, sobald sich irgendjemand über irgendetwas beklagt? Und wenn sich der Chef nur über die vertrockneten Büropflanzen aufregt – dahinter verbirgt sich bestimmt ein Vorwurf gegen Sie. Ja, er will bestimmt damit sagen, Sie hätten sich besser um die Pflanzen kümmern müssen. Was für eine Gemeinheit – denn Sie sind jetzt schon völlig überlastet.
Wenn Sie aus allem einen Vorwurf heraushören, eine Ablehnung oder eine Anfeindung Ihrer Person, machen Sie sich selbst das Leben schwer. Wenn Sie zuweilen denken, dass sogar fremde Men-

schen auf der Straße Missachtung und Spott für Sie übrig haben, dann stimmt etwas nicht. *Trainieren Sie sich dieses Denken ab.* Denn es ist ein deutliches Zeichen dafür, dass Ihr Selbstbewusstsein gelitten hat. Bauen Sie es wieder auf, indem Sie in Erwägung ziehen, dass die anderen meist viel zu sehr mit sich selbst beschäftigt sind, als dass sie für Ihre persönlichen, vermeintlichen Schwächen überhaupt einen Blick hätten. Viele haben einfach nur schlechte Laune. Und das ist es wahrscheinlich, was Ihre sensiblen Antennen wahrnehmen, allerdings falsch deuten. Jedenfalls: Es hat nichts mit Ihnen und Ihrer Persönlichkeit zu tun.

Andere Menschen, vor allem solche, die wir gar nicht kennen, denken – wenn überhaupt – nur wenig über uns nach. Das müssen Sie sich unbedingt immer wieder sagen – regelrecht einpauken. Sie können diese Art zu denken trainieren, indem Sie auch bei einer mürrischen Verkäuferin oder einem pedantischen Schalterbeamten jedes Mal dazu übergehen, das gedankliche Selbstgespräch damit zu bestücken: »Wahrscheinlich langweilt diese Leute einfach nur ihr Job.« Oder: »Arme Leute, die haben es nicht so gut wie ich.« Oder: »Lass ihn/sie mich doch grimmig mustern – er/sie ist ja nur neidisch auf mein Aussehen, mein neues Outfit, meine Urlaubsbräune, mein Auto ...«

Machen Sie von dieser Art Selbstgespräch jedes Mal Gebrauch, wenn Sie wieder das Gefühl ereilt: »Die lehnen mich ab oder finden mich nicht gut.« Und Sie werden nicht mehr sich, sondern die anderen als diejenigen ansehen, die mit sich selbst ein Problem haben.

Selbstbewusstseins-Training Punkt 7: Belebe deine Stärken!

Was bedeutet eigentlich Stärke? In unserer Gesellschaft gelten Menschen als stark, die schön, erfolgreich, souverän, leistungsorientiert und besonders belastbar sind. Menschen, die alles im Griff haben – müssen das nicht wirklich starke Typen sein? Aber gibt es diese Zeitgenossen denn in Wahrheit? Wo trifft man diese Erfolgsmaschinen? In Zeitschriften, im Fernsehen, im Kino. Im Leben kaum. Man muss sich mit den vermeintlich Stärkeren nur einmal länger unterhalten – schon stellt man fest, dass sie dieselben Probleme haben wie wir.

Ein junger Mann, der sich gänzlich an den Stärken orientierte, die uns Karriereratgeber und Lifestyle-Magazine als erstrebenswert verkaufen, hatte regelrecht resigniert.»Ich kann da einfach nicht mithalten. Es fehlt mir offenbar an Stärke, ich bin kein Kämpfertyp, und feste Ziele habe ich ehrlich gesagt auch nicht. Trotzdem muss ich so tun als ob, um mich durchzusetzen.« Warum tut er das? Denn wie es scheint, liegen seine ganz persönlichen Stärken woanders. Was denken Sie? Wie kann man seine persönlichen Stärken pflegen, die dem heutigen Bild vom Siegertypen nicht gerecht werden? Sie haben darüber noch nicht nachgedacht? Sie meinen darüber nicht nachdenken zu müssen? *Trainieren Sie sich dieses Denken ab.* Wir sollten uns darüber klar sein, dass jeder Mensch über Stärken verfügt, die er nicht benutzt, aber unbedingt wiederbeleben und schätzen lernen sollte. So auch Sie. Sie sollten daher nicht sagen: »Ich will aus mir nichts mehr machen!« Sagen Sie lieber: »Ich kann jeden Tag meines Lebens noch neue Seiten an mir entdecken!« Diese Einstellung fördert das Selbstbewusstsein erheblich. Wenn Sie sich manchmal schwach fühlen, kann sie helfen, sich wieder stark zu fühlen. Es gibt für Ihre persönlichen Stärken keine offizielle Messlatte, die Sie anlegen müssen. Es bedarf lediglich der Bereitschaft, sich Eigenschaften Ihrer Persönlichkeit, die Sie für nicht wichtig halten, näher anzuschauen. Vielleicht sind Sie sehr hilfsbereit. Vielleicht können Sie gut zuhören. Vielleicht haben Sie die Fähigkeit, es gut und gerne mit sich allein auszuhalten. Was es auch sei. Begeben Sie sich einmal gezielt auf die Suche danach. Suchen Sie nach den vermeintlich kleinen Stärken, fernab von Karriereplänen und Etappensiegen.

Jeder verfügt über irgendetwas, was er schon seit der Kindheit nebenbei perfektioniert hat, so wie ein Michael Schumacher von klein an das Autofahren. Vielleicht können Sie Menschen gut einschätzen oder spontan eine Geschichte erzählen. Was es auch sei – beleben Sie es. Ich möchte Sie ermutigen, es als wertvoll zu betrachten. Es gibt Leute, die hervorragend einen Rat geben können. Leute, die mit Begeisterung tüfteln, reparieren oder basteln. Leute wie Dino, ein Bekannter von mir. Dino ist Italiener. Und so wie viele Italiener hat er ein sehr enges Verhältnis zu seinen Kindern. Kommt er abends nach Hause, bringt er ihnen immer etwas mit. Hatte er einmal keine Zeit dafür oder es schlichtweg vergessen, so stehen seine beiden Jungen trotzdem am Abend schon in der Haustür und fragen:»Papa, was hast du uns heute mitgebracht?« Und dann muss Dino sich manchmal etwas einfallen lassen. Dann geht er zum Auto zurück, bastelt aus einem alten Stück Holz im Kofferraum ein Schwert oder aus einem Rest Folie ein Tier. Denn Dinos wahre Stärke ist es zu improvisieren. Und das liebt er mehr als seinen Beruf. Das wiederum kommt seinen Kindern besonders zugute. Sie lieben die Geschenke »aus dem Kofferraum« viel mehr als die aus dem Spielwarengeschäft.

Oder Leonard, ein anderer Bekannter von mir. Er hat auf dem Dach seines Einfamilienhauses eine Sternwarte aufgebaut. Er erzählt, dass er seinen Forscherdrang nur hier so richtig ausleben kann. Er tut das einfach aus Freude an der Sache. Da fällt mir auch noch eine Dame ein. Anja kochte zeitlebens mit großer Begeisterung. Als ihr Mann starb, suchte sie nach einer Aufgabe und führt nun – mit 65 Jahren! – die Kantine eines kleinen Betriebes. Sie geht völlig darin auf, Einkäufe zu organisieren, sich Menüs zu überlegen und Gäste zu bewirten. Sie ist außerordentlich beliebt, weil sie immer mit so viel Enthusiasmus bei der Arbeit ist.

Auch Sie werden eine ganze Reihe von Stärken haben, die Sie ausleben können. Achten Sie bitte nichts zu gering. Erwecken Sie diese Stärken wieder neu zum Leben. Denn wenn Sie sie ernst nehmen, können Sie daraus ein hohes Maß an Befriedigung und Selbstbewusstsein ziehen. Wichtig: Seien Sie dem Gedanken gegenüber nicht abgeneigt, diese Stärken vielleicht auch in irgendeiner Weise produktiv zu nutzen. Na, haben Sie schon eine Idee?

Selbstbewusstseins-Training Punkt 8:
Optimiere deine Ausstrahlung!

Selbstbewusstsein wirkt anziehend. Verhaltensforscher wollen herausgefunden haben, dass Menschen, die Stärke und Selbstsicherheit ausstrahlen, besonders attraktiv erscheinen, egal ob es sich dabei um gut aussehende Personen handelt oder um Durchschnittstypen.

Wir kennen das: Man ist auf einer Feier eingeladen und nach und nach trudeln Gäste ein. Die Tür geht ständig auf und zu, die Ankommenden betreten den Raum, legen ihre Jacken ab, Hände werden geschüttelt. Irgendwie bekommt man das alles nicht so richtig mit, man achtet nicht auf die Leute, die hereinschwärmen. Bis zu dem Augenblick, wo diese eine Person eintritt. Plötzlich schaut alles zur Tür. Plötzlich spitzen alle die Ohren, um mitzubekommen, wie diese Person den Gastgeber begrüßt. Alle verfolgen mit Blicken den Weg dieser Person zum Büfett. Kaum einer kann sich der Ausstrahlung dieser Person entziehen. Wenn sie spricht, muss man zuhören. Wenn sie lacht, wirkt das ansteckend. Wenn sie durch den Raum geht, ist der Raum gefüllt.

Wie kommt es nur, dass wir manche Menschen überhaupt nicht wahrnehmen, während andere unsere Aufmerksamkeit fast magisch auf sich ziehen? Sicher kommen hier viele Faktoren zusammen. Doch Menschen, denen wir eine starke Ausstrahlung bescheinigen würden, haben vor allem eines: ein starkes Selbstbewusstsein. Sie verstecken sich nicht. Sie fühlen sich sicher, wo immer sie gerade sind. Sie haben keine Angst vor anderen Menschen. Sie sprechen nicht leise und zurückhaltend. Sie werden gesehen und gehört. Sie bekommen ein positives Feedback, und das wiederum stärkt ihr Selbstwertgefühl. Und weil das so ist, sollten Sie keinerlei Scheu haben, für sich zu prüfen, ob Sie in puncto Ausstrahlung und Auftreten nicht noch einiges anstoßen können.

Denken Sie nicht, dass derlei Dinge für Sie überhaupt keine Relevanz haben, da es in Ihrem Beruf auf Köpfchen ankommt und nicht auf Charisma. Oder weil Sie alle Hände voll zu tun haben, Ihre süßen, aber anstrengenden Kinder großzuziehen und sich nicht auch noch um ein positives Erscheinungsbild kümmern können. *Trainieren Sie sich dieses Denken ab.* Denn ein selbstbewusstes Auftreten bringt viele Vorteile. Ein Vorurteil müssen Sie jedoch sofort korrigieren: Ausstrahlung ist nicht gleichbedeutend mit Schönheit. Man muss nicht makellos aussehen, um andere Menschen zu gewinnen. Ob Sie eine Glatze, dicke Oberschenkel, eine große Nase oder schiefe Zähne haben – das ist nicht entscheidend. Es wäre also falsch, sich aufgrund von kleinen Schönheitsfehlern dieses Reservoir an Stärke nicht zu erschließen. Richtig wäre, dass Sie ganz einfach Ihren Typ unterstreichen. *Ihren* Typ wohlgemerkt. Das ist viel, viel mehr als ein etwas molliger Körper, leicht abstehende Ohren oder schmale Lippen. Das ist Ihre komplette Erscheinung, Ihr ganzes Wesen!

Wahrscheinlich denken Sie trotzdem noch: »Nein, bloß nicht auffallen.« Und: »Nichts für mich, ich bleibe lieber im Hintergrund.« Darum möchte ich Sie bitten, sich einmal an den folgenden kleinen Aufgaben und Übungen zu versuchen. Sie sollen den Aufbau und die Stabilisierung der Präsenz fördern. Denn Präsenz ist das, um was es eigentlich geht. Eine selbstbewusste Ausstrahlung besteht vor allem aus einer positiven Präsenz. Drei Dinge spielen dabei eine wesentliche Rolle: die Körpersprache, die Art, wie wir sprechen, und die Art, wie wir uns präsentieren.

Signale der Körpersprache
Psychologen können häufig beobachten, wie sich die innere Haltung eines Menschen in seiner Körpersprache spiegelt. Hängende Schultern, ein eingezogener Kopf, gesenktes Kinn, schlaffer Gang – all das kann zum Beispiel auf eine ängstliche, deprimierte und wenig selbstbewusste Persönlichkeit hindeuten. Es sind nicht nur die Worte, mit denen wir anderen etwas mitteilen. Es sind auch die Gesten, die Mimik, die Haltung, die sehr viel über uns verrät. Unser Körper lügt nicht. Wer heftig an den Haaren dreht oder mit den Füßen herumtrippelt, ist nervös. Wer im Gespräch mit anderen die Arme auf der Brust verschränkt, zeigt sich verschlossen und abwehrend. Wir erkennen das ohne große Worte. Es ist nicht unwichtig zu wissen, welche Bedeutung bestimmte Körpersignale haben und wie sie auf andere wirken. Es gibt inzwischen eine Menge Literatur, die sich mit dem Thema Körpersprache beschäftigt und Ratschläge gibt. Ich möchte mich daher darauf beschränken, ein paar Punkte anzusprechen, die speziell für Menschen von Interesse sein können, die sich nicht sehr selbstsicher fühlen.

Üben Sie den offenen Blick
Trauen Sie sich eigentlich, anderen Menschen, mit denen Sie gerade sprechen, offen in die Augen zu sehen? Oder schauen Sie lieber

nach unten oder weichen dem Blick Ihres Gegenübers ständig aus? Achten Sie einmal ganz bewusst auf Ihren Blick. Und achten Sie auch auf Ihre Gefühle. Vor was fürchten Sie sich, wenn Sie den anderen anschauen? Wollen Sie sich verstecken? Stört Sie irgendetwas an Ihrer Mimik, was Sie nicht dem Blick des anderen freigeben möchten? Sind diese Dinge denn wirklich gravierend? Betrachten Sie doch Ihr Gegenüber einmal ganz genau. An ihm ist gewiss auch nicht alles perfekt. Und dennoch hat er oder sie kein Problem, Ihnen in die Augen zu blicken. Deshalb üben Sie einmal, dem Blick des anderen nicht auszuweichen. Schauen Sie Ihrem Gegenüber bei einem Gespräch die ganze Zeit über offen in die Augen, ohne zu starren. Sollten Sie dabei das Gefühl haben, es sei unnatürlich, tun Sie es trotzdem. Gewöhnen Sie sich an, jedem, der auf Sie zukommt, direkt in die Augen zu schauen. Sagen Sie sich innerlich dabei: »Ich stelle mich deinem Blick und habe keine Scheu, denn ich bin eine Persönlichkeit.« *Das hebt das Selbstbewusstsein und verschafft Ihnen mehr Präsenz.*

Beanspruchen Sie Raum

Sie haben das sicher schon erlebt: Da hat sich bei einem Fest eine kleine Gruppe gebildet, in der heftig diskutiert wird. Man steht locker im Kreis zusammen. Aber dieser Kreis formiert sich nach bestimmten Gesetzen. Manche werden aus dem Rund herausgedrängt, andere befinden sich im Zentrum. Manche haben freie Sicht, ihre Schultern werden nicht von anderen behindert, niemand tritt ihnen auf die Füße. Sie haben ihren Platz gefunden und beanspruchen Raum. Andere hingegen spüren ständig die Ellbogen irgendwelcher Leute in den Leisten, der Kreis zieht sich immer mehr zu, bis sie plötzlich »draußen« sind. Achten Sie doch einmal darauf, wie Sie sich in einem Raum verhalten. Setzen Sie sich in irgendeine Ecke und stehen dann nicht mehr auf? Suchen Sie eine Wand zum Anlehnen? Denken Sie bewusst über Ihren Platzbedarf nach. Wie viel und welchen Raum beanspruchen Sie, wenn Sie ein Fest besuchen, die Firma betreten, in der Sie arbeiten, oder in einem Zimmer warten? Lassen Sie sich leicht ins Abseits drängen? Trainieren Sie es, Raum für sich zu beanspruchen. Bewegen Sie sich einmal gezielt durch ein Kaufhaus, ein vollbesetztes Lokal, über die Straße, in der Firma oder anderswo, ohne ständig anderen Leuten Platz zu machen. Gehen Sie einfach Ihren Weg und haben Sie keine Angst, dass es zu Berührungen kommen könnte. Nehmen Sie sich ganz einfach Ihren eigenen Raum bzw. Platz für Ihr Dasein, für Ihre Arbeit, für den von Ihnen zurückzulegenden Weg. Auch wenn es Ihnen am Anfang eher unangenehm ist und Sie sich ob dieser Vorgehensweise anspannen – lassen Sie sich nicht abdrängen. Dabei sollten Sie natürlich nicht stur sein und zum Beispiel einer Frau mit Kinderwagen selbstverständlich Platz machen. Sagen Sie sich innerlich: »Ich habe ein Recht auf Bewegungsfreiheit.« Und machen Sie Ihren Raumanspruch auf unverkrampfte Weise geltend – auch auf Partys, wo Sie niemanden kennen, oder wenn Sie vor einer Gruppe ein paar Worte zu sagen und Ihre Meinung zu vertreten haben. Je öfter Sie trainieren, desto stärker werden Sie sich fühlen. Das Bedürfnis, sich möglichst unsichtbar und ohne anderen Menschen in die Quere zu kommen zu bewegen, wird schwinden. *Das hebt das Selbstbewusstsein und verschafft Ihnen mehr Präsenz.*

Achten Sie auf Ihre Haltung

Die Art, wie wir Kopf, Hals und Schultern halten, wie wir Arme und Beine bewegen, ist oftmals aussagekräftiger als das, was wir durch Worte mitteilen. Das ist ganz normal: Denn unsere Gefühlswelt sucht im Körperausdruck so wie beim Weinen oder Lachen reflexartig seine Entsprechung. Wenn es uns nicht gut geht, wir übermüdet, entnervt, gereizt sind oder Probleme mit uns herumschleppen – unser Körper spiegelt es sofort wider.

Der Blick ist zu Boden gerichtet, wir lassen die Schultern hängen, gehen schwereren Schrittes als sonst, sind langsam und träge, denn alles »zieht uns runter«. Wer uns zu diesem Zeitpunkt begegnet, fragt vielleicht: »Geht es dir nicht gut? Du siehst irgendwie fertig aus heute.«

Beschäftigen Sie sich einmal damit, wie Sie Ihren Körper die meiste Zeit über halten. Denn es ist aufschlussreich sich klarzumachen, welche Signale Sie dadurch zu anderen Menschen senden. Unsere

Haltung kann deprimiert wirken, sodass andere uns bemitleiden. Wir können einschüchternd wirken, sodass man uns fürchtet. Wir können heiter und gelöst aussehen, sodass man uns gerne anspricht. Haben Sie sich schon einmal überlegt, wie Sie eigentlich wirken möchten und welche Haltung Ihrem Normalzustand am ehesten entspricht?

Machen Sie dazu folgende Übung. Sie gibt Ihnen Aufschluss über die Körperhaltung, die Sie vielleicht zurzeit häufiger einnehmen. Und Sie ermöglicht Ihnen, eine gerade und offene Körperhaltung zu trainieren, die Ihnen selbst und anderen Menschen signalisiert: »Ich fühle mich selbstbewusst und verhalte mich offen und kommunikativ.«

Übung
- Begeben Sie sich vor einen Spiegel und stellen Sie sich vor, Sie wären eine Marionette. Zuerst ist die Marionette »außer Betrieb«, Schultern und Arme hängen schwer, das Kinn lehnt auf der Brust. An ihrem Kopf ist ein Faden befestigt, ebenso an ihren Händen und Knien.
- Denken Sie sich, dass irgendwo über Ihnen jemand sitzt, der diese Fäden in der Hand hält. Jetzt zieht er daran. Der Kopf hebt sich, der Rücken streckt sich, Ihr Oberkörper richtet sich gerade auf. Ihre Arme werden angehoben. Ihre Hände öffnen sich, so als wollten Sie mit ihnen etwas darstellen und erklären. Achten Sie einmal bewusst darauf, was in diesem Moment mit Ihnen geschieht. Spüren Sie, wie Sie groß und größer werden und sich von der Haltung des Oberkörpers her immer mehr öffnen? Fühlen Sie, wie Ihre Bewegungen dadurch, dass Sie nach oben gezogen werden, an Leichtigkeit gewinnen?
- Schauen Sie sich diese Haltung im Spiegel einmal genau an: Ihr Körper signalisiert so nach außen »Unbeschwertheit« und Selbstbewusstsein. Machen Sie sich klar, dass sich eine nach oben gezogene Körperhaltung wie diese auch auf Ihr Gefühl auswirkt. Nach oben gezogen fühlen Sie sich eher »Ich bin stark« und »Ich bin selbstbewusst« als nach unten gedrückt. Denn das sollten Sie zum Vergleich als Nächstes probieren.

- Stellen Sie sich vor, unter dem Fußboden säße jemand, der die Marionettenfäden nach unten zieht. Ihr Kopf sackt nach vorn, das Kinn fällt auf die Brust zurück, die Schultern gehen nach unten, die Knie knicken ein, die Arme hängen schlaff herab. Sie fühlen sich schwer und beladen, nach unten gezwungen und wirken blockiert und defensiv.
- Kehren Sie nun zur Haltung zurück, in der Sie vom Faden nach oben gezogen werden. Bitte beobachten Sie während des Wechsels, wie sich das Körpergefühl ändert und was Sie ausstrahlen. Merken Sie, wie sich die Situation schlagartig verändert? Auch Ihre Gedanken ändern sich. Das Körpergefühl ist viel zu leicht für schwermütige Gedanken. Sie denken befreiter und optimistischer. Sie werden im wahrsten Sinne des Wortes »aufgeschlossener«. Und das entgeht auch Ihren Mitmenschen nicht. Man nimmt Sie als selbstbewusst und offen wahr.
- Wechseln Sie ein paarmal zwischen den beiden Haltungen hin und her. Dann kehren Sie zu Ihrer normalen Körperhaltung zurück. Was fühlen Sie jetzt? Tendieren Sie mehr zu der Haltung, bei der die Fäden nach unten oder eher zu der Haltung, bei der Sie nach oben gezogen werden? Sind Sie mit Ihrer im Alltag eingenommenen Haltung zufrieden?

Achten Sie das nächste Mal darauf, welche Haltung Sie in kritischen Situationen einnehmen. Zieht es Sie »nach unten«? Nutzen Sie den gedachten Marionettenfaden am Kopf und ändern Sie Ihre Körperhaltung wie geübt »nach oben«. *Das hebt das Selbstbewusstsein und verschafft Ihnen mehr Präsenz.*

Setzen Sie Ihre Sprache bewusster ein

Die Art, wie wir sprechen, drückt ein Stück unserer Persönlichkeit aus. Lautstärke, Wortwahl und Betonung senden genauso Signale wie die Körperhaltung. Sind wir ausgeglichen und gut gelaunt, klingt unsere Stimme ruhiger und harmonischer als in ärgerlicher und aufgeregter Verfassung. Jeder sollte über die Wirkung seiner Stimme Bescheid wissen. Denn: Ein leises dünnes Stimmchen geht leicht unter und wirkt ängstlich und schüchtern. Wer zu laut spricht, wird meist als dominant und drohend empfunden. Wer monoton und konturlos spricht, dem wird ungern zugehört, da der Zuhörer sich langweilt. Wer zu schnell redet und Worte verschluckt, dem wird ungern zugehört, da man dem Sinn des Gesagten nur schlecht folgen kann. Aber – und darauf kommt es uns hier besonders an – die Art, wie wir sprechen, vermag auch uns selbst ein angenehmes oder ein unangenehmes Feedback geben. Denn reden wir einmal nicht leise und stockend, sondern in guter Lautstärke, artikuliert, mit gutem Sprechfluss, so spüren wir sofort, wie das unser Selbstbewusstsein hebt und wir unser Zugegensein in einem Raum mit anderen Menschen als bedeutend empfinden.

Das Praktische ist, dass wir unsere Stimme modulieren und die Art, wie wir sprechen, beeinflussen können. Wer also das Gefühl hat, von einer wohlklingenden, kräftigen Stimme weit entfernt zu sein, der muss nicht verzagen. Es gibt eine Vielzahl an Möglichkeiten, seine Sprechweise zu verbessern und sein Stimmvolumen auszuweiten. Sprachfehler lassen sich heute mit Hilfe von Logopäden recht gut beheben. Rhetorikkurse helfen, Nervosität und Angst abzubauen sowie die Sprache bewusster und zielgerichtet einzusetzen, wenn es beispielsweise darum geht, einen Vortrag zu halten oder beim Umgang mit Menschen überzeugender zu argumentieren.

Mit Hilfe der folgenden Fragentabelle können Sie sich selbst prüfen und beurteilen, ob Sie auf diesem Gebiet vielleicht etwas für sich tun sollten. Kreuzen Sie an, ob Sie die jeweilige Aussage bejahen oder verneinen. Haben Sie am Ende mehr als ein »Ja« angekreuzt, so empfehle ich Ihnen, sich in einem Kursus sprachlich schulen zu lassen oder sich vielleicht sogar kurzzeitig einem Profi-Sprechlehrer anzuvertrauen, der Ihnen hilft, ungute Sprechmarotten abzutrainieren und ein positives Sprechverhalten anzutrainieren. Falls Sie so etwas für sich von vornherein ablehnen, weil Sie meinen, so etwas nicht nötig zu haben, *trainieren Sie sich dieses Denken ab*. Denn seien Sie versichert, es gibt sehr viele Menschen, die für den Job oder auch für ihr Selbstwertgefühl den kommunikativen Spielraum ihrer Artikulation erweitern lassen – weil sie ernst genommen werden möchten. Testen Sie es aus: Wenn Sie mit Sprache bewusster umgehen, werden Sie bewusster wahrgenommen. *Das hebt das Selbstbewusstsein und verschafft Ihnen mehr Präsenz.*

»Wenn ich etwas vortrage, rufen einige Zuhörer ›Lauter!‹ und ›Murmle nicht so!‹	ja	nein
»Ich rede in der Regel langsam und suche häufig nach Worten.«	ja	nein
»Ich rede meist sehr schnell und verschlucke manchmal Wörter.«	ja	nein
»Ich rede oft und gerne im Dialekt.«	ja	nein
»Ich habe einen leichten Sprachfehler (z. B. Stottern, Lispeln usw.).«	ja	nein
»Mir fehlen manchmal die Worte, um auszudrücken, was ich will.«	ja	nein
»Man fällt mir häufig ins Wort.«	ja	nein

Legen Sie Wert auf eine harmonische Selbstpräsentation
Um gleich einem Missverständnis vorzubeugen: Es geht hier nicht um Selbstdarstellung. Und auch nicht darum, sich zu »verkleiden«, nach dem Motto »Ich will endlich auch so aussehen wie die selbstbewussten Erfolgsmenschen, die mir allwöchentlich aus den Magazinen entgegenlächeln«. Eine gute Selbstpräsentation fängt zwar schon bei einer typgerechten Kleidung an. Doch nützt es wenig, sich ein neues Outfit und eine andere Frisur zuzulegen und als offensiver Strahlemann aufzutreten, wenn die innere Überzeugung nicht vorhanden ist. Selbstpräsentation, wie ich sie hier verstanden haben möchte, bedeutet: Besinnen Sie sich auf bestimmte positive Persönlichkeitsmerkmale, um sie dann in Ihr äußeres Erscheinungsbild mit einfließen zu lassen.

Wohlfühl-Kleidung trägt zur guten Selbstpräsentation bei. Denn das Wichtigste beim Thema Ausstrahlung ist das eigene Wohlgefühl. Sie müssen sich in Ihrer zweiten Haut, Ihrer Garderobe, wohl fühlen, sonst können Sie sich nicht optimal präsentieren und geben auch kein harmonisches Bild ab. Statt Präsenz zu zeigen, zeigen Sie dann, dass Sie mit einigen Persönlichkeitsmerkmalen wie etwa dem Alter oder der Tatsache, ein wenig korpulent zu sein, auf Kriegsfuß stehen. Man denke dabei nur an die Damen, die sich allsommerlich in viel zu enge und kurze Röcke zwängen, obwohl sie zu mollig dafür sind. Oder an jene Männer mit Bauchansatz, die in bauchfreien Hemdchen und Shorts herumlaufen, obwohl sie ihrem Alter und ihrer Figur gemäß gekleidet ansehnlicher wären.

Eine überzeugende Selbstpräsentation wird also dadurch erreicht, indem man Harmonie schafft. Das Innere sollte dem Äußeren entsprechen. Und wie ist das bei Ihnen? Greifen Sie auch manchmal daneben? Oder meinen Sie, sich mit Äußerlichkeiten nicht beschäftigen zu müssen? Wenn dem so sein sollte, *trainieren Sie sich dieses Denken ab.* Denn überhaupt keine Einstellung zur Selbstpräsentation kann ebenso ungünstig für das Selbstbewusstsein sein wie eine übertriebene Bescheidenheit oder Selbstüberschätzung.

Versuchen Sie sich darum einmal selbst zu prüfen und richtig einzuschätzen. Passen Ihre Persönlichkeit, Ihre Kleidung, Ihr Auftreten zurzeit gut zusammen? Sind Sie das, was Sie verkörpern? Sind Sie zum Beispiel von Natur aus ein fröhlicher Mensch und stellen Sie sich auch so dar? Oder sind Sie eher ein konservativer und klassischer Typ, haben einen Bezug zu alten Werten und zeigen sich daher meist »very British«? Was es auch sei – ändern Sie Ihr Aussehen, wenn Ihnen die »grüne Jacke« zu eng geworden ist und Sie sich menschlich in eine neue Richtung entwickeln möchten. Schaffen Sie wieder Harmonie zwischen dem, was Sie sind, und dem, wie Sie von anderen Menschen gesehen werden möchten. Haben Sie das Gefühl, dass Ihr Äußeres wieder zum Inneren passt, so lässt sich darüber neues Selbstbewusstsein aufbauen, und das kommt bei anderen Menschen auch so an.

Sammeln Sie einfach neue Eindrücke zum Thema Selbstpräsentation. Falls Sie Geld dafür ausgeben wollen, dann suchen Sie doch einmal professionelle Typberater auf. Deren Ratschläge und Tipps kann man auch zu günstigen Preisen an Volkshochschulen bekommen. So eine Veranstaltung ist auch deshalb interessant, weil Sie dort auf Menschen treffen, die ähnliche Probleme haben wie Sie. Sie können regelrecht Studien betreiben und miterleben, wie vielen Menschen es an der Fähigkeit mangelt, ihren Typ überzeugend darzustellen. Und wie viel eine Person aus sich machen kann, wenn sie erst einmal weiß, wie man mit ein paar Veränderungen mehr Harmonie schafft.

Ein bisschen müssen Sie sich natürlich auch trauen, das ist klar. Also nicht denken: »Gut aussehen, das können nur die anderen.« Oder: »Ich kann nun mal keine gute Figur abgeben.« Das sind Vorbehalte, Vorurteile und Ängste. Und Sie wissen ja: Wir haben uns entschieden, mutiger zu sein und selbstbewusster. Außerdem, was soll schon sein? Das Einzige, was dabei passieren kann, ist, dass Sie mehr darüber reflektieren, ob das, was Sie nach außen hin präsentieren, auch dem entspricht, was Sie innerlich sind und in Zukunft sein möchten. Wenn Sie auf diesem Weg auch noch zu Ihrem ganz persönlichen Wohlfühlstil in Sachen Kleidung finden – warum nicht? *Das hebt das Selbstbewusstsein und verschafft Ihnen mehr Präsenz.*

In acht Denkschritten zur »Ja-Persönlichkeit«

Nur Selbstbewusstsein führt zu Selbstbestimmung und Unangepasstheit – darüber haben wir gesprochen. Selbstbewusstsein lässt sich natürlich auf unterschiedliche Arten aufbauen. Trainieren ist eine Möglichkeit. Erfolgserlebnisse und das Gefühl, etwas Großes geleistet zu haben, sind ebenfalls gute Katalysatoren. Alles, was uns selbstbewusst macht, dient dazu, ein positives Verhältnis zu uns selbst aufzubauen – zu dem, was man ist, was man kann und wofür man lebt.

Dieses positive Verhältnis zu uns selbst lässt sich noch durch etwas anderes untermauern. Nämlich indem wir bewusst und rückhaltlos »ja« sagen. »Ja« zu uns selbst, zu allen Ecken und Kanten, zu allen Macken und Marotten, Eigenheiten und Fehlern. Damit wollen wir uns nun beschäftigen: Lernen Sie, sich selbst voll und ganz zu bejahen. Dazu gehören auch die »Defizite« in Ihrer Vita wie Scheidung, Arbeitslosigkeit, Krankheit oder Behinderung. Sagen Sie ganz und gar ja zu sich: vor sich selbst und vor den Menschen, die Sie täglich umgeben. So wie Sie sind, mit allem Drum und Dran. Sicher, das fällt Ihnen – so wie uns allen – mitunter schwer. Denn gewiss halten Sie – so wie wir alle – nur wenige Dinge von sich für vorzeigens- und bejahenswert. Und dass manches an unserer Person vermeintlich von Nachteil ist (z. B. unrealistisch, traumtänze-risch, nicht raffiniert genug zu sein), das haben wir von Partnern, Lehrern, Eltern oder Vorgesetzten ja so häufig gehört, dass wir schon selbst daran glauben. Doch ob wirklich etwas dran ist – das wage ich zu bezweifeln.

Deshalb: Hören Sie auf, daran zu glauben. Befreien Sie sich von diesen negativen Einschätzungen. Glauben Sie von heute an mehr und mehr an sich selbst. Sie sind soeben dabei, Ihre eigenen Be-dürfnisse ernster zu nehmen als die Bedürfnisse der Menschen in Ihrer Umgebung. Und das haben Sie sich verdient und auch drin-gend nötig. Denn sich zu verbiegen bedeutet, sich selbst zu vernei-nen. Zerstreuen Sie daher Ihre Restzweifel gegenüber der Vorstel-lung, voll und ganz ja zu sich sagen zu können.

Lassen Sie uns sogleich in die Praxis gehen. Entwickeln Sie sich von einem Menschen, der gelernt hat, häufig nein zu sich zu sagen – zu einem Menschen, der immer öfter ja zu sich sagt. Werden Sie in acht Denkschritten zu einer »Ja-Persönlichkeit«.

Denkschritt 1:
Ich stehe zu den Unvollkommenheiten meiner Vita!
Machen Sie sich frei vom Gedanken, perfekt sein zu müssen. Sie laufen einem Pappkameraden hinterher, wenn Sie weiter versu-chen, den Wunschvorstellungen der anderen Leute zu entsprechen. Warum das so wichtig ist? Weil kein Mensch auf dieser Welt voll-ständig so sein kann, wie ein anderer Mensch das am liebsten hät-te. Nobody is perfect. Den perfekten Menschen gibt nicht. Es gibt lediglich Menschen, die uns perfekt erscheinen, deren Leben wir für vollkommen geglückt halten, von denen wir annehmen, dass sie ihren Lebenslauf ganz nach ihren Vorstellungen geformt haben. Zugegeben: Manchmal stoßen wir auf diese vermeintlich perfekten Zeitgenossen und gehen dann nach Hause mit dem Gefühl, ein Ver-sager zu sein, mit zu vielen Mängeln behaftet. Wir trauen uns nicht, von unserem lausigen Job zu erzählen, der uns nicht ausfüllt und wenig Geld bringt. Nicht von der schwierigen Ehe, in der wir stecken, und den ewigen Streitigkeiten. Nicht von der Krankheit, die uns vor kurzem ereilte und mit der wir nur sehr schlecht klar-

kommen. Wie sollten wir auch darüber reden? Das möchte ohnehin niemand hören, und außerdem sind dies Zeichen für die Niederlage unseres Lebens – so meinen wir. Denken wir doch nur an das letzte Klassentreffen. Da erzählte der ehemalige Schulfreund nur von seinem Haus im »angesagten« Stadtviertel, von den wohlgeratenen Kindern und der »supergeilen« TDI-Familienlimousine. Oder denken wir an den gut aussehenden Geschäftspartner, der gar keine Schwächen zu haben scheint und alles bekommt, was er sich wünscht.

Was tun diese beneidenswerten Menschen bloß, dass sie so perfekt sind? Das ist einfach zu beantworten. Sie lassen uns von ihren Defiziten nichts wissen. Sie verkaufen uns ihre Schokoladenseite. Und verschweigen die vielen, vielen Kratzer im Glück – und den Preis, den sie gezahlt haben, der oft viel höher war als das, was sie dafür bekamen. Denn niemand ist vollkommen. Auch die nicht, die wir für vollkommen halten und in deren Leben wir uns an manchen grauen Tagen hineinwünschen.

Es ist also eine Lüge, wenn man uns glauben machen will, dass für die anderen das Leben ein Kinderspiel ist und für uns selbst oft ein Kreuz. Stehen Sie daher zu Ihren Unvollkommenheiten. Durch sie wurden Sie erst zu jener unverwechselbaren Persönlichkeit, die Sie heute sind. Betrachten Sie es doch einmal von dieser Seite: Ein Mensch, der nur grandios, gut aussehend und geldgefüllt durch die Welt läuft, ist langweilig. Hingegen sind Menschen, die wirklich Bewunderung ernten und mit Hochachtung bedacht werden, meist welche, die ihr Leben im wahrsten Sinn des Wortes meistern. Die trotz Schwächen und Schwierigkeiten, trotz Schicksalsschlägen und Steinen, die man ihnen in den Weg warf, denselbigen gegangen sind, der für sie der beste war. Wenn wir mit solchen Menschen zu tun haben, so erleben wir dies als eine enorme Bereicherung. Das sind die Menschen, die wir mögen, von denen wir lernen können. Sie leben ihre Persönlichkeit. Sie sind, was sie sind, und versuchen aus allem das Beste zu machen – welch widrigen Umständen sie auch begegnen.

Weigern Sie sich daher, einem Ideal- und Wunschbild entsprechen zu wollen. Gönnen Sie sich heute etwas Zeit, um darüber nachzudenken: Was gehört zu meiner Person und zu meinem bisherigen Lebensweg? Was hat mich unverwechselbar gemacht? Vor allem müssen Sie sich endlich selbst verzeihen, dass Sie Fehler gemacht haben und Nachteile erdulden müssen. Und lassen Sie ab morgen andere wissen, wer und was Sie sind, und halten Sie sich nicht mehr zurück. Denken Sie daran: Die anderen sind auch nicht ohne Makel. Sie werden sich wundern, welche befreiende Wirkung das hat. Sagen Sie ja zu allem, was Sie waren, sind und was Sie morgen noch gerne werden möchten. *Im »Ja« zu sich selbst liegt die Möglichkeit, sich mit all seinen Missgriffen und Mängeln zu versöhnen.*

Denkschritt 2: Ich bin stolz auf das, was ich bin!

Viele kluge Menschen machen einen dummen Fehler: Sie schämen sich für ihren beruflichen Werdegang, für das, was sie gelernt haben oder womit sie ihre Brötchen verdienen. Judith zum Beispiel: Sie verliebte sich in einen jungen Mann, der studiert und soeben ein hervorragendes Examen abgelegt hatte. In seinem Freundeskreis wimmelte es von Doktoranden, Professoren und Künstlern. Judith fühlte sich im Kreise der gebildeten und kulturinteressierten Freunde oft sehr unwohl und verloren. Während ihr Freund mit den anderen angeregt über die jüngsten Konzert-Highlights oder Trends in der Kunst- und Theaterszene diskutierte, wäre sie am liebsten im Erdboden versunken. Dabei hatte Judith einiges zu bieten. Sie war Arzthelferin in einer Zahnarztpraxis, und nur weil sie es innerhalb ihres Berufsfeldes in der Regel mit Menschen zu tun hatte, die sich für Kunst und Kultur wenig interessierten, war auch sie in diesen Dingen wenig bewandert. Doch anstatt daraus keinen Hehl zu machen und ganz selbstbewusst damit umzugehen, verstellte sie sich jedes Mal aufs Neue, wenn sie mit dem neuen Bekanntenkreis zusammentraf. So geschah es, dass die anderen bald davon ausgingen, sie habe eine ähnliche Bildung und ähnliche Interessen wie ihr Freund. Man verwickelte sie in Gespräche, denen sie sich nicht gewachsen fühlte. Sie traute sich nicht, ihr vertraute Themen anzuschneiden oder ihre Unkenntnis in Sachen Kunst und Kultur zuzugeben, sondern heuchelte Wissen und verbog sich aus Angst »durchzufallen«. Mit der Zeit fühlte Judith sich immer angespannter. Wenn es nur hieß: »Heute Abend gehen wir zu einer Party bei einem Freund«, bekam sie schon Migräne. Sie verspannte und verkrampfte sich, weil sie den Zustand unerträglich empfand, nicht sie selbst sein zu können. Das hatte zur Folge, dass ihr Freund immer häufiger ohne sie loszog und die Beziehung, die so hoffnungsvoll begonnen hatte, bald darauf auseinander brach. Dabei war Judith eine ausgesprochen gute Arzthelferin, hatte ihre Prüfungen hervorragend bestanden und im ersten Anlauf eine Stelle gefunden. Heute denkt sie ungern an diese Zeit zurück. Inzwischen hat sie einen neuen Freund gefunden, er ist Zahntechniker. Doch schmerzt es sie immer noch sehr, sich damals so verhalten und auf diese Weise einen Menschen, den sie geliebt hat, verloren zu haben.

Wer wäre nicht schon in der Situation gewesen, sich im Vergleich zu anderen ungebildet oder dumm gefühlt zu haben? »Der weiß mehr als ich, der kennt sich aus, so einen Horizont müsste man haben!« Und dann werden wir ganz klein, leise und ängstlich. Und krümmen uns womöglich, um so zu tun als ob. Dabei müssten wir uns nur einmal klarmachen, dass wir alle etwas gelernt und Erfahrungen gesammelt haben, dass uns Spezialgebiete vertraut sind, auf die andere noch nie einen Fuß gesetzt haben. Warum sollen wir also nicht sagen: »Es tut mir Leid, wenn ich da nicht mitreden kann. Von Goethe und Schiller habe ich wenig Ahnung. Aber wenn Sie mit mir übers Surfen reden wollen oder wie man eine Web-Site gestaltet – bitteschön, da sind Sie bei mir genau richtig.«

Halten Sie sich also bitte nicht länger für nicht intellektuell genug oder gar für minderbemittelt, wenn Sie in einen Kreis geraten, in dem Leute sind, die etwas anderes leben als Sie selbst. Denken Sie nicht, bloß weil der Arzt und der Anwalt mehr verdienen oder die engagierte Lehrerin und der Profisportler in der Nachbarschaft ein größeres Ansehen genießen als Sie, dass Sie sich deswegen verstecken müssen. Was vergeben Sie sich, sich als diejenige Person hinzustellen, die Sie sind? Nichts! Sie zeigen sich sogar außerordentlich souverän. Sie müssen sich nicht schämen. Wofür denn auch? Sind Ihr Wissen, Ihre Erfahrungen denn weniger wert als die der anderen?

»Ja aber«, werden Sie jetzt vielleicht einwenden, »wenn diese Menschen aber auf mich herabblicken? Wenn sie mir das Gefühl geben, ausgeschlossen zu sein? Wenn man mich ständig spüren lässt, dass ich nicht dazugehöre?« Da kann ich nur sagen: Was sind das für Menschen, die meinen, auf Sie herabblicken zu können, nur weil sie vielleicht eine andere Ausbildung haben als Sie? Oder weil Sie sich für andere Dinge interessieren? Grämen Sie sich nicht über solche Engstirnigkeit. Vor allem: Verbiegen Sie sich deshalb nicht. Gönnen Sie sich heute etwas Zeit, um darüber nachzudenken, ob Sie auf Leute, die auf Sie herabschauen, nicht gut und gerne verzichten und dafür andere, handfestere Menschen für sich gewinnen können. Doch auch bei neuen Bekanntschaften gilt: Bleiben Sie sich treu! Und verzichten Sie darauf, sich zu verstellen, um das Wohlwollen anderer Menschen zu gewinnen. *Im »Ja« zu sich selbst liegt die Möglichkeit, sich selbst zu sein und sich selbst zu bleiben.*

Denkschritt 3: Ich löse mich von alten Prophezeiungen!

Kennen Sie das? Kennen Sie diese Sprüche? »Ganz wie der Vater/ wie die Mutter«, »Du wirst dich ganz bestimmt erkälten«, »Aus dem Jungen/Mädchen wird nie etwas«, »Du kannst das sowieso nicht, das schaffst du nie.« Solche Sätze hat fast jeder schon von Eltern, Lehrern, Freunden oder Partnern gehört. Sie werden in der Regel geäußert, ohne dass der Sprecher sich viel dabei denkt, haben aber häufig eine verheerende Wirkung. Denn mancher Spruch hängt uns nach wie ein Orakel, das sich immer wieder zu erfüllen scheint. Die Botschaft, die in unserem Kopf herumspukt, hemmt uns in unseren Möglichkeiten. Wir glauben daran, »ganz wie der Vater bzw. wie die Mutter« zu sein. Wir sagen zu uns selbst: »Das kannst du sowieso nicht« oder: »Aus dir wird nie etwas.«
Aus dem Amerikanischen stammt der Begriff »self-fullfilling prophecy«, die »sich selbst erfüllende Prophezeiung«. Dieses verbreitete Phänomen beschreibt einen psychologischen Zusammenhang zwischen dem, an was wir glauben, und dem, was wir dann an Kräften mobilisieren, um den Inhalt des Geglaubten im Leben zu verwirklichen. Das heißt: Hat man uns als Kind schon mit der Bot-

schaft bedacht: »Aus dir wird nie etwas«, so kann uns diese negative Zuschreibung ein Leben lang hemmen, unsere wahren Möglichkeiten richtig zu entfalten. Solche Lebensbotschaften negativer Art tragen also dazu bei, die Freisetzung unserer Persönlichkeit zu blockieren und Leistung zu minimieren. Aber auch umgekehrt: Lebensbotschaften positiver Art können uns kräftemäßig derart beflügeln, dass wir alles schaffen, was wir uns vornehmen.

Ein Beispiel: Lotti sollte zu Weihnachten vor allen Kindern der Klasse ein Gedicht aufsagen. Sie hatte wochenlang geübt, und als der große Tag kam, war sie ziemlich aufgeregt. Sie hatte sehr viel Angst, es nicht zu schaffen, denn das Gedicht war lang und Lottis Mutter, eine ganz einfache, wenig belesene Frau, hatte schon mitleidig ihre Zweifel gegenüber Lotti geäußert: »Das kann die Kleine doch noch gar nicht.« Und so kam es dann auch. Lotti, in der ganzen Klasse als sehr intelligent und aufgeweckt bekannt, stand vor der Klasse und fühlte sich plötzlich ganz klein und mickrig. Zögernd begann sie vorzutragen. Und nach einer Weile stockte sie völlig. Ein Blackout hinderte sie plötzlich daran, das Gedicht weiter zu rezitieren. Die Mitschüler lachten. Der Lehrer, sonst von Lottis Leistungen sehr angetan, war bestürzt.

Lotti hatte nicht den Text vergessen. Nein, irgendwie hatte sie den Mut verloren. Sie sah sich auf einmal in der Situation, ein langes Gedicht auswendig vor allen vortragen zu wollen und zugleich die Botschaft der Mutter im Ohr zu haben, die ihr so etwas nicht zutraute. Also traute sie sich es plötzlich auch nicht mehr zu und versagte. Lange hatte Charlotte, wie sie heute genannt werden möchte, an diesem Erlebnis zu knabbern. Immer wieder, auch später während des Studiums, kam es zu ähnlichen leichten Blackouts. Immer wieder war es die gleiche Prophezeiung, die in ihrem Kopf herumspukte, von der kleinen Lotti, die für solche schweren Aufgaben doch gar nicht gemacht ist. Bis sie vor einigen Jahren bei mir ein Coaching absolvierte und ich mit ihr daran gearbeitet habe, diese negativen Prophezeiungen aufzulösen.

Heute ist Charlotte frei davon. Sie hat gelernt, sich eigene und positive Botschaften zu schaffen. Eine davon lautet: »Was ich mir auch vornehme, ich schaffe es leicht und locker!« Außerdem benutzt

Charlotte jedes Mal vor einem Vortrag mentale Techniken. Zum Beispiel stellt sie sich vor, wie sie vor dem Auditorium steht und selbstsicher und redegewandt ihren Text vorträgt. Und sie beschließt ihre mentale Vorbereitung jedes Mal mit der Vorstellung, es leicht und locker geschafft zu haben, sie hört schon, wie alle Beifall klatschen und ihr auf die Schulter klopfen und sie loben: »Das war aber ein sehr interessanter Vortrag – so souverän, wie Sie das machen, möchte ich das auch einmal gerne können.«

Vielleicht sind Ihnen Ihre eigenen Negativbotschaften so ad hoc nicht präsent. Deshalb: Gönnen Sie sich heute etwas Zeit, um darüber nachzudenken, wo man Ihnen Angst gemacht hat, wo man Ihnen Versagen oder Nichtkönnen prophezeit hat oder angedroht hat, Schuld auf sich zu laden, wenn Sie sich nicht so oder so verhalten. Wichtig ist auch danach zu fragen, welche Botschaften Sie sich selbst gegeben haben. Denn möglicherweise haben nicht andere, sondern Sie selbst über die Jahre Sprüche entwickelt, die immer wieder zum Crash führen und als Hypothek Ihre Selbstentfaltung belasten. Egal ob Sie von anderen in ein negatives Verhaltensmuster hineingeredet worden sind oder Sie sich selbst da hineingesteigert haben – geboten ist, sich davon zu lösen. Lassen Sie nicht zu, dass Ihre Biografie quasi in »Du kannst nicht«-Botschaften eingefroren wird. Brechen Sie sie auf.

Ich möchte Sie darin bestärken, sich neue und bessere Botschaften zu schaffen. Drehen Sie doch einfach einmal alles um, was als »Du kannst nicht« formuliert wurde. Und machen Sie es für sich selbst und all das, was Sie im Leben noch vorhaben, zu einem »Du kannst«. *Im »Ja« zu sich selbst liegt die Möglichkeit, sich nichts einreden zu lassen, was uns hemmt und blockiert.*

Denkschritt 4: Ich bekenne mich zu meinem Aussehen!

Hand aufs Herz: Denken Sie manchmal daran, Ihr Aussehen verändern zu wollen? Überkommt Sie ab und an der heimliche Wunsch, sich eine Schönheitsoperation leisten zu können, um sich der heute »Wunder vollbringenden« Möglichkeiten des Fettabsaugens oder des Hairweavings zu bedienen? Haben Sie schon häufiger gedacht: »Warum kann ich nicht so aussehen, wie diese Frau mit der Superfigur?« beziehungsweise: »Warum habe ich nicht so ein markantes Gesicht wie dieser Supertyp? Ich würde mich am liebsten verstecken.«

Vergessen Sie es. Ob breite Taille, Stupsnäschen oder lichtes Haar. Ob Watschelentengang, X-Beine oder Hakennase. Glauben Sie tatsächlich, dass Sie glücklicher wären, wenn Sie dickeres Haar hätten oder einen muskulösen Waschbrettbauch? Sollen uns allen Ernstes zehn Pfund zu viel daran hindern, eine Persönlichkeit zu sein, die gut ankommt? Meinen Sie wirklich, dass Sie es einfacher hätten in der Partnerschaft, im Beruf oder bei Ihren Freundinnen und Freunden, wenn Sie anders aussähen? Wohl kaum. Deshalb: Ab in den Abfalleimer mit den albernen Komplexen.

Überlisten Sie das wegen eines abstehenden Ohres oder Leberfleckens angeschlagene Selbstwertgefühl, indem Sie sich sagen: »Das ist mein Markenzeichen.« Sagen Sie sich: »Mein Glück hängt nicht an einem leichten Doppelkinn. Und auch nicht daran, ob ich ein bisschen zu klein oder zu lang geraten bin.«

Beginnen Sie stolz zu sein auf Ihr Aussehen. Sie sind einzigartig und das sieht man Ihnen an. Ziehen Sie einmal in Betracht: Für all die Dinge, die Ihnen an sich selbst nicht gefallen, gibt es einen Fan oder einen Menschen, der so sehr auf einen Vorzug Ihres Aussehens und Wesens konzentriert ist, dass er den schiefen Zahn oder die dickeren Oberschenkel gar nicht registriert. Den einen bezaubert nämlich allein Ihr Lächeln. Der andere mag Ihre Stimme am Telefon. Wieder ein anderer freut sich über Ihre fröhliche Art und dass Sie Witz haben. Und wieder ein anderer hat schon oft gedacht: »Ach, könnt' ich doch auch so ein bisschen sein wie die oder der!« – und meint Sie!

Gönnen Sie sich heute etwas Zeit, um zu überlegen, worin die positiven Markenzeichen Ihrer Person in Bezug auf Ihr Äußeres und bezüglich Ihres gesamten Wesens liegen könnten. Bewaffnen Sie sich zuvor mit Papier und Bleistift und schreiben Sie sie alle auf. Denn sonst schauen Sie leicht über alles Sympathische hinweg und konzentrieren sich allein darauf, was Ihnen an sich selbst nicht gut gefällt. Wichtig: Überlegen Sie auch, wie oft Sie schon mit Menschen gesprochen haben, die einen wirklich ins Auge springenden äußeren Makel haben. Und wie wenig Sie das im Grunde gestört hat. Denn wenn diese Menschen sich ganz und gar annehmen, wenn sie diesen Schönheitsfehler nicht verstecken, sondern sogar offen herzeigen und zugeben, dann empfinden wir diese Menschen als stark. Dann sind sie für uns eine Persönlichkeit. Dann wird ein Mensch mit Macken mitunter als sehr viel interessanter wahrgenommen als ein Mensch, der im klassischen Sinne schön ist, aber vielleicht eine leichte Macke im Kopf hat. Dann ist die leicht gekrümmte Nase mit einem Mal ein markantes Merkmal und ein Markenzeichen. Da wir gerade von Nasen sprechen: Ich kenne eine junge Frau, die eine sehr große gebogene Nase hat. Glauben Sie, dass dies irgendjemanden wirklich beschäftigt? Diese Frau hat eine so warme und freundliche Ausstrahlung, dass fast alle auf eine gewisse Art hingerissen von ihr sind. Natürlich, wenn das Thema auf Nasen kommt, dann fällt ihr immer etwas dazu ein. »Psychologen meinen, dass große Nasen bei Frauen auf Dominanz in der Partnerschaft hindeuten«, sagt sie dann gerne. Sie macht sich so über sich selbst lustig und bringt die anderen damit zum Lachen.

Warum drehen Sie es nicht einfach einmal um: In jedem gedachten Nachteil liegt auch ein Vorteil. Wenn Sie Ihren »dicken Po« oder Ihre Glatze nicht mögen, so findet ein anderer Mensch gerade dies sexy. Wenn Sie meinen, »zu klein« zu sein, so findet ein Mann dies gerade schön, weil es seinen Beschützerinstinkt weckt, oder eine Frau, weil es an ihren Mutterinstinkt appelliert. *Im »Ja« zu sich selbst liegt die Möglichkeit, sich nicht abzuqualifizieren, sondern immer freundlich zu beurteilen.*

Denkschritt 5: Ich sage meine Meinung!

Manchmal muss man Rücksicht nehmen. Manchmal ist man gezwungen, Zurückhaltung zu üben, weil man den anderen mit dem, was man denkt, nicht vergrätzen oder verletzen möchte. Manchmal halten wir mit der eigenen Meinung hinterm Berg, um uns beim ersten Rendezvous, beim Bewerbungsgespräch oder bei der »Liebeskummertrostarbeit« an der besten Freundin nicht in negatives Licht zu rücken. Das ist normal. Dagegen: Fatal ist es, wenn wir das häufiger tun. Denn wenn es zur Regel wird, andere Menschen im

Schonwaschgang zu behandeln – sei es aus Angst, abgelehnt zu werden oder weil wir unser Gegenüber nicht verärgern möchten –, laufen wir Gefahr, »meinungslos« zu werden.

Mit einer meinungslosen Haltung sorgen wir dafür, dass wir zu kurz kommen, nach Belieben von anderen hin- und hergeschoben oder überhaupt nicht ernst genommen werden. Wenn wir darauf verzichten, unsere Einstellung kundzutun, werden wir »einnehmbar«. Wir liefern uns den anderen aus, passen uns an und stellen damit einmal mehr unsere Bedürfnisse hintan. Wir sind die kleinen Fähnchen im Wind. Die anderen sind der Sturm, der über uns hinwegfegt.

Wie gesagt: Es ist gewiss nicht immer und überall angebracht, die eigene Meinung auszuposaunen. Doch wäre die goldene Mitte in diesem Fall auch nicht die Art von Rat, den ich Ihnen erteilen möchte. Lieber will ich Sie dazu animieren: Bekennen Sie sich. Sagen Sie endlich, was Sie denken. Es hindert Sie ja nichts daran, dies diplomatisch zu tun. Nein, Sie müssen niemanden verletzen, falls es das ist, wovor Sie sich fürchten. Man kann seine Einstellung ja auch sanft und freundlich kundtun, aber dennoch unmissverständlich.

Haben Sie Angst, Menschen zu verlieren, wenn Sie plötzlich Flagge zeigen? Sollten Sie mit einem Partner leben, der es gewohnt ist, dass Sie sich anpassen, ihm nachfolgen und niemals kontern, dann kann es selbstverständlich zu Spannungen kommen, sobald Sie Ihre Meinung nicht mehr für sich behalten. »Ich halte ehrlich gesagt nicht viel von deiner Geschäftsidee«, so ein Satz kann Zündstoff sein in einer Beziehung, in der *er* immer getan hat, was er wollte, und *sie* dazu geschwiegen hat. Dasselbe, liebe Leserinnen und Leser, gilt natürlich auch umgekehrt. Aber werden Partner, die es gut miteinander meinen, sich deshalb bekriegen oder auseinandergehen? Werden sie nicht vielmehr erst dann ihre Beziehung als noch lebendig erleben, wenn sie es verstehen, sich konstruktiv auseinanderzusetzen?

Nur wo die Partnerschaft ganz bewusst auf einem Ungleichgewicht aufgebaut war, wird es vielleicht zu größeren Konflikten kommen, die auch Folgen haben können. Doch scheuen Sie diese nicht. Es ist

Ihre Chance, sich nicht mehr klein machen zu müssen und sich so hinzubiegen, wie es die anderen gerne hätten. Sagen Sie Ihre Meinung konstruktiv und nicht kränkend, aber sagen Sie sie! Auch dann, wenn Ihnen das Essen nicht geschmeckt hat, die Suppe versalzen und der Service des Restaurants miserabel war. Auch dann, wenn Ihnen die Eltern Ihres neuen Freundes bzw. Ihrer neuen Freundin vorgestellt werden und Sie unbedingt möchten, dass alles harmonisch verläuft. Auch dann, wenn Sie einen guten Eindruck machen wollen, weil gerade der Chef im Raum ist.

Waren Sie schon einmal dabei, wenn eine Person nach ihrer Meinung gefragt wird und sie sich windet wie ein Aal? Haben Sie es schon einmal miterlebt, wenn einer Person von einem notorischen Rechthaber einfach so über den Mund gefahren wird und sie dazu schweigt und es über sich ergehen lässt? Lernen Sie daraus! Devot zu sein bringt nichts als ewigen Verdruss. Denn dann werden Sie für immer auf diese unterwürfige Rolle festgelegt und kommen so leicht nicht mehr davon los.

Gönnen Sie sich heute etwas Zeit um zu überlegen, woran es liegen könnte, dass Sie Ihren Mitmenschen vielleicht mit einer schonenden Haltung entgegentreten. Denn irgendwann haben Sie gewiss damit begonnen, Ihre Meinung als nicht so viel wert einzustufen wie die der anderen. Was waren die Gründe? Sehen Sie es einmal so: Ihre Meinung ist viel mehr als eine Einstellung oder die persönliche Bewertung irgendeines Sachverhaltes. Ihre Meinung ist auch eine Art Schutzwall, der die anderen Menschen davon abhält, Dinge zu tun, die Ihnen schaden oder Sie zermürben könnten. Ihre Meinung – das ist die Persönlichkeit, an der sich andere Leute genauso zu orientieren haben wie an ihren eigenen egoistischen Belangen.

Wenn Ihr Partner oder ein anderer Mitmensch dies nicht akzeptieren kann, dann hat *er* ein Problem. Nicht Sie, die Sie einem natürlichen Bedürfnis zu lange nicht nachgekommen sind: nämlich frei Ihre Persönlichkeit zu äußern – Profil zu zeigen. Selbstverständlich eckt man mit einer eigenen Meinung gelegentlich auch an. Man kann sich unbeliebt machen. Man kann sogar einen Freund verlieren. Aber wenn Sie das Gefühl haben, dass Sie Flagge zeigen mussten, dann werden Sie am nächsten Morgen in den Spiegel schauen und sagen können: Es war richtig so, denn ich bin mir selbst treu geblieben. Und das ist ein gutes und auch unerlässliches Gefühl. *Im »Ja« zu sich selbst liegt die Möglichkeit, sich seine Selbstachtung zu erhalten.*

Denkschritt 6: Ich gebe, aber ich nehme auch!

Um den heutigen Anforderungen im Berufsleben gewachsen zu sein, braucht man viel Kraft. Hinzu kommt der nicht selten stressige Alltag in Familie und Partnerschaft. Doch woher immer die Kraft nehmen? Manchmal sind die Batterien leer!

Viele Menschen, die dazu neigen, immer alles zu geben und sich auf andere Menschen einzustellen, vergessen leicht, dass das Nehmen ebenso notwendig ist wie das Geben. Zwar heißt es, Geben ist seliger denn Nehmen. Und das ist sicher auch eine Motivation für Menschen, alles Mögliche für andere zu tun: Es bringt ihnen Befriedigung zu sehen, dass sie gebraucht werden, die Freude der anderen steckt sie an. Aber wer viel gibt, muss auch ab und zu etwas zurückbekommen. Das Verhältnis sollte nicht aus der Balance geraten. Denn gerät es aus der Balance, droht dem, der immer nur gibt, die totale Erschöpfung – der »Burnout«.

Haben Sie schon einmal darüber nachgedacht, was Sie tagtäglich privat und beruflich geben? Und was Sie dafür zurückbekommen? Gönnen Sie sich heute etwas Zeit, um zu überlegen, über welche Freiräume Sie verfügen, wo Sie sich einmal gehen lassen und etwas für sich selbst tun zu können. Wir wollen nicht aufrechnen und auch nicht kleinlich sein – denn schließlich gibt man ja meistens gerne. Doch wollen wir nicht minder auf unser psychisches und physisches Wohl achten. Sich aufgeopfert und verschlissen zu haben kommt nämlich am Ende niemandem zugute. Sicher braucht uns die schwerkranke Angehörige. Aber wenn wir ein- oder zweimal in der Woche eine Hilfe engagieren, damit wir ausspannen können und auf andere Gedanken kommen, dann ist das nur legitim. Wer anderen helfen will, der muss auch an sich selbst denken. Wir müssen immer wieder auftanken, um andere auftanken zu können.

Kämpfen Sie etwa mit Ihrem schlechten Gewissen? Gewissensbisse sind kein Zeichen dafür, dass Sie dem hier Angeratenen nicht folgen dürften. Sie sind bloß ein Zeichen dafür, dass Sie schon lange nichts mehr für sich selbst getan haben und ein wenig aus der Übung sind. Gerade dann: Vertrösten Sie sich nicht, bis die geistige und körperliche Erschöpfung zu groß geworden ist. Sie sind ein Mensch und keine Maschine. Sie sollten daher nicht länger warten, sich Impulse von außen zu verschaffen, wie Sie trotz Aufgaben und Pflichten gezielt Ihre Batterien wieder aufladen können. Lebenshilfebücher, Seminare, Entspannungswochenenden mit Programm für Geist und Seele können solche Impulse liefern, weil man dann Gelegenheit hat, über das übliche Tagesgeschäft hinauszublicken und sein Leben einmal als Ganzes zu betrachten. Aber auch ganz einfach neue Leute kennen zu lernen kann helfen. Fahren Sie einmal allein in Urlaub oder schließen Sie sich einer Gruppe Gleichgesinnter an, die sich vielleicht wie Sie für Kunst interessieren oder für Geschichte, sich für bedrohte Tiere einsetzen oder Modellflugzeuge bauen. Was es auch sei, schaffen Sie sich einen Ausgleich, um dem Burnout vorzubeugen. Oder anders ausgedrückt: Tun Sie häufiger nur das, was *Ihnen* gefällt!

Machen Sie folgende kleine Übung: Erstellen Sie eine Liste, auf der Sie untereinander die Namen aller Menschen notieren, die für Sie von Bedeutung sind (siehe Tabelle). Dann führen Sie in der »Geben-Spalte« auf, was Sie für diese Menschen tun, und in der »Nehmen-Spalte«, was diese im Gegenzug für Sie tun. Am Ende werden Sie erkennen, wie es um das Gleichgewicht steht. Wenn in der Nehmen-Spalte fast nichts notiert wurde, ist es unausgewogen, und Sie sollten dringend etwas ändern. Bitten Sie die anderen zum Beispiel, auch einmal für Sie aktiv zu werden, Ihnen bei einer lästigen Aufgabe unter die Arme zu greifen oder Ihnen mehr Zeit zu schenken. Und wenn Sie auf Erstaunen oder gar Abwehr stoßen, dann ziehen Sie ruhig die Liste hervor und zählen Sie den lieben Mitmenschen einmal freundlich, aber sachlich auf, wie hoch Ihr täglicher Einsatz für sie ist. *Im »Ja« zu sich selbst liegt die Möglichkeit, den eigenen Bedürfnissen genug Raum zu geben.*

Für diese Menschen tue ich sehr häufig etwas	Was gebe ich ihnen?	Was bekomme ich von ihnen?

Denkschritt 7: Ich bin zur Auseinandersetzung bereit!

Nur wer seine Individualität zu einem besonderen Wert erhebt, hat die Chance, seine Persönlichkeit zu entfalten und sich selbst zu sein – das ist der Tenor dieses Buches. Dass dies nicht immer einfach umzusetzen ist, darüber sind wir uns einig, denn nicht selten stehen wir unter hohem Erwartungsdruck. Da erwartet der Vater vielleicht, dass wir die Firma übernehmen und seine Lebensaufgabe zu unserer eigenen machen. Oder der Chef erwartet, dass wir unseren Job ganz genauso absolvieren, wie er das schon immer gemacht hat, und lässt uns kaum Spielraum für eigene Ideen. Oder der Lebenspartner erwartet, dass wir immer funktionieren, wie er es sich vorstellt und es ihm in den Kram passt.

Je näher wir uns Menschen verbunden fühlen, umso anstandsloser sind wir dazu bereit, das Erwartete zu erfüllen. Wir tun es aus Liebe und Gefälligkeit, aus Gründen der Alltagsorganisation oder schlicht, weil es sich mit der Zeit so eingespielt hat. Deshalb ist zu erwarten, dass gerade diejenigen Menschen, die uns nahe sind, mit größerem Erstaunen und Erschrecken reagieren als jene, die wir nur peripher kontaktieren – wie Bekannte, Kollegen, Kunden, Nachbarn.

Sie müssen also darauf vorbereitet sein, dass Sie nicht nur Applaus ernten werden, sollten Sie sich heute oder morgen dazu entschließen, Ihrer nahen Umwelt klare Signale dafür zu geben, dass Sie die Zeit der ewigen Rücksichtnahme, Anpassung und des Sich-Verbiegens beenden möchten. Manch einer, von dem Sie vorher nie gedacht hätten, dass er sich dagegen stemmen könnte, von dem Sie jedwedes Verständnis erwartet hätten, wird Sie überraschen, weil er Ihnen Ihre Veränderung nicht zugestehen will und Sie vielleicht sogar daran zu hindern versucht. Darauf müssen Sie gefasst sein. Doch wäre es falsch, dies als Böswilligkeit, Vertrauensbruch oder gar als ein Zeichen dafür zu werten, vom anderen nicht mehr geliebt zu werden. Zeigen Sie Verständnis. Der Partner, die Kinder und die besten Freunde haben Sie all die Jahre in einer bestimmten Verhaltensweise erlebt. Und wie wir Menschen nun mal so sind: Wir stecken jeden in eine Schublade, ordnen ihm eine bestimmte Rolle zu, und die soll bitteschön möglichst immer so bleiben, damit unser Bild, das wir uns vom anderen gemacht haben, nicht in Unordnung gerät. Und da kommen Sie nun und sagen auf einmal, dass Sie Ihre bisherige »Schubladen-Rolle« ein Stück aufgeben möchten? Üben Sie Nachsicht! Das müssen die anderen erst einmal verkraften. Das braucht seine Zeit. Plötzlich sind Probleme da, die es früher nicht gab. Nur weil Sie Flagge zeigen und sagen, was Sie wollen und nicht mehr wollen. Helfen Sie den anderen. Weichen Sie denen, die nicht wissen, wie sie damit umgehen sollen, nicht aus. Lassen Sie die Auseinandersetzung zu und ziehen Sie sich nicht sogleich ängstlich oder beleidigt zurück, weil die anderen sich wehren. Ihre Mitmenschen zeigen Ihnen damit nur ihre Hilflosigkeit. Gönnen Sie sich heute etwas Zeit, um zu überlegen, wie Sie mit den Reaktionen Ihrer Mitmenschen umgehen könnten, damit sie nicht eskalieren oder im Unverständnis enden. Denken Sie daran, dass Ihr Partner, die Familie, die Freunde, die Verwandten eine Chance bekommen sollten, Ihre Veränderung nachzuvollziehen – ein neues Verhältnis zu dem Menschen zu finden, mit dem sie zusammenleben. Mein Tipp: Legen Sie offen, machen Sie transparent, was Sie dazu bewegt hat, einen neuen Weg einzuschlagen, der im Grunde ja nur Ihr eigener Weg ist. Jeder, der Ihnen wohlgesonnen ist, wird ein offenes Ohr haben und Sie nach einer gewissen Zeit der Umgewöhnung auch unterstützen.

Wichtig ist, dass Sie solche klärenden Gespräche immer unter vier Augen führen. Einzige Ausnahme sind Unterhaltungen, die nur im Beisein der gesamten Familie etwas nutzen. Denn Männer ertragen nur schwer einen Gesichtsverlust, und ich habe immer wieder die Erfahrung gemacht, dass Frauen es ebenfalls sehr übel nehmen, vor versammelter Mannschaft kritisiert zu werden. Und dass Sie anmelden, etwas verändern zu wollen, ist eine Kritik an den anderen. Denn es ist Ihre Kritik an der Art, wie Sie mit den Ihnen nahe stehenden Personen zusammenleben.

Mit Sprüchen wie: »Jetzt schlägt meine Stunde!« oder: »Von jetzt an lebe ich mich aus!« ernten Sie also gewiss mehr Schwierigkeiten als mit dem Versuch einer wohlwollenden Auseinandersetzung. Lassen Sie sie zu – aber richtig! *Im »Ja« zu sich selbst liegt die Möglichkeit, sich Ecken und Kanten zuzugestehen, auch wenn Konflikte damit verbunden sind.*

Denkschritt 8: Ich blicke mutig nach vorn!

»Mein Mut soll größer sein als meine Angst.« Mit diesem Motto möchte ich das Kapitel »So machen Sie Ihre Ecken und Kanten zu einem Plus« schließen. Wir haben bereits am Anfang das Problem der Ängstlichkeit besprochen. Nun möchte ich Sie nochmals ermutigen, Ihre Befürchtungen nicht zu groß werden zu lassen. Vergessen Sie nicht: Nur Ihr Mut macht Veränderung möglich. Halten Sie sich immer wieder vor Augen, dass Ihre Angst Sie klein, passiv und ohnmächtig macht. Möchten Sie nicht viel lieber freier und erfüllter sein?

Ein Theologe sagte einmal: »Für mich sind diejenigen besondere Menschen, die in ihrem Leben einen Sieg über etwas errungen haben.« Und ich möchte hinzufügen: Siege, die wir über uns selbst erringen, sind die schwersten. Ich kann daher auch gut verstehen, wenn Sie vielleicht noch nicht sicher sind, ob Sie den einen oder anderen Schritt wirklich unternehmen und anderen Menschen eine neu gewonnene Haltung demonstrieren wollen. Doch was ist die Alternative? Was wäre, wenn Sie sich weiter festklammern an dem, was ist? Können Sie das gut ertragen? Okay, dann sollten Sie sich aus diesen Seiten nur das herauspicken, was Ihnen hilft, sich hier und da nicht unterbuttern zu lassen. Ist es aber immer weniger erträglich für Sie, am Arbeitsplatz, zu Hause, beim Umgang mit bestimmten Personen – dann sollten Sie auch keine Ausreden mehr vorschieben. Machen Sie keine halben Sachen mehr. Machen Sie die volle Leistung Ihrer Persönlichkeit möglich. Denn sonst kann es passieren, dass Ihnen der Wille dazu irgendwann gänzlich abhanden gekommen ist. Ein Wille kann brechen!

Deshalb: Treten Sie, bildlich gesprochen, mutig an die Öffentlichkeit. Kommen Sie aus Ihrem Versteck heraus, in dem Sie vielleicht schon ewig vor sich hin grollen, und kämpfen Sie für Ihre Bedürfnisse, auch wenn Sie diese Vorstellung schrecken mag. Und auch wenn Sie sich selbst ganz und gar nicht als Kämpfertyp betrachten. Gönnen Sie sich heute etwas Zeit, um zu überlegen, für was Sie sofort kämpfen würden, wenn da diese Ängste nicht wären. Dazu schlage ich Ihnen eine kleine Übung vor, die Ihnen weitere Argumente liefern kann, das Versteckspiel so schnell wie möglich zu beenden und Profil zu zeigen. Bitte beantworten Sie die folgenden drei Fragen auf einem gesonderten Blatt Papier. Lassen Sie sich Zeit dafür und versuchen Sie jede Frage so ausführlich wie möglich zu beantworten.

Stellen Sie sich vor, Sie hätten keine Angst mehr und alles, was Sie anpacken, ginge gut.

* *Frage 1:* Welche drei Dinge würden Sie als Erstes in Angriff nehmen?
* *Frage 2:* Welche Eigenarten würden Sie richtig ausleben und wie?
* *Frage 3:* Welche Gewohnheiten und Verhaltensweisen würden Sie ablegen – von welchen Beziehungen würden Sie sich verabschieden?

Wie haben Sie die Fragen beantwortet? Sind Sie vielleicht nachdenklich geworden? Oder sind Sie sogar erschrocken über das Ergebnis? Keine Sorge. Was immer Sie an Antworten gesammelt haben, nichts daran ist bedenklich. Wenn man seine Ängste einmal bewusst links liegen lässt und sich nur mit den Fakten beschäftigt, kann es eben zu ehrlichen Reaktionen kommen.

Sie können nun noch einen Schritt weiter gehen. Malen Sie sich aus, wie Sie die Punkte Ihres Antwortenpapiers in die Tat umsetzen werden. Erinnern Sie sich: Es gibt keinen Anlass dafür, sich aufgrund von Makeln und Macken, Defiziten und Nachteilen zurückzuhalten – also malen Sie. Freunden Sie sich mit Ihrem Bild an. Und dann können Sie natürlich schon einmal den einen oder anderen Aspekt Ihres Bildes in die Wirklichkeit übertragen. Wichtig: Fangen Sie mit kleinen Dingen an – Dinge, die sich leicht ändern lassen. Das schafft erste Erfolgserlebnisse und motiviert dazu, auch die großen Aufgaben anzugehen. Was wir fürchten sind ja oft die radikalen Veränderungen, abrupt eintretende Ereignisse, die unsere Welt durcheinander bringen. Und dann stehen wir im Nichts, befürchten wir. Machen Sie sich darum keinen Kopf. Sie können Schritt für Schritt vorgehen und ändern, was Sie sich zum jeweiligen Zeitpunkt zutrauen. So wächst Ihr Selbstvertrauen langsam, aber sicher. Es muss ja nicht gleich von heute auf morgen alles anders werden. Gehen Sie in einem Tempo vor, das Ihnen gut passt – aber gehen Sie, damit Sie nicht übergangen werden. *Im »Ja« zu sich selbst liegt die Möglichkeit, in jeder Lebenslage und in jedem Lebensalter entwicklungs- und veränderungsfähig zu sein.*

My way – Das Fünf-Punkte-Programm für den eigenen Weg

Bald ist es soweit. Das Konturlose nimmt Gestalt an. Das Ziel ist in Sicht. Nun gilt es, nur noch eine kurze Strecke zurückzulegen, und Sie sind an dem Punkt angelangt, von wo aus Sie den Weg eigenständig und unbegleitet weitergehen können. Das nötige Rüstzeug für die Durchsetzung Ihrer Persönlichkeit und Ihres Profils haben Sie erhalten. Was noch fehlt ist ein Programm, womit Sie Ihre mentale Verfassung immer wieder aufbauen können, wenn Sie darangehen, Ihre Umwelt mehr und mehr mit Ihrer authentischen Persönlichkeit zu konfrontieren. Denn seine eigene Wunschpersönlichkeit auch tatsächlich zu leben ist selbstredend etwas schwieriger als darüber nachzudenken. Einsichten zu bekommen ist das eine. Umsetzung ist das andere.

Und damit Sie Ihren guten Willen auch in die Tat umsetzen und sich nicht von Widerständen, Konflikten und Rückschlägen zermürben lassen, möchte ich Ihnen noch ein Sicherungsseil mitgeben. Es soll Sie bei Ihrer Wanderschaft auf bisher unbetretenem Gelände davor bewahren abzurutschen, rückfällig zu werden und sich am Ende doch wieder verbiegen zu lassen.

Das nachstehende Fünf-Punkte-Programm ist als ein Halteseil gedacht, an dem Sie sich festhalten und auch entlang hangeln können, wenn Sie möchten. Greifen Sie danach, wenn Sie damit begonnen haben, sich von den Fesseln Ihres bisherigen Lebens zu befreien und mit einem Mal die Zweifel größer werden als der Mut.

Wandern wir also noch ein Stück gemeinsam, bis unsere Wege sich trennen. In diesem Kapitel erörtern wir anhand praktischer Beispiele und Übungen, wie Sie am besten damit umgehen können, wenn sich die Umsetzung Ihres persönlichen Weges schwieriger gestaltet als gedacht. Zudem wiederholen wir noch einmal die wichtigsten Eckdaten für mehr Profil.

Ich empfehle Ihnen, sich die Ergebnisse zu notieren. Zu diesem Zweck ist diesem Buch ein Trainingsbuch beigelegt. Hier können Sie alles festhalten, was Ihnen hilft, den Weg zurückzulegen. Womöglich werden Sie einen langen Atem brauchen, aber ich bin überzeugt davon, dass Sie es schaffen werden.

Punkt 1: Ich setze mir Ziele

Wie war das noch? Welchen Teil Ihrer Persönlichkeit möchten Sie gerne mehr zum Ausdruck bringen? Ich hoffe, Sie erinnern sich noch daran, worüber wir im Kapitel »Befreien Sie Ihre Persönlichkeits-Power« gesprochen haben. Falls nicht, so sollten Sie das Kapitel noch einmal überfliegen. Stellen Sie sich erneut die Fragen nach Ihrem Wunsch-Profil. Ich vermute, Sie haben eine Fülle von Persönlichkeitszügen entdeckt, die darauf warten, zum Leben erweckt zu werden. Gehen Sie sie doch im Kopf noch einmal durch und zählen Sie zusammen, womit Sie mehr Profil zeigen möchten. Haben Sie sich schon eine Liste gemacht? Falls nicht, so wäre es jetzt an der Zeit, sich aufzuschreiben, was alles für Sie dazugehört, wenn Sie von nun an eine neue Haltung demonstrieren und anderen Menschen zeigen wollen, wofür Sie stehen.

Prioritäten setzen
Mit wem möchten Sie unbedingt ein klärendes Gespräch führen? Was wollen Sie in Zukunft auf keinen Fall mehr machen? Worauf würden Sie sich ab sofort gerne mehr konzentrieren? Schreiben Sie alles auf! Und schreiben Sie es so, dass Sie immer gleich mehrere Möglichkeiten bedenken, wie Sie es angehen könnten. Denn jeder Mensch hat eine Vielzahl von Möglichkeiten. Das ist ja das Wunderbare. Ist uns der eine Weg versperrt oder tauchen plötzlich Hindernisse auf, die sich nicht beiseite räumen lassen, so haben wir immer noch die Gelegenheit, sie zu umfahren, sprich: einen anderen Weg einzuschlagen. Stellen Sie sich von vornherein darauf ein, sind Sie gegen vorschnelles Aufgeben gefeit. Denn Sie finden in jeder Lage eine Umgehung und können Ihren Weg fortsetzen.

Gewiss halten Sie schon ein ganzes Sammelsurium an Entwürfen und Absichten bereit, womit Sie loslegen wollen. Wichtig: Versuchen Sie sich ein ebenso großes Sammelsurium an »Umgehungen« zu notieren – zumindest aber alles das, was Ihnen im Moment dazu einfällt. Stellen Sie als Nächstes ein zentrales Hauptanliegen in den Vordergrund. Zum Beispiel in der Partnerschaft nicht immer sofort nachzugeben, sondern auch einmal eigene Wünsche durchzusetzen. Oder sich im Beruf nicht mehr so oft im Hintergrund aufzuhalten, sondern nach vorne zu gehen und das, was Sie können, auch zu zeigen. Wo und in welcher Situation auch immer Sie in Zukunft mehr an Profil gewinnen möchten – wählen Sie jetzt Ihren wichtigsten Punkt aus! Denn jetzt geht es darum, Prioritäten zu setzen. Und das ist nötig. Sie möchten sich ja sicher nicht verzetteln, sondern Ihre Kräfte gezielt einsetzen.

Schauen Sie alle Bedürfnisse und Begehren daher nochmals an, auch all Ihre Stärken und vermeintlichen Schwächen – alles, was Sie im Kern auszeichnet und was Sie nicht mehr länger in sich selbst gefangen halten wollen. Treffen Sie dann eine Entscheidung. Worum soll es in den folgenden Wochen gehen? Was ist Ihnen das Wichtigste? Was hat für Sie Priorität? Haben Sie es? Gut!

Den Power-Faktor benennen

Was ist Ihr persönlicher Power-Faktor? Vielleicht haben Sie diese Frage noch nicht für sich geklärt. Denn es liegt nicht immer gleich klar auf der Hand, worin die eigenen Hauptstärken bestehen. Was andere von uns zuweilen viel besser zu sagen wissen, ist für uns selbst ein Buch mit sieben Siegeln. Man grübelt und zweifelt: Soll ich in diese Richtung gehen oder in jene? Liegen meine Stärken mehr hier oder da? Ist mein Power-Faktor unter den offenkundigen Talenten zu suchen, die ich habe verkümmern lassen? Oder liegt er möglicherweise ganz und gar woanders – etwa in Bereichen, in denen ich mich noch nie zuvor versucht habe?

Falls Sie noch hin und her schwanken, möchte ich Ihnen eine weitere Orientierungshilfe geben. Beantworten Sie sich die folgenden beiden Fragen:

- In welchen Augenblicken haben Sie das Gefühl, mit sich selbst zufrieden zu sein?
- Was haben Sie selbst dazu beigetragen, und was tragen andere Menschen, die Umstände, Zufälle usw. dazu bei?

Wenn Sie spüren, wie zufrieden Sie mit dem Resultat eines bestimmten Tuns sind oder wie es Sie erfüllt, so ist dies ein eindeutiges Indiz dafür, dass hier Ihr persönlicher Power-Faktor zu finden ist. Kurz: Womit Sie sich selbst glücklich machen, das ist der Wesenszug und die Eigenschaft, die Sie unbedingt weiter ausbauen sollten. Hier sind Sie nah bei sich selbst. Und nah bei Ihrer persönlichen Power. Haben Sie es? Gut!

Das Bündel an Power-Faktoren leben

Was aber, wenn es sich um ein ganzes Bündel von Wesenszügen und Qualitäten handelt, die dazu beitragen, sich selbst glücklich zu machen? Um keine Missverständnisse aufkommen zu lassen: Es geht natürlich nicht darum, dass Sie von nun an nur noch eine Eigenart betonen und alle anderen unter den Tisch fallen lassen, weil die nichts wert sein könnten. Nein, alle Vorzüge und Fähigkeiten gehören zu Ihnen, seien sie auf den ersten Blick auch noch so beliebig und austauschbar. Nichts davon sollen Sie aufgeben oder gar verleugnen. Wir wollen, dass Sie in eine Richtung gehen, die der Ganzheit Ihrer Persönlichkeit am besten entspricht. Sie sollen nicht länger auf das, was Sie alles sind und was Sie alles können, verzichten oder gar herabschauen. Die Konzentration auf eine besonders auffällige Stärke Ihres Wesens hilft dabei, all Ihre anderen Stärken mitzuleben. Oder anders ausgedrückt: Haben Sie erst einen Power-Faktor befreit, so befreien Sie damit auch all die anderen Power-Faktoren Ihrer Persönlichkeit. Haben Sie es? Gut!

Auch die Schwächen ausleben

Wie verfahren wir denn mit Eigenarten, die wir als unsere Schwäche-Faktoren einstufen? Die zentrale Botschaft dieses Buches, die uns von Anfang bis Ende begleitet, ist, dass wir uns als Mensch annehmen sollen, wie wir sind. Das heißt also: Freuen Sie sich über Ihre guten Seiten und nehmen Sie Ihre weniger guten Seiten ebenfalls an. Denn das eine ist ohne das andere nicht lebbar. Es gibt kein Licht ohne Schatten, keine Kraft ohne Schwäche. Beides zusammen, die Ganzheit, das sind Sie. Wenn Sie sich also nun Gedanken darüber machen, Ihre Power-Seiten im Alltag stärker zu betonen, um mehr Zufriedenheit zu erreichen und um Ihrer menschlichen Umwelt zu demonstrieren, dass Sie nicht länger stilles Mäuschen spielen wollen, so lassen Sie Ihre Schwächen nicht in der Versenkung verschwinden. Vertuschen Sie sie nicht. Denn erstens haben wir alle Schwächen, große und kleine. Und zweitens runden unsere Schwächen das Bild von uns als Persönlichkeit ab und machen uns zu etwas Besonderem.

Dazu eine kleine Geschichte: Kürzlich hielt ich einen Vortrag. Die meisten meiner Zuhörer kannte ich aus Seminaren. Meine gedankliche Brücke zu den Namen eines jeden Einzelnen war dessen jeweilige Schwäche. So stopfte der eine ständig Junk-Food und Schokolade in sich hinein. Ein anderer gab sein ganzes Geld für amerikanische Oldtimer aus. Wieder ein anderer war ein furchtbar nervöser Typ, der stets in der Angst lebte, etwas zu verpassen und sich deswegen überall Uhren hinstellte, die irgendwann piepten und jeden nervten. Gegen Ende des Vortrags wandte ich mich mit leichter Ironie an jeden einzelnen meiner Zuhörer und sprach von seinen Stärken und seinen Schwächen, was für viel Spaß sorgte. Nur auf eine Person war ich, ohne es zu merken, gar nicht eingegangen. Denn nach dem Vortrag kam eine junge Frau auf mich zu und beschwerte sich darüber, dass ich sie nicht erwähnt hatte. Ich wusste zunächst nichts zu sagen – hatte ich sie etwa wirklich vergessen? Anscheinend ja! Das war eine Schwäche von mir, und ich entschuldigte mich dafür. Ihre Schwäche dagegen war es, gar keine zu haben.

Ich möchte Sie also hiermit einladen zu überlegen, was Sie mit Ihren Schwächen anfangen. Sicher gibt es einige, die der Umsetzung Ihres persönlichen Power-Faktors im Weg stehen. Deshalb gilt: Schwächen, die Sie daran hindern, Ihr Profil zu leben, sollten Sie sich abgewöhnen. Schwächen, die Sie als nötiges Gegengewicht zu Ihren Stärken werten können, dürfen nicht aus dem Weg geräumt werden, sonst erleiden Sie Profillosigkeit. Wer noch nicht weiß, welche Schwächen das sind, sollte jetzt in sich gehen. Haben Sie es? Gut!

Der inneren Stimme folgen

Haben Sie inzwischen ein Ziel vor Augen, wo Sie Ihre Stärken und Ihre Schwächen zugleich einbringen könnten? Was würden Sie am liebsten sofort verwirklichen? Ist es ein groß angelegtes Ziel oder eher ein bescheidenes? Bedenken Sie: Es kommt überhaupt nicht darauf an, sich möglichst große oder möglichst kleine Ziele zu setzen. Entscheidend ist allein, was Ihre innere Stimme dazu sagt. Und da kann es ebenso beglückend sein, sich ein bescheidenes wie ein ehrgeiziges Ziel zu setzen. Sie verlieren nichts, wenn Sie Ihr Ziel eine Nummer zu klein wählen und sich dabei kaum anstrengen müssen. Und auch nicht, wenn Sie sich ein eher hohes Ziel gesetzt haben und sich möglicherweise damit zunächst schwer tun.

Darum ist es das Wichtigste, zunächst einmal Ihre innere Stimme nach ihrer Meinung zu fragen. Ihre Intuition ist das Navigations-System, dem Sie vertrauen können. Welchen Plan würden Sie am liebsten noch heute in die Tat umsetzen? Wer möchten Sie sein? Blenden Sie einmal kurz alle Alltagssorgen aus und geben Sie Ihrem Navigations-System das Ziel. Warten Sie ein paar Stunden, ein paar Tage – ja vielleicht sogar ein paar Wochen –, um zu schauen, ob Ihre innere Stimme Ihnen immer wieder die gleiche Richtung anzeigt. Versuchen Sie genau zu hören, was sie Ihnen sagt. Wovon spricht sie am meisten? Was ist das Schöne an Ihrem Ziel? Was ist weniger schön? Warum sollten Sie bald aufbrechen? Warum können Sie noch warten? Wissen Sie schon intuitiv, wo Sie links oder rechts abbiegen müssen? Macht sie Sie darauf aufmerksam, dass sich der Weg ständig verändern wird und Sie sehr flexibel sein müssen? Wenn Sie die Wegbeschreibung Ihrer inneren Stimme genau studieren, können Sie sich nicht verfahren. Haben Sie es? Gut!

Unzufriedenheiten als Ansatzpunkte nehmen

Bleibt die Vorstellung von Ihrem Ziel trotz alledem verschwommen? Spüren Sie nur ungenau, wohin Sie wollen, was Sie in Ihrem Leben anders machen möchten? Keine Sorge. Das ist eine normale Reaktion. Denn oft können wir gar nicht so genau angeben, was wir überhaupt wünschen, weil wir es einfach verlernt haben, etwas für uns zu wollen. Es ist als hätten wir einen Schleier vor Augen, der erst noch gelüftet werden muss.

Trifft dies auch auf Sie zu, so hilft nur eines: Befragen Sie sich dazu, was Sie in Zukunft *nicht* mehr wollen. Denn auch hier können Sie gut ansetzen. Falls es Ihnen im Laufe des Buches noch nicht ganz aufgegangen ist, so sezieren Sie jetzt noch einmal wie ein Chirurg haarklein Ihren Alltag und überlegen Sie, was Sie besonders belastet und worunter Sie am meisten leiden. Lassen Sie sich von Ihrem Chef herumkommandieren? Fühlen Sie sich einsam? Trifft es Sie am härtesten, dass Ihre Arbeit nicht richtig anerkannt wird? Tragen Sie in die folgende Tabelle drei Hauptfaktoren Ihrer Unzufriedenheit ein und schreiben Sie auch auf, was stattdessen sein sollte.

Womit bin ich unzufrieden?	Was sollte stattdessen sein?

Ganz egal, was Sie alles unzufrieden macht – wenn Sie es ins Gegenteil umkehren, so tritt hinter jedem einzelnen Punkt ein Ziel zutage, für das es lohnen könnte, einen eigenen Weg zurückzulegen. Treffen Sie jetzt Ihre Wahl. Denn sicher gibt es einen Punkt – und damit ein Ziel –, der sich Ihnen eher aufdrängt als die anderen. Haben Sie es? Gut!

Veränderungen in Gang bringen

Brauchen Sie mehr Zeit für sich, mehr Freiraum? Ist es für Sie schon einen Segen, wenn die anderen Sie stärker entlasten? Oder haben Sie den Eindruck, dass Sie noch einmal ganz von vorn beginnen müssen, wenn sich wirklich etwas ändern soll? Hieße das, Ihr jetziges Leben aufgeben, Ihre Beziehung abbrechen, die Stelle wechseln, einen neuen Lebenspartner finden ...?

Ich denke, spätestens jetzt wird Ihnen klar, welche Kluft sich auftut zwischen dem, was Sie gerne anders hätten, und dem, was Ihnen Angst macht. Sie merken nun, dass Sie für den einen oder anderen Weg der Veränderung ziemlich kämpfen müssen, um ans Ziel zu gelangen. Und vielleicht fühlen Sie sich gar nicht als Kämpfer. Trotzdem sollten Sie es angehen – damit es Sie nicht übergeht. Sie werden sehen, mit der Zeit freundet man sich mit den Auswirkungen einer Veränderung an. Außerdem: Unseren Ängsten sind wir doch alle lange genug gefolgt. Und was haben wir dadurch gewonnen? Nichts. Schauen Sie sich deshalb jetzt die unterschiedlichen Anhaltspunkte an, die Sie während des Lesens gesammelt haben. Ob das Berufsleben, der Umgang mit Ihrem Partner, mit der Familie, mit Freunden, einzelnen Kollegen, Bekannten oder Verwandten davon betroffen ist – bringen Sie Ihre Veränderung jetzt auf den Weg. Wenn Sie wissen, was sich ändern soll, dann ist es nicht mehr weit zu der Frage, wie Sie vorgehen müssen. Fangen Sie an, sich auf den praktischen Teil der Veränderung zu konzentrieren. Das lenkt davon ab, sich in Befürchtungen zu verfangen und am Ende gar nichts zu unternehmen. Füllen Sie die folgende Tabelle aus und lassen Sie sich von den Antworten den Weg weisen.

	Was muss sich ändern?	Was kann ich praktisch dazu tun?
In der Familie		
In der Partnerschaft		
Im Beruf		
Bei Freunden		

Sind einige Ängste geringer geworden? Haben Sie gemerkt, dass alles nicht mehr so schwer durchführbar scheint, wenn Sie ganz praktisch an die Sache herangehen? Und was schließen wir daraus? Die eigentliche Bremse befindet sich allein in unserem Kopf. Die Praxis zeigt uns, dass es geht. Lösen Sie deshalb diese Bremse. Und bringen Sie die Veränderung in Gang. Haben Sie es? Gut!

Punkt 2: Ich hinterlasse meine Spuren

Haben Sie sich schon einmal die Frage gestellt, was von Ihnen bleibt, wenn Sie nicht mehr sind? Ich möchte Sie keineswegs traurig machen. Im Gegenteil: Ich möchte Ihnen Mut machen, dass Sie keine Sekunde länger zögern, Ihrem Leben Ihren Stempel aufzudrücken, so lange es noch geht. Lassen Sie davon ab, das zu tun, was die anderen wollen. Treten Sie aus den Fußstapfen der anderen heraus. Und hinterlassen Sie von nun an Ihre eigenen Spuren. Denn eines ist sicher: Eines Tages werden Sie nicht mehr sein. Und wenn Sie nicht beizeiten dafür Sorge tragen, Ihrem Dasein und Hiersein eine eigene Prägung zu geben, ist es irgendwann dafür zu spät. Damit kein falscher Eindruck entsteht: Alles das, was Sie bereits erreicht und geleistet haben – der Job, die Kinder, wie Sie den Haushalt managen oder die Doppelbelastung –, das ist ohne Frage sehr beachtenswert. Doch sich dahinter zu verschanzen wäre mit Sicherheit ein Fehler. Denn wenn es Sie innerlich drängt, Ihrem Leben noch einen anderen Sinn zu geben, sollten Sie dies auch tun.

Überprüfen Sie deshalb Ihre Erwartungen an das Leben noch einmal. Und wenn Sie neue Ziele vor sich sehen, so suchen Sie dafür Ihren eigenen Weg. Was Sie auch vorhaben, verlassen Sie dabei die ausgetretenen Pfade. Gehen Sie nicht nach Schema F vor. Wie es andere gemacht haben, das passt vielleicht für Sie, vielleicht aber auch nicht. Ich möchte Ihnen Anstöße liefern, das bislang Unerreichte zu erreichen. Lassen Sie Ihre Umwelt wissen, wer Sie sind. Sie sind es wert, dass man Sie wahrnimmt und respektiert.

Und dass man sich an Sie erinnert. Warum sollte man beim Gedanken an Sie an jemanden denken, der zurückhaltend war und stets mit allem konform ging? Warum nicht etwas eigenwilliger, nonkonformistischer sein? Erobern Sie sich ein Stückchen Freiheit, das Sie auf den Spuren der anderen womöglich nie kennen lernen. Schaffen Sie für Ihre Person und Ihr Leben Erinnerungswerte, die zu Ihnen gehören. Hinterlassen Sie bei Ihrem Gang durch den Alltag ein Profil, im Sinne von Lebensart und Alltagsverhalten, wodurch Sie sich abheben von dem, was die meisten tun. Denn Ihr Profil – das ist Ihr »My Way«.

Auf die Dosierung achten

Wie wollen Sie beginnen? Wollen Sie gleich in die Vollen gehen? Oder sich lieber von hinten heranpirschen? Ich gehe einmal davon aus, dass Sie sich viel vorgenommen haben. Allzu bescheiden sollten Sie daher auch nicht sein. Doch da der erste Schritt ja bekanntlich der schwerste ist, sollten Sie nichts überstürzen. Lassen Sie sich Zeit, das richtige Maß für sich herauszufinden. So schützen Sie sich vor der möglichen Frustration, den eigenen Vorsätzen nicht gerecht werden zu können.

Wenn Sie zum Beispiel dauernd von Ihrem Chef herumkommandiert werden und sich das nicht länger gefallen lassen wollen, so wäre es mit Sicherheit ungut, ihn von heute auf morgen den Kram vor die Füße zu werfen, beziehungsweise ihn aggressiv anzugehen. Besser ist es, wenn Sie sich selbst erst einmal an neue Reaktionsweisen gewöhnen. Werden Sie innerlich frei für ein neues Profil. Setzen Sie daher zu Anfang nur kleine Zeichen, so wie ein Hund sein Revier absteckt. Um beim despotischen Chef zu bleiben: Eine nebensächliche, aber wirkungsvolle Geste, mit der Sie Respekt einfordern, kann genau das Richtige sein, um sich selbst neu und profiliert zu erleben.

Eine leitende Angestellte eines großen Unternehmens unternahm auf mein Anraten hin den dosierten Erstschritt gegenüber ihrem Chef auf diese Weise: Als er ihr wie jeden Morgen bärbeißig eine Akte auf den Tisch knallte und diesmal alle Blätter auf den Boden segelten, sagte sie, die sonst alles schluckte, nur trocken: »Das hebe *ich* aber nicht auf.« Das saß. Damit hatte ihr Vorgesetzter nicht gerechnet. Es hat ihn aber auch nicht zu weiteren Ausbrüchen animiert. Im Gegenteil: Am nächsten Morgen lag der Aktenstapel bereits ordentlich auf ihrem Tisch und auf einem Post-it-Sticker waren in freundlichem Ton die Instruktionen für die Bearbeitung vermerkt. Die Angestellte hatte sich mit einer minimalen Äußerung Respekt verschafft. Dieser kleine Erfolg hat sie ermutigt weiterzumachen. Sie wusste: »Ich bin auf dem richtigen Weg.«

Nun müssen Sie sich nicht so verhalten. Selbstverständlich können Sie offensiver vorgehen. Wenn Sie sich das zutrauen, so ist auch ein »sauberer Schnitt« eine gute Lösung. In manchen Fällen ist ein

Schnitt das einzig Richtige, um sich von etwas zu befreien, was man keinen Tag länger erträgt. Die entscheidende Frage ist allerdings, ob Sie sich schon in der Lage fühlen, solche Schnitte zu machen. Wenn es so ist, dann tun Sie's. Wenn es noch nicht so ist, so brauchen Sie bloß die vielen kleinen Gelegenheiten abzuwarten, die sich an einem ganz normalen Tag ergeben, im privaten oder beruflichen Bereich. Die Hauptsache ist: Sie machen Ernst und bereiten sich innerlich darauf vor aufzustehen statt niederzuknien.

Den Neuanfang genießen

Sind Sie ein Mensch, der sich leicht überfordert? Denken Sie, dass Sie bis an Ihre Grenzen gehen müssen, sonst sind Sie nicht gut genug? In diesem Fall appelliere ich an Sie: Setzen Sie sich nicht unter Druck. Sonst kann es sein, dass am Ende gar nichts mehr geht. Und alle Mühe war umsonst.

Wir leben in einer schnelllebigen Zeit. Viele Menschen haben heute keine Geduld mehr mit sich. Entweder eine Sache klappt auf Anhieb oder man lässt es bleiben. Doch mit dieser Einstellung nimmt man sich selbst viele Möglichkeiten. Ein neues Verhalten, ein anderes Auftreten als Mensch, eine profilierte innere und äußere Haltung einzunehmen – all das muss in Ruhe heranreifen können.

Deshalb: Haben Sie Geduld. Seien Sie gnädig mit sich. Vermeiden Sie einen zu hohen Erwartungsdruck an sich selbst. Wenn Sie zum Beispiel mit zu viel Wut im Bauch an die Sache herangehen, weil Sie es vielleicht einigen Leuten zeigen möchten, so ist das bedenklich. Denn mit dem selbst erzeugten Druck, es den anderen beweisen zu wollen, geraten Sie leicht in die Bredouille. Wer hingeht und sich schindet, nur um gewissen Leuten vorzuführen, wer man ist und was man kann, verfährt nach dem gleichem Muster wie eh und je. Er verbiegt sich, um den Erwartungen zu entsprechen – diesmal den eigenen. So jemand stellt nicht sein eigenes Wohlergehen in den Vordergrund, sondern macht wieder die anderen Menschen zum Regulativ dafür, ob es ihm gut geht oder nicht.

Falls Sie auch ein Mensch sind, der dazu neigt, sich zu überfordern, empfehle ich Ihnen, Ihren Neuanfang mit einem Genussprogramm zu koppeln. Das heißt: Gehen Sie gemächlich vor. Machen Sie sich los davon, den anderen so oder so gefallen zu wollen. Trachten Sie erst gar nicht nach dem spektakulären Auftritt. Nehmen Sie sich zunächst kleine Dinge vor. Stellen Sie sich Aufgaben, die Ihnen zwar schon etwas abverlangen, aber gut lösbar sind. So schützen Sie sich davor, sofort alles radikal und perfekt machen zu wollen. Und nun das Wichtigste: Belohnen Sie sich jedes Mal, wenn Sie sehen:»Das habe ich nun gut hinbekommen.« Gönnen Sie sich etwas Gutes, ein feines Dinner, einen Nachmittag in der Therme, ein neues Kleidungsstück, ein neues Buch, einen Abend mit Freundinnen und Freunden. Zelebrieren Sie diese kleinen Momente, in denen Sie spüren, dass Ihnen etwas gelungen ist, sei es auch noch so winzig. Nehmen Sie sich vor, dass jeder Zentimeter Veränderung gefeiert wird. Schreiben Sie sich auf, womit Sie sich für jeden Schritt Ihres persönlichen Neuanfangs belohnen werden.

In den Freiräumen probewohnen

Wie erfahren Sie, welche Art von Freiräumen gut für Sie sind? Was können Sie unternehmen, um sich diese Freiräume zu schaffen und zu verteidigen?

Niemand wird sich so ohne weiteres Freiräume eröffnen können, ohne das Leben umzuorganisieren. Die gewohnten Lebensverhältnisse lassen sich oft nicht einfach in neue umwandeln. Doch gerade dann, wenn Sie einen größeren Zeitraum vor sich haben, in dem Sie berufliche oder private Veränderungen vornehmen wollen, sollten Sie dafür sorgen, dass Sie sich Räume schaffen, in denen Sie ganz Sie selbst sein können. Diese Freiräume sollten in jedem Fall geschützte Bereiche sein, in denen Sie sich entfalten können, ohne dass Ihnen jemand reinredet.

Sollte Ihnen dazu nichts Rechtes einfallen, außer mit der besten Freundin oder dem besten Freund ein Bier trinken zu gehen, im Garten die Rosen zu pflegen oder im Herbst in die Pilze zu gehen, so liegt das wahrscheinlich daran, dass Sie verlernt haben, sich selbst zum Thema zu machen. Holen Sie es nach. Manchmal hilft es schon, wenn man sich erinnert, welche Aktivitäten und Vorstellungen einem früher ein angenehmes Kribbeln im Bauch verursacht haben. Dann überlegen Sie, was Sie heute daraus machen können. Vielleicht haben Sie in der Vergangenheit davon geträumt, auf einem stillgelegten Bauernhof eine ökologische Landwirtschaft in Gang zu bringen oder ein Seminarzentrum für gestresste Manager einzurichten. Suchen Sie sich innerhalb dieses großen Traumes kleinere Teilstücke aus, die Sie mit den heutigen Mitteln realisieren könnten. Schauen Sie sich zum Beispiel auf einem Öko-Bauernhof um, reden Sie mit dem Bauern und arbeiten vielleicht auch einen Tag lang dort mit. Dann wissen Sie, ob Sie hier etwas für sich finden können, was Ihnen ein echter Freiraum sein kann, ein Stück Lebensweise, bei dem Sie dem Kern Ihrer Persönlichkeit wieder näher kommen.

Üben Sie also zuerst ruhig ein wenig Trockenschwimmen, bevor Sie sich in die Fluten stürzen und Ihr Leben umkrempeln. Wenn Sie dann wieder das alte Kribbeln im Bauch spüren, sollten Sie unbedingt mehr daraus machen. Widmen Sie sich einmal oder mehrere feste Tage in der Woche diesem Freiraum, wo Sie jene Seiten Ihrer Persönlichkeit entfalten können, die mit den Jahren eingeschlafen oder abhanden gekommen sind. Wichtig: Suchen Sie wirklich nur nach Freiräumen, in denen Sie das finden, was Ihre Persönlichkeit stärkt. Denn darum geht es uns. Achten Sie darauf, nichts zu wählen, bei dem die materielle Seite oder der damit verbundene soziale Status (wie etwa beim Golfspielen) im Vordergrund steht. Ihre Ecken und Kanten ausleben, ohne fürchten zu müssen, sich selbst Druck zu machen oder anderen Menschen entsprechen zu wollen, das können Sie nur dort, wo Sie in sich selbst ruhen. Daher überlegen Sie, in welchem Freiraum Sie am liebsten wohnen.

Die richtigen Fragen stellen

Machen Sie sich etwas vor? Reden Sie sich die Dinge vielleicht schön, um vor sich selbst bestehen zu können und die letzten Jahre nicht als vertane Zeit anzusehen? Verfälschen Sie die Tatsachen, weil es auf einmal doch so mühevoll erscheint, Veränderungen durchzuführen?

Sollten Sie sich dabei erwischen, dann treten Sie jedes Mal einen Schritt beiseite. Versuchen Sie aus sich herauszutreten, so als bestünden Sie aus zwei Personen, von denen die eine die andere von außen anschauen kann. In der Phase, in der Sie jetzt sind, sollten

Sie darauf achten, sich nicht zu belügen. Denn sich selbst anzulügen, um damit die eigenen oder die Verhaltensweisen anderer zu frisieren, ist wie ein Bumerang: Die Frustration, die Enttäuschung oder der Schmerz darüber, wie manche Menschen mit Ihnen umgehen und wie Sie das hinnehmen, kommt immer wieder zu Ihnen zurück und lässt Sie nie zur Ruhe kommen.

Woran erkennen Sie, dass Sie sich selbst etwas vorlügen? Hier einige Beispiele:

- Wenn Sie gezielt nach Entschuldigungen für Ihr Verhalten suchen (»Ich musste so handeln ...«; »Ich konnte nicht anders, weil ...«; »Ich bin nun einmal nicht so stark wie ...«). Und wenn Sie nach Entschuldigungen für das Verhalten derer suchen, unter denen Sie zu leiden haben (»Der andere meint es ja im Grunde gar nicht böse ...«; »Er oder sie hat momentan eine schwierige Phase ...«)
- Wenn Sie die Schuld für den eigenen Frust immer bei den anderen suchen, statt auch bei sich selbst (»Wenn mein Mann nicht so dominant wäre, dann ginge es mir besser ...«; »Wenn meine Frau nicht immer solche Unzufriedenheitsphasen hätte, dann könnte ich viel mehr aus meinem Leben machen ...«)
- Wenn Sie sich in Gegenwart anderer (im Freundeskreis, bei Familienfeiern, auf Partys ...) als zufrieden und über alles erhaben darstellen, obwohl Sie und Ihr Partner sich nur noch streiten. Oder wenn Sie Ihr Singledasein als richtig und gut hinstellen, obwohl Sie sehr einsam sind und liebend gerne einen Menschen an Ihrer Seite hätten.
- Wenn Sie sich Geschehnisse, bei denen Sie sich klein gemacht haben, statt den anderen zu zeigen, wer Sie sind, hinterher schönreden, um vor sich selbst bestehen zu können.

Bitte nehmen Sie sich immer dann, wenn Sie spüren, dass Sie zu sich selbst nicht ganz ehrlich sind, die Zeit, solche Fragen zu beantworten. Auf diese Weise kristallisieren Sie für sich heraus: Warum lüge ich mich an? Wovor habe ich in Wirklichkeit Angst? Was kann ich tun, um der Selbstlüge zu entkommen und reinen Tisch zu machen? Stellen Sie sich also die richtigen Fragen. Denn nur so kommen Sie weiter.

Die Person in Ihnen, die sich selbst beschwindelt, sollte von der zweiten Person, die auch in Ihnen ist, jedes Mal korrigiert werden. Erkennt die zweite Person beispielsweise, dass die Selbstlüge nur vorgeschoben wird, um die Furcht vor dem Verlassenwerden oder die Angst vor Zurückweisung zu überdecken, sind Sie einen großen Schritt weitergekommen.

In einem nächsten Schritt machen Sie sich klar, dass die Lüge nicht mehr notwendig ist. Kicken Sie sie weg. Es gibt nichts zu verheimlichen. Ihre Schwächen, Ihre Ängste, Ihre Defizite sind okay. Sie müssen sich für nichts schämen. Nicht okay hingegen ist es, sich immerzu selbst etwas vorzulügen und es dabei zu belassen.

Den Mut haben, Gefühle zu zeigen

Und Ihre Gefühle? Wie sollen Sie mit Ihren Gefühlen umgehen, wenn Sie mehr ganz Ich sein möchten? Ich rate Ihnen, halten Sie sie nicht länger zurück. Gehen Sie offen mit Ihren Gefühlen um. Denn es gibt keinen Grund, sie angesichts der Ecken und Kanten Ihrer Persönlichkeit verdeckt zu halten. Die Pforte zu einer neuen Lebensqualität kann sich nur öffnen, wenn Sie sich mit Ihren Emotionen ebenso aufrichtig befassen wie mit den Gedanken darum, wer Schuld hat und wer nicht oder warum Sie in der Vergangenheit daran gehindert wurden, so zu sein, wie Sie wollten. Kurz: Betreiben Sie in puncto Gefühle ebenso wenig Schönfärberei. Stehen Sie dazu, wenn Sie wütend sind, und zeigen Sie es. Stehen Sie dazu, wenn Sie zärtliche Gefühle hegen, und zeigen Sie es. Denn sollten Sie zu dem Schluss gekommen sein, dass Sie beim Umgang mit sich selbst und anderen Menschen dringend etwas ändern möchten, so gehören Gefühle dazu wie das Tüpfelchen zum »i«. Erst Ehrlichkeit sich selbst und anderen gegenüber macht Sie zu einer authentischen Person. Und das ist unabdingbar, um ein gesundes und selbstbewusstes Verhältnis zu sich selbst zu unterhalten, aber auch um weiterzukommen.

Folgender Fall verdeutlicht, was gemeint ist: Ein junger Mann interessiert sich für eine junge Frau, die im selben Betrieb arbeitet, wo auch er beschäftigt ist. Die beiden treffen sich privat, unterhalten sich gut miteinander, sie gehen öfter aus. Der junge Mann hat das

Gefühl, dass sie sich durchaus für ihn interessiert. Aber er ist viel zu schüchtern, um den ersten Schritt zu wagen. Also legt er seine Gefühle für sie nicht offen, redet ewig drumherum, weicht aus, vertagt es. Die junge Dame hat zunächst Geduld. Sie fühlt sich zu dem jungen Kollegen hingezogen und denkt sich, irgendwann wird er sich ihr schon offenbaren. Doch die Zeit vergeht. Und eines Tages überkommt sie das Gefühl, dass die Zuneigung von seiner Seite rein platonischer Natur ist. Weshalb sonst würde er seine Gefühle ihr gegenüber nicht zeigen? Sie wartet noch eine ganze Weile ab, ob nicht zumindest eine kleine Äußerung ihre Zweifel vertreiben könnten. Aber es kommt nichts. Keine Umarmung, die mehr als nur freundschaftlich gemeint sein könnte. Kein Kuss. Kein Wort. Er wagt die Annäherung nicht. Und sie wartet vergeblich.

Nach einiger Zeit wird in der Firma die Stelle des Projektleiters neu besetzt. Der Neue ist ein recht ehrgeiziger, gut aussehender, schon etwas älterer Mann. Er macht die Bekanntschaft der jungen Frau und es dauert gar nicht lange, da hört man, sie würde zu ihm ziehen. Für den schüchternen jungen Mann ist das eine schreckliche Nachricht. Doch anstatt sich einzugestehen, dass er aus Schüchternheit den Moment verpasst hat, ihr seine Gefühle zu zeigen, lügt er sich etwas vor: »Frauen stehen eben auf ältere Männer mit Geld. Auf diese Karrieretypen eben. Da kann so ein kleiner Angestellter, wie ich es bin, nicht mithalten.«

Was lernen wir daraus? Nicht den Weg seines Herzens zu gehen kann ebenso nachteilig sein wie Selbstbetrug und Selbsttäuschung. Denn hätte der junge Mann seine Schüchternheit offengelegt und der jungen Frau zugleich ein Zeichen gegeben, dass er sie mag, wäre die Geschichte ganz gewiss anders ausgegangen. Stattdessen hat er seine Gefühle nicht gezeigt, sie überspielt, sich selbstsicher gegeben. Die Angst davor, seine Gefühle aufzudecken und vielleicht dafür abgewiesen zu werden, hat ihn daran gehindert weiterzukommen.

Haben auch Sie schon öfter in solchen Momenten im »Lexikon der hunderttausend Ausreden« geblättert? Haben auch Sie schon Ausweichmanöver unternommen, statt einem Menschen einzugestehen, welche Gefühle Sie für ihn hegen, sowohl im positiven oder auch im negativen Sinne? Dann empfehle ich Ihnen, dies im Nachhinein aufzuarbeiten. Es soll Sie davor bewahren, sich noch einmal auf diesen falschen Weg zu begeben. Denn wie wollen Sie bekommen, was Sie sich wünschen, wenn Sie Ihre wahren Gefühle und das wahre Wesen Ihrer Persönlichkeit verbergen?

• Schildern Sie ein Ereignis, bei dem es gut gewesen wäre, wenn Sie Ihre Gefühle offen gezeigt hätten!

_____

_____

_____

_____

• Was haben Sie dadurch gewonnen oder verloren?

_____

_____

_____

• Warum haben Sie Ihre Gefühle nicht offengelegt? Was steckte dahinter (Angst vor Ablehnung; Gedanken wie: »Ich darf nicht mal wütend sein« oder: »Wenn ich weine, zeige ich, dass ich schwach bin« ...)?

_____

_____

_____

• Welche Situationen/welche Art von Menschen bringen Sie meistens dazu, dass Sie sich abkapseln und Ihre Gefühle zurückhalten?

_____

_____

_____

Versteckspiel vermeiden

Praktizieren Sie manchmal auch Verhaltensweisen, die dazu dienen, bestimmte Seiten an sich zu kaschieren? Wie tun Sie das? Weichen Sie Gesprächsthemen aus, wo es um Ihre Schwächen gehen könnte? Haben Sie Taktiken entwickelt, empfindliche Punkte zu überspielen?

Falls Ihnen das bekannt vorkommt, so machen Sie sich einmal bewusst, wie sehr Sie sich im Grunde damit schaden. Denn wer glaubt, sich nur von einer Seite zeigen zu dürfen, bedient einmal mehr die irrtümlich angenommenen Erwartungen der anderen. Das heißt: Er kehrt seine schwache Seite unter den Teppich, weil er glaubt, die anderen Menschen mögen ihn nur stark. Und indem er versucht, sich nur stark zu zeigen, verbiegt er sich, und gelangt als Mensch nicht dorthin, wo er im Grunde seines Herzens hin möchte.

Zur Verdeutlichung ein Fall aus der Praxis: Wenn Amelie früher zum Essen eingeladen war, dann hat sie oft nichts oder nur sehr wenig gegessen. Selbst wenn die Gastgeber das feinste, köstlichste Menü gekocht hatten, lehnte sie dankend ab. Sie nippte an den Getränken, ließ sich immer nur zwei Gabelbissen der Hauptspeise auf den Teller geben und beteuerte zugleich, dass sie ja sowieso kaum etwas esse. Die Anwesenden waren meist etwas seltsam berührt, denn Amelie ist von Statur her alles andere als schlank. Korpulent wie sie ist, vermittelt sie eher den Eindruck einer Frau, die gut und gerne und auch nicht wenig isst. Umso mehr empfanden die Gastgeber ihre Mäßigung beim Essen als unfreundlich. »Vielleicht mag sie das ja alles nicht, was wir gekocht haben. Ist der Fisch vielleicht nicht frisch? Hat die Suppe etwa zu viel Salz abbekommen?« Amelie stürzte jeden Gastgeber in Zweifel und wurde nur selten ein zweites Mal eingeladen. Das hat ihr beruflich einige Nachteile gebracht, denn mit guten Kunden essen zu gehen oder bei Geschäftpartnern eingeladen zu werden, gehörte zu ihrem Job. Sie geriet in den Ruf eines Menschen, der nicht genießen kann. Und dieser schlechte Ruf führte irgendwann dazu, dass ihr Chef ihr nahelegte, zurück in den Innendienst zu gehen. Dabei war Amelie in Wahrheit eine Genießerin par excellence. Sie aß für ihr Leben gern. Nach jeder Einladung freute Sie sich schon auf dem Heimweg darauf, sich zu Hause den Bauch vollschlagen zu können. Der Grund dafür, dass sie in Gegenwart von anderen so gut wie nichts zu sich nahm, war ihre Angst davor, als dicke Schlemmerin abgestempelt werden. Vielmehr sollten die anderen Leute sich wundern. Alle sollten denken: »Sie ist dick, kann aber nichts dafür.« Doch statt der erhofften Sympathie erntete sie bloß Missfallen und Antipathie. Heute hat sich das Blatt gewendet. Amelie ließ sich coachen und hat auf meinen Rat hin ihr Verhalten geändert. Sie hat sich vom Konzept »Ich muss so sein, wie ich meine, dass die anderen mich wollen« verabschiedet. Mit der Botschaft »Ich bin so, also zeige ich mich auch so« ist sie viel besser beraten. Denn seit Amelie im Beisein von anderen zeigt, dass sie gerne schlemmt, hat sie sehr an Lebensfreude gewonnen und sammelt bei jedem Kunden und Gastgeber Pluspunkte. Inzwischen ist sie ist wieder im Außendienst tätig. Und sie ist erfolgreich wie noch nie.

Manchmal scheint es so, als ob wir uns bloß der vermuteten Erwartungshaltung der anderen anzupassen bräuchten, und schon haben wir den gewünschten menschlichen oder beruflichen Erfolg. Sehr häufig benutzen wir dazu Verhaltensweisen, die unserer vermeintlichen Schwäche gerade entgegengesetzt sind oder sie ausgleichen sollen. Die Dicke gibt sich dünn. Der Ängstliche gibt sich mutig. Die wenig Gebildeten geben sich gebildet. Stellen Sie sich nun ein paar Fragen, um zu prüfen, ob Sie anderen Menschen zeigen, wer und was Sie sind. Sollten Sie merken, dass Sie sich häufig entgegen Ihrer Natur verhalten, beenden Sie das Versteckspiel!

• Klaffen mein Selbstbild und das Bild, das ich abgebe, sehr weit auseinander? Wenn ja, in welchen Punkten? Woran könnte das liegen?

• Wie verhalte ich mich in Situationen, in denen ein Thema berührt wird, das meine schwachen Seiten betrifft?

• Praktiziere ich in meinem Alltag Verhaltensweisen, die nur dazu dienen, den Schein zu wahren?

• Wie wichtig ist es für mich, was andere über mich denken?

• Wie fühlt sich die Vorstellung an, dass ich in Zukunft sage: »Ich bin halt so, wie ich bin« und: »Ihr müsst mich so nehmen, wie ich bin«?

In der Beziehung neue Spielregeln anregen

Aber wie ist das in Beziehungen? Wie kann man eine Selbständerung hin zum »Ich bin so, wie ich bin« und »Du musst mich so nehmen, wie ich bin« schaffen, wenn man seit Jahren auf eine ganz bestimmte Rolle festgelegt ist?

In einer Beziehung neue Spielregeln einzuführen ist keineswegs leicht. Denn wir weisen unserem Partner eine bestimmte Rolle zu und er uns. Und das, was beide voneinander erwarten, verfestigt sich mit der Zeit. Es ergibt sich durch die Art, wie man miteinander umgeht und wie man sich gegenseitig beeinflusst. Übernehmen wir beispielsweise beim Streit die Rolle des Opfers, legen wir den anderen auf die Rolle des Täters fest. Und wir erwarten von ihm die Wiedergutmachung. Lässt der andere sich auf die Rolle des Täters ein, weiß er, dass er erst um Verzeihung bitten muss, um wieder Harmonie zu erzeugen. Aber es kann sein, dass wir uns verändern. Die alte Rolle wird uns zu eng. Ein neuer oder anderer Aspekt will sich ausdrücken. Richten Sie daher den Fokus einmal auf sich selbst. Fragen Sie sich, was Sie früher gerne erfüllt haben, aber heute nicht mehr wollen. Und finden Sie mit Hilfe der folgenden Fragen heraus, welche Spielregeln – also welche wiederkehrende Verhaltensweisen und Erwartungshaltungen – in Ihrer Beziehung herrschen und wie Sie dazu stehen.

- Versuchen Sie, Persönlichkeit und Rolle Ihres Partners zu beschreiben. Was zeichnet sie/ihn aus, wie gibt sie/er sich?
- Beschreiben Sie die Rolle, die Sie bisher übernommen haben (die oder der Starke, Helfer, Mutter, Geliebte, Vater, Kind, Optimist usw.).
- Überlegen Sie, wie sich die Rolle Ihres Partners und Ihre Rolle aufeinander eingespielt haben. Haben bestimmte Lebensumstände daran mitgewirkt, dass sich die Rollen verfestigt haben? Welche Umstände sind oder waren dies?
- Häufen sich Situationen, in denen Sie das Gefühl haben, dass Sie im Grunde anders agieren oder reagieren möchten? Denken Sie oft daran, aus der Rollen-Routine ausbrechen zu wollen?
- Stellen Sie sich vor, Sie brechen morgen aus – wie würde Ihre neue Rolle aussehen und wie die neue Rolle Ihres Partners?

• Fragen Sie sich: Wer von beiden hat etwas davon, wenn alles so bleibt, wie es ist?

Ganz gleich, wie Ihre Antworten auch ausgefallen sind – wenn Sie sich im Laufe der Zeit zu stark haben festlegen lassen, so liegt der Schluss nahe, dass Sie die Spielregeln nicht bewusst mitgestaltet haben. Überprüfen Sie die Spielregeln und die Rollenverteilung. Stimmen sie nicht mehr für Sie? Dann werden Sie aktiv!

Suchen Sie zuerst das Gespräch: Reden Sie freundschaftlich, sachlich und ruhig darüber, welche Spielregel Sie gerne verändern möchten und wie das geschehen könnte, ohne dass einer von beiden sich benachteiligt fühlt. Das zweite: Versuchen Sie, sich in den kommenden Tagen auch danach zu verhalten. Beginnen Sie den morgigen Tag mit dem Vorsatz, nicht danach zu fragen, was der/die andere nun von Ihnen erwartet oder Ihnen zuweist. Fordern Sie Ihr Recht ein, sich ändern zu dürfen. Denn früher war früher und heute ist heute. Und ab heute gilt die neue Spielregel: Jeder darf sich weiterentwickeln.

Im Beruf neue Spielregeln anregen

Fordern Sie im Berufsleben Ihr »Ich-sein« ein? Denken Sie vielleicht, dass Sie es sich dort auf keinen Fall leisten können? Fragen Sie sich häufig, was die anderen, Ihr Vorgesetzter oder die Kollegen von Ihnen erwarten und Ihnen zuordnen, und verhalten Sie sich danach?

Wenn sich der rote Faden der Selbständerung durch Ihr ganzes Leben ziehen soll, dürfen Sie vor dem Berufsleben nicht Halt machen – auch davon war in diesem Buch schon die Rede. Zum Glück leben wir in einer Zeit, in der Profiltypen gefragt sind. Also gibt es keinen Grund, nicht auch am Arbeitsplatz Ihr neues Ich zu etablieren.

Werfen Sie daher einen kritischen Blick auf Ihren Arbeitsalltag. Nehmen Sie zuerst das tägliche »Zusammenspiel mit Ihrem Chef« unter die Lupe. Natürlich existieren zwischen Arbeitnehmer und Chef Gesetze, die Sie nicht ändern können, ohne die Welt zu verändern. Da dies ein unmögliches Unterfangen ist, konzentrieren Sie sich besser auf Spielregeln, die Sie ändern könnten. Ich stelle

Ihnen wieder einige Fragen, die Ihnen helfen sollen, diese Spiel-regeln zu entdecken und aufzubrechen.

- Was für ein Typ Mensch ist Ihr Vorgesetzter (z. B. korrekt, sach-lich, nervös, nachlässig, hintenherum, feige)?
- Erwartet Ihr Chef von Ihnen mehr als von Ihren Kollegen? Wel-che Mittel werden dazu benutzt (z. B. Appelle an Ihre Loyalität, Ihre soziale Ader, Ihr Helfer-Syndrom usw., wenn Sie z. B. Über-stunden machen sollen)?
- Wie gehen Sie damit um? Denken Sie, dass Ihr Einsatz in Ord-nung ist, oder verbiegen Sie sich dabei?
- Welche Aufgaben weist Ihr Vorgesetzter Ihnen oft zu und wa-rum? Denken Sie, dass Sie für ganz andere Arbeiten geschaffen sind?
- Wie übt Ihr Vorgesetzter Kritik an Ihren Leistungen? Denken Sie, dass Sie ungerecht behandelt werden?
- In welchen Situationen sind Sie mit dem Verhältnis zu Ihrem Chef zufrieden? Was führt in der Regel dazu?

Schauen Sie sich nun Ihre Antworten an und überlegen Sie, wo Sie gerne etwas ändern möchten. Beschreiben Sie es zuerst. Zum Bei-spiel so: Ich möchte nicht mehr alles schlucken. Ich möchte nicht mehr so viele Überstunden machen. Ich möchte gerne direkt ange-sprochen werden, statt hintenherum zu erfahren, was man an mir auszusetzen hat.

Suchen Sie wieder zuerst das sachliche Gespräch. Haben Sie Angst um Ihren Arbeitsplatz oder stehen Karrierepläne dem klärenden Gespräch mit dem Vorgesetzten entgegen, so können Sie ihn auch schrittweise daran gewöhnen, dass Sie von nun an ein anderes Pro-fil haben. Wichtig: Überlegen Sie, welche Spielregeln Sie womög-lich selbst mitgeschaffen haben. Fragen Sie sich: War ich oft zu still, zu ängstlich, zu zurückhaltend? Und habe ich vielleicht des-halb früher nicht die Arbeiten bekommen, die ich wollte, bezie-hungsweise muss ich deshalb die Arbeit der anderen oft mitma-chen, weil ich nie nein sagen kann? Beginnen Sie den nächsten Tag mit dem Vorsatz, sich anders zu verhalten.

Werfen wir nun einen Blick auf das Zusammenspiel zwischen Ih-nen und Ihren Kollegen. Beantworten Sie sich auch hier wieder einige Fragen. Und klären Sie so für sich, wo Ansatzpunkte bestehen, den Umgang miteinander durch die Einführung neuer Spielregeln zu verbessern.

• Was trauen Ihnen die Kollegen zu und was nicht? Welches Image haben Sie bei ihnen?
• Inwieweit haben Sie sich dieses Image selbst geschaffen (indem Sie z. B. häufig zu einem Kollegen sagen:»Mach du das, ich kann das nicht«)?
• Was müssten Sie tun, um es zu Ihren Gunsten zu verändern?
• Gibt es Kollegen, die Sie fürchten oder denen Sie besonders gefallen wollen? Wann und bei wem verbiegen Sie sich manchmal?
• Welche Rolle haben Sie im Team freiwillig übernommen? Welche hat man Ihnen zugeteilt? Was müssten Sie tun, um die Spielregeln zu verändern und sich auf eine Wunschrolle einzuspielen?
• In welchen Situationen sind Sie mit dem Verhältnis zu Ihren Kollegen zufrieden? Was führt in der Regel dazu?

Untersuchen Sie in Ihren Antworten die bisherigen Mechanismen. Finden Sie heraus, wo Sie selbst mitgeholfen haben, dass Kollegen ein negatives Bild von Ihnen gewonnen haben. Schrecken Sie nicht davor zurück, beim Umgang mit Ihren Kollegen neue Spielregeln zu initiieren. Machen Sie sich klar, dass Sie im Beruf und im Privaten zu dem zurückkehren können, was Sie sich für Ihr Leben gedacht haben. Ihr Leben erfährt sofort eine neue Qualität, wenn Sie sich weniger danach richten, was andere Ihnen zuweisen.

Fragen Sie sich:»Was will ich?« und:»Kommt mein eigentliches Ich überhaupt zum Zuge?« Wo es nicht zum Zuge kommen darf, sollten Sie es einfordern, sonst überfordern Sie es. Füllen Sie dazu die von Ihnen gewünschten neuen Spielregeln beim Umgang mit Ihrem Chef und mit den Kollegen mit Leben. Zeigen Sie dem einen wie den anderen, dass Sie sich verändert haben oder verändern möchten. Denn früher war früher und heute ist heute. Und ab heute gilt die neue Spielregel: Jeder darf sich weiterentwickeln.

Bereit sein, einen Preis zu zahlen

Schrecken Sie noch davor zurück, in der Beziehung oder im Beruf neue Spielregeln anzusetzen? Scheuen Sie die Konsequenzen?

Viele Menschen bekommen sofort ein mulmiges Gefühl, wenn Sie nur daran denken, sich vor andere Menschen hinzustellen und mehr für sich selbst zu fordern. Gerade dann, wenn man seit langer Zeit daran gewöhnt ist, den Forderungen anderer zu entsprechen. Nicht wenige neigen dann trotz aller guten Argumente eher dazu zu verzichten als sich den möglichen Folgen zu stellen. Man befürchtet, es nicht ertragen zu können, für die Veränderung, die man ins Leben rufen möchte, angefeindet oder abgelehnt zu werden und ein gewisses Maß an Einsamkeit hinnehmen zu müssen.

Sollten Sie sich noch in diesem Stadium befinden, so möchte ich Sie mit einer Frage konfrontieren. Überlegen Sie einmal ganz sachlich: Wer ist der Nutznießer davon, wenn Sie nichts verändern? Und dann stellt sich beispielsweise heraus: Es ist Ihr Partner, Ihre Schwiegermutter, Ihr Chef, Ihr Kollege oder wer auch immer. Jedenfalls nicht Sie. Und das wiederum sollte Ihnen helfen, die Scheu zu überwinden, neue Spielregeln einzufordern. Halten Sie nicht länger still, wenn Sie nicht mehr länger stillhalten möchten. Nur aus Angst, den sicheren Arbeitsplatz zu verlieren oder den Partner zu verärgern, können Sie nicht ewig alles in Kauf nehmen. Zumindest nicht, ohne dabei immer mehr Federn zu lassen. Vielleicht denken Sie, dass es für Sie keine Lösung mehr gibt. Doch das ist fast immer eine Ausflucht, um sich vor dem unangenehmen ersten Schritt zu drücken. Weil die Macht der Gewohnheit so festgefügt scheint wie eine Wand. Doch es gibt immer eine Lösung, immer ein Schlupfloch. Deshalb möchte ich Sie darin bestärken, die Gelegenheit zu nutzen. Es mag sein, dass Sie mit verschiedenen Problemen fertig werden müssen. Vielleicht leidet Ihre Beziehung darunter, dass Sie Veränderungswünsche vortragen oder sie zerbricht sogar. Oder Sie erkennen, dass Sie sich besser nach einer neuen Stelle oder einer anderen Branche umsehen müssen. Doch ich frage Sie: Was ist das alles gegen die Aussicht, ein Leben lang so weiterzumachen und sich in seiner Haut unwohl zu fühlen?

Nicht dass wir uns missverstehen: Es muss gar nicht so weit kommen. Es kommt durchaus oft vor, dass unsere Mitmenschen unseren Wandel gut ertragen können und uns zugestehen, was wir verändern möchten – sei es der Partner oder ein Vorgesetzter. Wenn Sie also nur ein bisschen Zutrauen haben, so können Sie sich ohne Probleme dorthin bewegen, wo Sie mehr sich selbst sein und Ihrem Wesen entsprechen können. Falls es aber so sein sollte, dass Sie Ärger bekommen, so sehen Sie es als Rechnung, die Sie begleichen müssen. Das ist der Preis, den Sie zahlen müssen, um neue Persönlichkeits-Power zu bekommen und ein Lebensgefühl, das Sie mit dem alten überhaupt nicht mehr vergleichen können.

Wenn Sie diesen Preis allerdings aus Angst nicht zahlen, kann es passieren, dass Sie krank werden, weil Sie Ihre Bedürfnisse zu sehr unterdrücken. Davon hat am Ende niemand etwas. Ohne einen Preis, ohne Ängste, schlechtes Gewissen und Schuldgefühle geht es nicht. Das müssen Sie in Kauf nehmen. Doch sollte es niemals ein Grund dafür sein, im Ist-Zustand zu verharren und sich selbst auszubremsen. Denn sich zu verändern heißt, von einem fremden Weg auf den eigenen Weg zurückzukehren.

Mit der nachfolgenden Tabelle können Sie die Folgen Ihrer Rückkehr zum eigenen Weg etwas genauer abschätzen. Tragen Sie dort ein, was Sie tun könnten, welche Möglichkeiten sich Ihnen bieten, wenn Ihre menschliche Umwelt Ihre Veränderung nicht mittragen will. Spielen Sie möglichst viele Möglichkeiten durch. Zum Beispiel: Will Ihr Chef Sie weiterhin mies behandeln – so können Sie neue Kontakte erschließen, die Firma wechseln, sich umschulen lassen, sich selbstständig machen, auf halbe Stelle gehen und vieles mehr. Oder will Ihr Lebenspartner Sie nicht gewähren lassen, so können Sie Abstand suchen, mal allein in Urlaub fahren, nicht mehr so intensiv für ihn da sein, einen zeitlich begrenzten Beziehungs-Break machen, sich ganz trennen, einen neuen Menschen finden, der einen so annimmt, wie man ist. So sind Sie besser vorbereitet und nicht so leicht von Ihrem Weg abzubringen.

Was ich tun kann, wenn mein Mann, meine Frau nichts ändern will?	Was ich tun kann, wenn mein Vater, meine Mutter, Freunde, Kinder usw. nichts ändern wollen?	Was ich tun kann, wenn mein Vorgesetzter nichts ändern will?	Was ich tun kann, wenn meine Kollegen nichts ändern wollen?

Punkt 3: Ich kommuniziere meinen Weg

Fragen Sie sich, wie Sie Ihrer Umwelt Ihr Vorhaben beibringen sollen? Wissen Sie nicht, wie Sie Ihre Veränderung verkaufen sollen, ohne Menschen vor den Kopf zu stoßen, für die Sie Verantwortung übernommen haben? Umgekehrt gefragt: Warum machen Sie nicht einfach eine gute PR für sich selbst?
Sie fragen sich, was das sein soll? Nun, PR ist die Abkürzung für Public Relations, zu Deutsch: »Beziehungen zur Öffentlichkeit unterhalten«, also Öffentlichkeitsarbeit. Ein Unternehmen macht beispielsweise PR, damit ihm die Öffentlichkeit Vertrauen und Verständnis entgegenbringt. Man sucht gezielt das Gespräch und den Austausch mit Menschen innerhalb und außerhalb des Hauses, wodurch es gelingt, die Akzeptanz gegenüber der Firma deutlich

zu erhöhen. Sie fragen sich noch immer, was PR damit zu tun hat, Ihrer Umwelt beizubringen, dass Sie einen neuen Weg einschlagen möchten? Die Antwort: Machen Sie Öffentlichkeitsarbeit für sich selbst. Operieren Sie nicht im Geheimen, sondern kommunizieren Sie Ihren Veränderungswillen, Ihre neuen Bedürfnisse und Wünsche. Denn mit einer offenen Kommunikationspolitik ebnen Sie sich bei anderen Menschen den Weg. Ihr Vorhaben, in privaten oder beruflichen Beziehungen von nun an öfter Flagge zu zeigen, wird auf eine größere Akzeptanz und Unterstützung stoßen.

Agieren anstatt zu reagieren

Befürchten Sie Gerede? Denken Sie mit Entsetzen daran, wie Ihre Umwelt darauf reagieren wird, wenn Sie Ihr Leben verändern? Wir haben das alle schon miterlebt. Dort, wo Menschen ihr altes Leben unverhofft gegen ein neues eintauschen, erblühen sofort Mutmaßungen und Aburteilungen. Die Freundin wechselt den Wohnort ohne ein Wort der Erklärung, und schon wächst Klatsch und Tratsch. »Die hat einen neuen Mann«, wissen die einen. »Die hat bestimmt was angestellt«, wissen die anderen. Nichts von alledem stimmt. Tatsache ist: Die Freundin hat die Firmenfiliale gewechselt und ist in eine andere Stadt gezogen, weil ihr Vorgesetzter sie ständig mit sexistischen Äußerungen belästigt hat. Zuerst hat sie es jahrelang geschluckt. Dann konnte sie einfach nicht mehr. Eines Tages hat sie sich gewehrt und ihrem Chef gesagt, dass sie es nicht länger hinnimmt und geht. So weit, so gut. Aber dann hat sie es leider unterlassen, ihre Umwelt von dieser Änderung zu informieren. Weil ihr die Geschichte mit ihrem Chef unangenehm war, ließ sie die wahren Gründe im Dunkeln. Der Effekt: Plötzlich werden wilde Gerüchte in die Welt gesetzt, Menschen ziehen sich zurück, langjährige Beziehungen schlafen ein. Hätte sie von vornherein kommuniziert, hätte sie PR für sich selbst gemacht, hätte sie diesen Nebenwirkungen vorbeugen und Verständnis sowie Akzeptanz für ihren Weg schaffen können.

Wenn Sie Ihr äußeres Leben verändern und sei es auch nur ein kleines Stück, so wird es sicherlich Menschen in Ihrem Umfeld geben, denen Sie in Zukunft fremd vorkommen werden. Sie verstehen nicht, was mit Ihnen los ist. Jahrelang waren Sie so, jetzt verhalten Sie sich in vielen Dingen auf einmal anders. Deshalb: Machen Sie den überraschten und irritierten Zeitgenossen klar, was passiert ist. Sagen Sie, worin die Veränderung besteht. Und wenn Sie noch etwas weitergehen möchten, dann dürfen Sie auch ruhig erklären, wie es dazu gekommen ist.

Wenn Sie statt zu reagieren selbst agieren und auf die anderen zugehen, um ihnen Ihren Wandel zu erklären, dann werden die anderen sich darauf einstellen. Menschen sind nämlich äußerst unflexibel, wenn es darum geht, das einmal geformte Bild eines Menschen zu korrigieren. Suchen Sie darum das offene Gespräch. Tauschen Sie sich aus. Und Sie werden Verständnis und vielleicht sogar Unterstützung von Menschen erfahren, die Sie ganz anders eingeschätzt haben.

Wohlgemerkt: Ich behaupte nicht, dass Sie, wenn Sie Ihren Standpunkt offen vertreten und zeigen, wofür Sie stehen, Gerede und Anfeindung vermeiden. PR in eigener Sache ist kein Garant für gute Erfahrungen. Doch wird die Wahrscheinlichkeit höher, dass die Menschen in Ihrem Umfeld mit Verständnis und Toleranz reagieren. Ein weiterer Vorteil ist, dass Sie es in der Hand haben, wie Ihre Veränderung aufgenommen und bewertet wird. Damit begeben Sie sich nicht in die unangenehme und oft aussichtslose Lage, die Gerüchte und alle Auswirkungen, die damit zusammenhängen, zu korrigieren oder rückgängig machen zu müssen.

Zeigen Sie also auch allen Unbeteiligten, wofür Sie in Zukunft stehen. So verhindern Sie Missverständnisse und intolerante Verhaltensweisen. Sprechen Sie selbstbewusst über Ihre Veränderung – im Kleinen wie im Großen. Haben Sie keine Scham und keine Hemmungen. Machen Sie Ihre Entschlüsse transparent, um den anderen nicht fremd zu werden. Und Sie werden sehr schnell merken, dass Sie von mehr gut gesinnten Menschen umgeben sind, als Sie zuvor dachten.

Menschen im Gespräch für sich gewinnen

Müssen Sie sich erst langsam an den aufrechten Gang gewöhnen? Haben Sie es vielleicht verlernt, Werbung für sich selbst zu betreiben? Befürchten Sie eventuell, dabei mehr falsch als richtig zu machen?

Für den Fall, dass Sie sich erst wieder damit vertraut machen müssen, Gespräche zu führen, in denen Sie anderen Menschen offenlegen, was Sie in Zukunft ändern und gegenüber welchen Einflüssen Sie sich behaupten möchten, gebe ich Ihnen hier einige Tipps für das bessere Kommunizieren der eigenen Interessen:

- Vermeiden Sie Ihr »Coming-out«, wenn mehrere Personen zugegen sind. Denn eine Gruppe unterliegt sozialen Prozessen und es gibt bestimmte Rollenverteilungen. Gespräche unter vier Augen sind der bessere Weg, da Ihr Gesprächspartner sich ganz auf Sie einlassen kann und sich nicht vor der Gruppe produzieren muss.

- Erklären Sie Ihre Verhaltensänderung allen Personen, zu denen Sie in engerem oder häufigem Kontakt stehen. Sparen Sie daher auch den Arbeitskollegen nicht aus, der Sie in letzter Zeit oft geärgert und genervt hat. Gerade ihn dürften Sie mit einer souveränen und offenen Politik beeindrucken. Und auch wenn er vielleicht nicht gut damit umzugehen weiß und es sofort weitererzählt. Wenn Sie ihn einweihen und ihm zugleich klarmachen, dass Sie es ohnehin jedem anderen auch sagen, nehmen Sie ihm den Wind aus den Segeln, Ihre PR-Aktion zu missbrauchen.

- Vertreten Sie Ihren Standpunkt sachlich. Es empfiehlt sich nicht, jeden Gesprächspartner an den Leiden der Vergangenheit teilhaben zu lassen. Die Details der Streitereien mit dem Partner, der Ärger mit dem Vorgesetzten, die schwierige Kindheit usw. sollten außen vor bleiben. Sagen Sie, Sie haben sich getrennt, Sie haben mit dem Chef darüber gesprochen oder was auch immer. Aber tragen Sie es erklärend und nicht emotional vor. Sie wollen weder lästern noch Mitleid. Sie wollen, dass Ihre PR respektiert und verstanden wird.

- Nehmen Sie Unverständnis gelassen hin. Manche Gesprächspartner werden nicht so reagieren, wie Sie es wünschen. Lassen Sie sich davon nicht abhalten, dennoch für sich zu werben. Denn bei jedem Menschen, sei er auch noch so unsensibel und unaufgeschlossen, bleibt etwas hängen, das Sie in ein besseres Licht rückt.

- Beschränken Sie sich auf die Kurzversion. Geschichten bei Adam und Eva zu beginnen und alle Phasen der Erkenntnisgewinnung miteinzuflechten, erschlägt jeden Gesprächspartner. Darum beschränken Sie sich. Sprechen Sie nur davon, was für die jeweilige Person relevant ist. Und das sind die Ergebnisse und die Antworten auf die Frage: Was ist heute anders als gestern? Und worauf musst du dich bei mir einstellen?
- Klagen Sie niemanden an. Achten Sie darauf, niemandem die Schuld zuzuschieben, warum zum Beispiel Ihr »altes« Leben nicht geklappt oder warum Sie sich ein bestimmtes Verhalten Ihres Partners, Ihrer Schwiegermutter oder Ihrer Vorgesetzten nicht mehr bieten lassen möchten. Denken Sie daran: Sie wollen keine Hiebe austeilen. Sie wollen durch Ihre Selbst-PR Menschen für sich gewinnen. Und die Kunst, Menschen zu gewinnen, besteht darin, authentisch und glaubwürdig, aber auch freundlich und jedermann gegenüber verständnisvoll zu sein.

Ob das Kommunizieren des eigenen Weges gut funktioniert, hängt natürlich auch immer von der Bereitschaft Ihres Gesprächspartners ab, Sie verstehen zu wollen, von Ort und Zeit, der Stimmung des anderen und seinem Charakter. Wenn Sie jedoch mit sensiblen Antennen in ein solches Gespräch hineingehen, so können Sie den Verlauf ein gutes Stück mitbestimmen. Im folgenden Beispiel sollten Sie besonders die in Klammern stehenden Anmerkungen beachten.

Gespräch zwischen einem Mitarbeiter (M) und seinem Vorgesetzten (V):

M: »Herr Blochmann, hätten Sie in den nächsten Tagen mal ein bisschen Zeit für mich? Ich möchte Sie gerne in aller Ruhe und unter vier Augen sprechen.«

V: »Ja, was gibt's denn? Wir können das auch gleich jetzt machen, wenn Sie wollen.«

(Der Mitarbeiter hat sich zuerst vorgetastet, ob sein Gesprächspartner mit dem Zeitpunkt für ein Gespräch einverstanden ist. Der Vorgesetzte hat ihm signalisiert, dass es ihm jetzt recht ist.)

M: »Das wäre mir am liebsten. Dann möchte ich Ihnen kurz erklären, worum es geht. Ich habe mich in letzter Zeit mit meiner

Arbeit nicht mehr so identifiziert wie früher. Das haben Sie vielleicht auch gemerkt. Das mag verschiedene Ursachen haben. Ich habe viel über mein Verhalten und meine Beziehungen zu anderen Menschen nachgedacht. Und bin zu dem Entschluss gekommen, dass ich etwas ändern muss.«

V: »Was meinen Sie denn damit? Das klingt ja richtig ernst.«

(Der Mitarbeitet hat den Weg bereitet, sich seinem Gesprächspartner näher zu erklären. Dazu war es nötig, ihm auch Schwächen und Versäumnisse einzugestehen. Der Vorgesetzte signalisiert, dass er mehr von den Hintergründen erfahren möchte.)

M: »Ich will jetzt nicht in die Einzelheiten gehen. Das ist sicher auch nicht interessant für Sie. Nur so viel: Ich habe in der Vergangenheit häufig das Gefühl gehabt, dass ich mehr aus meinem Leben machen möchte. Ich war ständig unzufrieden mit mir selbst, weil ich nur noch die Erwartungen anderer erfüllt habe und mich selbst dabei außen vor gelassen habe. Das geht sicher vielen ab und zu mal so, das vergeht auch wieder. Ich habe aber den Eindruck, dass sich das auf meine Motivation ausgewirkt hat. Sie haben das ja sicher auch gemerkt: Ich war häufig krank. Und jedes Unwohlsein und jede Krankheit war ein Symptom dafür, dass ich mein eigentliches Leben nicht lebe.«

V: »Das wusste ich ja gar nicht.«

(Der Mitarbeiter hat nun die Hintergründe offengelegt und bereitet den nächsten Schritt vor, eine Veränderung seines Status anzusprechen. Der Vorgesetzte signalisiert, dass ihm die Offenheit des Mitarbeiters gefällt und fühlt sich geschmeichelt)

M: »Worüber ich nachgedacht habe, ist das Fühlen des eigenen Wertes. Ich würde gerne mehr spüren, dass das, was ich lebe, meiner Persönlichkeit und meinem Wesen entspricht. Ich denke, dass das für meine Leistung von Nutzen sein kann, wenn ich ganz bei mir bin und hinter dem stehe, was ich tue.«

V: »Aber natürlich. Ich habe ja nicht geahnt, dass Sie sich so unwohl fühlen. Und was die Arbeit hier im Hause betrifft, so wollen Sie da auch etwas für sich ändern, nehme ich an, oder? Um welche Dinge handelt es sich denn?«

M: »Genau darüber wollte ich mit Ihnen reden. Ich weiß inzwischen, dass ich noch viel leistungsfähiger und engagierter arbeiten kann, wenn ...«

(Der Mitarbeiter ist zum wesentlichen Teil seiner Erklärung vorgerückt. Er kann nun zum Ausdruck bringen, was ihm am Herzen liegt. Zum Beispiel einen anderen Tätigkeitsbereich mit mehr Verantwortung übernehmen, nicht länger für Arbeiten herangezogen zu werden, die die anderen nicht machen wollen, die Querelen unter den Kollegen auflösen, Fehlplanungen kritisieren, Neuerungen vorschlagen.)

Gesprächsplan erstellen

Wissen Sie schon, was Sie mitteilen wollen? Und welche Menschen Sie über die gewünschten Veränderungen in Kenntnis setzen möchten? Ich vermute, das ist Ihnen längst klar! Doch wissen Sie auch schon, wie Sie am besten vorgehen?

Um Ihre Absichten am besten zu verkaufen, empfehle ich Ihnen einen Gesprächsplan zu erstellen. Nehmen Sie die anschließenden drei Punkte zum Anlass, um sich richtig vorzubereiten. Schreiben Sie als Erstes auf, was genau Sie Ihrer Umwelt nahe bringen wollen. Es geht hier vor allem darum, die Einsichten, die Sie für sich gewonnen haben, zu notieren. Fragen Sie sich also: Welche Veränderungsbotschaft muss ich kommunizieren, damit die, die es betrifft, nachvollziehen können, weshalb ich mich neu behaupten will und werde?

Halten Sie außerdem schriftlich fest, mit welchen Personen Sie das Gespräch suchen. Es sollte sich dabei um diejenigen Personen handeln, die in direktem Zusammenhang mit der Tatsache stehen, dass Sie sich in der Vergangenheit verbogen haben. Dazu können Lebenspartner gehören, Vorgesetzte und Arbeitskollegen, aber auch Anverwandte und am Rande stehende Leute wie Nachbarn, Bekannte, Vereinsmitglieder. Bedenken Sie an dieser Stelle: Gespräche dieser Art führt man selten alle an einem Tag. Es kann etwas dauern, bis Sie alle, die es angeht, mit Ihrer Veränderungsbotschaft konfrontiert haben. Sie werden eine gewisse Termindisposition vornehmen müssen. Sie werden günstige Gelegenheiten abwarten müssen. Und Sie werden entscheiden müssen, ob Sie als Erstes mit jenen Menschen reden, die es am ehesten etwas angeht, für die Sie möglicherweise Verantwortung mittragen und die ein Recht darauf haben, von Ihren veränderten Vorstellungen zu erfahren. Oder zuerst mit der besten Freundin und einem guten Freund. Mit Sicherheit gibt es aber auch Leute, mit denen Sie auf keinen Fall darüber sprechen sollten. Für diesen Fall ist die dritte Einteilung vorgesehen. Halten Sie hier die Gründe dafür fest, zum Beispiel weil sie sofort alles an Ihren Chef weitertragen und der so einen verfälschten Eindruck bekommt. Oder weil sie die Eltern sind von Ihrem Partner und ihren Sohn oder ihre Tochter sogleich in Schutz nehmen und Sie als »Buhmann« hinstellen würden.

Darüber hinaus sollten Sie die Ergebnisse Ihrer Gespräche fixieren. Fertigen Sie für sich selbst formlose Gesprächsprotokolle an. Und setzen Sie dabei solche Fragen an wie: Wie hat der andere reagiert? An welchen Äußerungen/Forderungen meinerseits hat sich der andere am meisten gestoßen? Welche Argumente/Bedürfnisse meinerseits konnte der andere nachvollziehen? Wie habe ich mich währenddessen gefühlt? Was muss ich bei meinem nächsten Gespräch und Gesprächspartner unbedingt beachten? Was kann ich besser machen?

1. Was genau will ich den anderen Menschen mitteilen?

_____

_____

_____

_____

_____

_____

_____

_____

2. Welchen Menschen muss ich das mitteilen? Welche verschiedenen Punkte in unserer Beziehung müssen besprochen werden?

Personen, mit denen ich unbedingt zuerst sprechen sollte	Was will ich in diesem Gespräch außer Verständnis und Akzeptanz erreichen (z. B. Absprachen; gemeinsame Verhaltensänderung)?

3. Welchen Menschen sollte ich das bewusst nicht mitteilen?

Personen, die ich besser nicht einweihen sollte	Warum? Was muss zuerst geschehen, damit ich evtl. doch ein offenes Gespräch mit ihnen führen kann?

Punkt 4: Ich wachse am Widerstand

Was ist, wenn Sie trotz allem auf Widerstand stoßen? Was, wenn die Menschen, mit denen Sie sich konstruktiv auseinandersetzen wollten, bloß destruktiv reagieren? Fürchten Sie, dass Sie dann der Mut und die Kraft wieder verlassen?

Keine Frage, Auseinandersetzungen können an die Substanz gehen. Wenn Gesprächspartner sich nicht auf uns zubewegen, stur bleiben und auf ihrem Standpunkt beharren, so kostet es Kraft, Zeit und Nerven, sie für die eigenen Überzeugungen zu gewinnen. Menschen, denen Harmonie sehr wichtig ist, kommen damit besonders schlecht zurecht. Und wer unter einem angeschlagenen Selbstbewusstsein leidet, der erlebt solch eine Auseinandersetzung nicht selten wie einen Sturm, der alles vernichtet. Man wird von dem Gefühl erfasst, als würde mit der Auseinandersetzung alles zur Disposition stehen, das ganze Leben. Und man glaubt plötzlich, viel zu viel riskiert zu haben und sich in die Gefahr zu begeben, die Liebe der anderen zu verlieren.

Ich denke, dass auch Sie ein Mensch sind, dem Harmonie sehr wichtig ist, sonst würden Sie dieses Buch nicht lesen. Trotzdem sollten Sie keineswegs den Mut sinken lassen, wenn die anderen nicht gleich so wollen, wie Sie sich das wünschen. Entwickeln Sie lieber ein neues Verhältnis zu Widerständen. Denn es war doch die Anpassung, die Sie unglücklich gemacht hat, nicht die Verweigerung, das Sich-zur-Wehr-Setzen, das Einfordern Ihrer Bedürfnisse! Sich selbst schuldig zu fühlen oder gar böse, bloß weil man sich dafür einsetzt, glücklicher zu werden, ist mit Sicherheit unangebracht. Das ist keine sehr erwachsene Einstellung. Versuchen Sie es daher mehr von der sportlichen Seite zu betrachten. Es hilft Ihnen, sich nicht bei der ersten Gegenwehr sofort wieder weichklopfen zu lassen. Sehen Sie Widerstand lediglich als eine Prüfung. Wenn Sie bereit sind, als Mensch noch ein Stück zu wachsen, um einen neuen Weg zu gehen, werden Sie die Prüfung bestehen.

Die Reaktion des anderen richtig einordnen

Sind Sie fassungslos, wenn Sie merken, dass Ihr Gesprächspartner und Sie anscheinend nicht die gleiche Sprache sprechen? Ärgern Sie sich besonders darüber, wenn ein Mensch, der Ihnen sehr nahe steht, so tut, als ob Sie so reden wie ein Wesen von einem anderen Stern? Jeder kennt das: Man redet und redet, manchmal tagelang und auch nächtelang, aber unser Partner nimmt einfach nicht zur Kenntnis, was wir ihm sagen wollen. Man redet sozusagen »gegen eine Wand«. Wir sind verärgert, weil der andere sich nicht darauf einlassen will, was wir ihm zu sagen haben. Er blockt ab. Und wir ziehen uns frustriert zurück.

Doch lassen Sie sich nicht entmutigen. Versuchen Sie Ihren Partner zu verstehen, das macht Sie gelassener. Denn seine Reaktion ist eine reine Schutzmaßnahme. Er hofft, Sie würden Ihre Ansprüche und Veränderungswünsche wieder zurückziehen, wenn er alles, was Sie sagen, an sich abprallen lässt. Dann könnte alles so weiterlaufen wie bisher. Das ist lediglich eine erste Hürde, die es zu nehmen gilt. Hier schon klein beizugeben hieße, sich nicht mal warm gelaufen und schon aufgegeben zu haben, bevor das eigentliche Match beginnt.

Andere Reaktionen, auf die Sie vorbereitet sein sollten, können dergestalt ausschauen: Angenommen, Sie haben mit Ihrem Partner gesprochen. Er signalisiert Ihnen, dass er Sie versteht, aber er findet, dass Sie die falschen Schlüsse daraus ziehen: »Nur weil du mit deinem Chef nicht klarkommst, musst du doch noch lange nicht die Firma wechseln! Geh ihm halt aus dem Weg! So mach ich es ja auch mit meinem Chef!«

Oder er hat absolut kein Verständnis dafür, dass Sie mehr Freiraum für sich beantragen – womöglich noch auf seine Kosten! »Wieso musst du denn unbedingt jetzt damit anfangen, wo ich gerade alle Hände voll zu tun habe, die Firma aufzubauen?! Und wer kümmert sich dann um die Kinder?!«

Oder er droht Ihnen, macht Ihnen Angst, entmutigt Sie oder redet gar schlecht über Sie. »Du willst dich selbstständig machen? Das schaffst du doch nie! Bei deiner alten Stelle hattest du ja nicht mal die Praktikanten im Griff!«

Mit solchen und andere negativen Erwiderungen müssen Sie rechnen. Wichtig ist: Nehmen Sie es mit Gelassenheit und nicht allzu persönlich. Gerade in der Partnerschaft ist es ein schwieriger Prozess, Rollen und Zuständigkeiten neu einzuteilen. Dabei geraten meistens beide, Frau und Mann, unter Stress. Denn jeder hat Angst, etwas zu verlieren. Und je stärker eine Beziehung von gegenseitiger Anpassung gelebt hat, desto langwieriger kann es sein, Programme für ein neues Miteinander zu installieren.

Die Frau erklärt, dass sie jahrelang ihre Bedürfnisse hintangestellt hat, während er auf Karrierekurs ging. So will sie nicht weitermachen. Das klingt für den Mann zuerst bedrohlich. Ist das noch die Person, die er geheiratet hat? Will sie das gemeinsame Leben nicht mehr? Welche neue Rolle hat sie mir, dem verunsicherten Partner, denn in Zukunft zugedacht? Werde ich dann noch der sein dürfen, der ich bin? Oder spiele ich im neuen Lebensentwurf meiner Partnerin nur noch eine Nebenrolle? Oder umgekehrt: Der Mann möchte seinen soliden Beruf an den Nagel hängen, um eine »ganz verrückte Geschäftsidee« zu verwirklichen. Das klingt für die Frau bedrohlich. Jetzt kann es passieren, dass sie in Panik gerät: »Will der uns ins Unglück stürzen? Hat der denn kein Verantwortungsgefühl? Was soll nur aus uns (aus mir) werden, wenn er sich übernimmt und wir nachher mit Schulden am Hals dastehen?«

Deshalb: Lassen Sie sich nicht beirren. Die Abwehr Ihres Partners muss keineswegs etwas Schlechtes sein. Versuchen Sie ihn oder sie zu verstehen und verlieren Sie nicht gleich die Nerven. Denn die Zeit der Konflikte und Widerstände wird nicht ewig andauern. Tauschen Sie sich in dieser Zeit oft mit Menschen Ihres Vertrauens über die Abwehr Ihres Partners aus. Bestärken und beruhigen Sie sich, indem Sie über Ihre Interessenkonflikte sprechen. Irgendwann, wenn der andere gemerkt hat, dass Sie ruhig bleiben und Ihre Vorstellungen Hand und Fuß haben, wird er die »Methode« des Abblockens als unbrauchbar erkennen und Sie wirklich anhören. Bleibt er jedoch stur, so gibt es nur noch eine Lösung: Betrachten Sie sein Problem nicht mehr als Ihr Problem.

Die eigenen Kräfte schonen

Glauben Sie immer noch, dass Sie den Widerstand Ihrer Mitmenschen nicht aushalten werden? Lassen Sie sich ohnehin leicht ins Wanken bringen, wenn man kräftig an Ihnen rüttelt? Befürchten Sie vor allem, die Aggressionen nicht ertragen zu können, die Ihnen möglicherweise entgegenschlagen?

Wie gesagt: Konflikte gehören zum Leben. Sie lassen sich nicht immer ganz vermeiden. Am besten wir nehmen sie an und sehen sie als natürliche Blockade, die es zu überwinden gilt. Konflikte auszutragen kostet natürlich auch Energie. Lernen Sie deshalb mit Ihrer Energie zu haushalten. Investieren Sie sie nur dort, wo es sich lohnt. Kämpfen Sie nicht an Fronten, von denen Sie genau wissen, dass es sich dabei um verlorene Liebesmüh handelt. Anders ausgedrückt: Reiben Sie sich nicht auf an Menschen, die eindeutig kein Interesse daran haben, dass es Ihnen besser geht, und die von Ihnen verlangen, dass Sie so bleiben, wie Sie sind, und sich nicht weiterentwickeln.

Wahrscheinlich halten Sie die folgende Äußerung für sehr egoistisch, und wahrscheinlich sträubt sich alles in Ihnen. Doch dies sollten Sie jedes Mal für sich klären:»Handelt es sich bei dem anderen um einen Hemmschuh oder einen Helfer in meiner Entwicklung?« Denn wer Sie dauerhaft und massiv blockiert und sich nicht dafür erweichen lässt, dass Sie nun andere Bedürfnisse haben als früher, hat selbst anscheinend nur ein einziges Bedürfnis – nämlich dass Sie immer für ihn da sind und nicht umgekehrt.

Einen Helfer erkennen Sie daran, dass er ein offenes Ohr für Sie hat, Ihren Standpunkt respektiert, selbst wenn er mit dem einen oder anderen Punkt nicht konform geht. Ein Helfer wird Ihnen keine Steine in den Weg legen, sondern immer versuchen, seinen Beitrag dazu zu leisten, dass Sie Ihre Wünsche nicht unterdrücken müssen. Wenn Sie nur noch kämpfen müssen, werden Sie der Frage nicht ausweichen können, ob Ihr Kampf überhaupt einen Sinn hat. Spätestens dann nämlich sollten Sie überlegen, ob Sie Ihre Kräfte an der betreffenden Person nicht sinnlos verschleißen. Wie es der Dramatiker Heiner Müller etwas zynisch ausdrückte:»Die wenigsten Menschen sind es wert, dass man ihnen widerspricht.«

Damit Sie Ihre Kräfte gezielt einsetzen können, gebe ich Ihnen hier ein paar Tipps für die Kontroverse.

• Wenn Ihr Gesprächspartner Sie nicht zu Wort kommen lässt, laut und emotional wird – bleiben Sie ruhig. Lassen Sie sich davon nicht beeindrucken. Machen Sie nicht den Fehler, sich solchem Verhalten anzupassen. Gehen Sie auch hier Ihren eigenen Weg. Versuchen Sie das Gesagte immer wieder zu sortieren. Nehmen Sie die unsachlichen Argumente heraus, und fügen Sie die sachlichen Argumente wieder ein. So sorgen Sie dafür, dass das Gespräch konstruktiv weitergehen kann. Und Sie schonen Ihre Kräfte.

• Wenn Ihr Gesprächspartner Sie ab einem gewissen Punkt ignoriert oder provoziert – so lassen Sie sich nicht darauf ein. Geben Sie die konstruktive Gesprächsführung nicht aus der Hand, indem Sie verletzt und wütend reagieren. Gerade das will der andere ja damit erreichen, denn verletzt und wütend werden Sie leicht zu seinem Spielball. Nehmen Sie in dem Fall lieber die Haltung eines dicken Buddha ein: Nichts kann Sie treffen, nichts aus der Ruhe bringen, Sie ruhen völlig in sich selbst. So kann der Konflikt sich nicht so leicht hochschaukeln, und Sie schonen Ihre Kräfte.

• Wenn Ihr Gesprächspartner Sie jedes Mal nur vertröstet und Sie mit Ihren Veränderungswünschen ins Leere laufen lässt – so fordern Sie Verbindlichkeit ein. Machen Sie dem anderen ab einem gewissen Punkt klar, dass Ihr Standpunkt keine Diskussionsgrundlage mehr ist, sondern Ihren festen Entschluss darstellt. Gehen Sie Endlosdiskussionen aus dem Weg. Gehen Sie dazu über, erste Veränderungen allein zu realisieren. So erzielen Sie beim anderen eine größere Akzeptanz, werden schneller ernst genommen und schonen Ihre Kräfte.

• Wenn Ihr Gesprächspartner an Ihr Verantwortungsgefühl appelliert und Sie damit unter Druck setzt, egoistisch zu sein – so machen Sie ihm klar, dass Ihnen Ihr eigenes Leben ebenso viel bedeutet wie das der anderen. Folgen Sie dieser Linie auch dann, wenn schweres Geschütz aufgefahren wird wie etwa: »Du kannst doch deine arme Mutter nicht im Stich lassen« oder: »Du hast mich geheiratet, also hast du auch die moralische Verpflichtung, mit mir zusammen alt zu werden.« Wir werden uns über dieses Thema im Schlusskapitel »Bleibe stets du selbst« noch unterhalten. Hier nur so viel: Lassen Sie sich nicht mit Argumenten wie »verantwortungslos« und »rücksichtslos« in die Enge treiben. Gehen Sie weiter auf Ihrem Weg, denn Sie wissen ja: Wer anderen etwas gibt, muss gelegentlich auch für sich selbst etwas in Anspruch nehmen dürfen. So lassen Sie sich keine Schuldgefühle einreden und schonen Ihre Kräfte.

Sich das Anderssein erlauben
Möchten Sie nicht in die Rolle des Außenseiters geraten? Fürchten Sie sich davor, lächerlich gemacht zu werden? Könnten Sie nur äußerst schlecht damit leben als »anders« zu gelten?
Es gibt Menschen, die darin aufgehen, dass ihre Umwelt ihnen den Stempel des Andersseins verpasst. Sie mühen sich geradezu darum als außergewöhnlich zu gelten. Wenn andere sich nach ihnen umdrehen, mit dem Finger auf sie zeigen oder gar über sie lachen, so stört sie das nicht, sondern bestätigt sie nur. Aber ich vermute einmal, das entspricht nicht Ihrer Befindlichkeit. Ich vermute weiter: Sie möchten Ihr Dasein verändern, um in Frieden mit sich und der Welt ein gelungenes Leben zu führen. Wie das nach außen ausschauen soll, davon haben Sie bestimmte Vorstellungen und dafür möchten Sie Ihr Bestes geben. Nur eines möchten Sie nicht: dass man über Sie lacht.
Nun, es scheint als ob sich die beiden Bedürfnisse – der Wunsch danach anders zu sein und der Wunsch danach, nicht ins Visier der anderen zu geraten – völlig ausschlössen. Entweder gehören wir zu denen, die Spaß daran haben, wenn Neider und Witzereißer sich über sie lustig machen. Oder wir gehören zu denen, die extrem darunter zu leiden hätten und daher alles versuchen, es zu vermeiden. Wie befreiend allerdings eine gute Mischung von beidem sein kann, wissen viele nicht. Ist jedoch das Bedürfnis da, einen anderen Weg zu gehen als die meisten, so brauchen wir auf dieses Anderssein einfach nur mehr Wert legen. Schon ist das, was die anderen sagen, unwichtig. Kurz: Wir betrachten unser Anderssein so-

gar als etwas Positives. Das ist auch der mentale Trick, mit dem wir uns dagegen absichern, dass man uns lächerlich macht. Sehen Sie es als etwas an, das Sie auszeichnet, wenn Ihnen Gehässigkeiten und Bosheiten zu Ohren kommen, nur weil Sie vielleicht etwas andere Vorstellungen vom Leben haben als Ihre brave Umgebung. Was sagen solche Sprüche schon aus? Sie zeigen doch nur die Intoleranz und Kurzsichtigkeit der anderen. Und das sollte Sie nicht davon abbringen, mit Beharrlichkeit und festem Willen Ihren Weg zu gehen. Gehässigkeiten von Menschen, die nur neidisch sind und es Ihnen am liebsten gleichtun würden, können Sie doch nicht kratzen. Ebenso wenig die, die ewig jammern, aber nie etwas ändern und nur deshalb hämisch grinsen, weil sie selbst zu wenig Mumm haben. Oder die ewigen Besserwisser, die das »alles schon mal gemacht haben«, alles kennen und können. Lassen Sie sich nicht verunsichern. Im Gegenteil, deuten Sie jeden Neid und jede Witzelei darüber, Sie seien ein Sonderling oder eine Außenseiterin, als ein sicheres Zeichen dafür, dass Sie auf dem richtigen Weg sind. Gehen Sie ihn weiter. Und machen Sie dabei von folgenden Ratschlägen Gebrauch:

- Schweigen Sie nicht. Halten Sie nicht still, sondern sagen Sie den Neidern und Witzemachern, was Sie von ihren Äußerungen halten.
- Suchen Sie sich Verbündete. Gleichgesinnte und Seelenverwandte, die so wie Sie dafür kämpfen, ihre Ecken und Kanten auszuleben, finden Sie fast überall. Weiterbildungskurse und entsprechende Veranstaltungen sind gute Anlaufstellen. Aber auch im Internet findet man für jede Marotte ein Forum, für jedes exotische Hobby eine »Newsgroup« oder eine »Mailinglist«, durch die Sie Leute kennen lernen können, die ebenso wenig kleinkariert denken wie Sie. Das stärkt Ihnen den Rücken.
- Schaffen Sie es, dass hässliche Attacken ins Leere laufen. Denn es gibt für Leute mit dem Hang zur Angepasstheit und dem Zwang zur Gleichmacherei nichts Schlimmeres, als wenn ihre Beleidigungen nicht ernst genommen werden. Demonstrieren Sie daher deutlich, dass Sie über den Dingen stehen und Ihnen Häme nichts ausmacht.

- Sitzen Sie den Konflikt aus. Wer merkt, dass er mit seinem Spott bei Ihnen nichts ausrichten kann, wird bald die Lust daran verlieren. Mehr noch: Wenn Sie konsequent gelassen bleiben, kann sich der Spott sogar in Bewunderung verwandeln.

Schreiben Sie einmal auf, mit welchen Reaktionen negativer Art Sie rechnen müssen. So können Sie sich sozusagen mental auf Ihr Individualisten-Dasein einstimmen. Überlegen Sie, wie Sie ganz bestimmten Personen oder Anfeindungen begegnen wollen. Beherzigen Sie dabei die obigen Tipps. Notieren Sie sich anschließend in einer zweiten Liste, ob Sie gefährliche Schläge unter der Gürtellinie parieren möchten und wenn ja, was Sie damit bezwecken.

Personen, die meiner Änderung gegenüber eine tadelnde oder verhöhnende Haltung einnehmen können	Was diese Personen ruhig alles sagen können, ohne dass es mich kümmert

Schläge unterhalb der Gürtellinie, mit denen ich rechnen muss	Ist Kontra geben hier sinnvoll oder nicht?	Was möchte ich damit erreichen?

Punkt 5: Ich werde so, wie ich sein will!

Erkennen Sie jetzt, wie alles zusammenhängt? Sehen Sie klarer, was Sie nun tun sollten und was Sie besser vermeiden, um Ihr Ziel zu erreichen? Oder regen sich da immer noch Zweifel, ob Sie es überhaupt schaffen können?
Die Zweifel sind verständlich, wird doch unser heutiges Leben immer mehr von Unwägbarkeiten im Beruf oder Privaten geprägt. Wer in diesen unruhigen und unsicheren Zeiten so mir nichts, dir nichts losgeht und anpackt, was er anpacken will, ist kein normaler Mensch. Normale Menschen haben Phasen, in denen sie denken: »So, jetzt pack ich es.« Und dann wieder Phasen, in denen sie überzeugt sind: »Ich pack das nie!« Je nachdem, wie groß der Leidensdruck ist, können wir uns gut vorstellen, wie und was wir in unserem Leben umgestalten können. Geht aber der eigene Leidensdruck zurück, vielleicht weil sich plötzlich Lebensumstände in den Vordergrund schieben, die uns wichtiger erscheinen (der Partner hat berufliche Probleme, ein Familienmitglied wird krank,

die Eltern oder die Freunde brauchen uns), so flacht die Kühnheit wieder ab, häufiger Flagge zu zeigen. Und das eigene Wollen wird aus Rücksicht auf die anderen wieder hintangestellt. So wird es gewiss auch Ihnen ergehen. Die Zweifel sind ein Begleiter, der Sie nie ganz verlässt. Denn der Weg zu Ihren Zielen führt niemals schnurgerade nach oben. Auch wird es Momente geben, in denen Sie glauben, Sie hätten es fast geschafft. Sie brauchen nur noch die Hand ausstrecken und sind am Ziel. Doch dann passiert irgendetwas, was Sie wieder zurückwirft. Und Sie merken, dass Sie sich getäuscht haben und noch ein ziemliches Stück Wegs vor sich haben. In solchen Momenten kommt es darauf an, dass Sie nicht vorschnell den Schluss ziehen, Sie würden Ihr Ziel nie erreichen und es sei besser, den Rückweg anzutreten. Vor allem sollten Sie jedes Mal eine Neuorientierung vornehmen wie ein Wanderer, der innehält, die Karte zur Hand nimmt und prüft, ob er noch auf dem richtigen Weg ist. Denn genauso wie Sie der Eindruck, dass Sie Ihr Ziel schon erreicht haben, täuschen kann, so können Sie in einem schwachen Moment glauben, noch unendlich weit von Ihrem Ziel entfernt zu sein, obwohl es in Wahrheit schon zum Greifen nah ist. Sie sollten sich auf solche Momente gut vorbereiten. Damit Ihnen das Neuorientieren jedes Mal gelingt und Sie sich zugleich selbst motivieren können, hier noch einmal eine Checkliste, die Sie dann Punkt für Punkt durchgehen sollten:

Was ist bisher geschehen?
Was habe ich bisher unternommen, um das Beste aus mir zu machen? Woraus bestanden die Ansätze, meine Ecken und Kanten, meine Marotten und meine Spleens auszuleben? Welche Freiräume habe ich mir geschaffen? Welche neuen Kontakte konnte ich knüpfen? Welche alten unguten Verbindungen habe ich abgebrochen? Welche Gespräche habe ich geführt? Welche Meinungsverschiedenheit habe ich bereits durchgestanden? Wo habe ich einen Rückzieher gemacht, obwohl ich mir vorgenommen hatte, es durchzuziehen? Warum habe ich das gemacht? Was muss ich noch tun, um so zu werden, wie ich sein will?

Welche Erfolge kann ich bereits verzeichnen?

Was ist mir bisher gelungen? In welchem Fall lief es leichter, als ich dachte? In welchem Fall war es ein hartes Stück Arbeit? Wann habe ich die Erwartungen an mich selbst übertroffen? Wo habe ich erkannt, dass ich den Gipfel noch nicht erklommen habe? Was muss ich noch tun, um so zu werden, wie ich sein will?

Welche Misserfolge musste ich in Kauf nehmen?

Was ist weniger gut gelaufen? Was hat mich zurückgeworfen? Wann haben die anderen mich entmutigt? In welcher Situation musste ich Fehlschläge einstecken? Wann habe ich mich so mies und allein gefühlt, dass ich am liebsten alles rückgängig gemacht hätte? Welche unangenehmen Erlebnisse habe ich durchgestanden, wenn auch mit Blessuren? Wann habe ich trotz allem erstmalig neue Kraft in mir gespürt? Was muss ich noch tun, um so zu werden, wie ich sein will?

Was lässt sich beim nächsten Mal besser machen?

Woran kann es gelegen haben, dass bestimmte Dinge schief gelaufen sind? Welche Menschen, Charaktere, Situationen habe ich falsch eingeschätzt? Wo bin ich vielleicht zu weit gegangen? Wann habe ich mich selbst überschätzt? Welche Fähigkeiten müßte ich noch weiter ausbauen oder erwerben? Welche Chancen bieten sich mir in der nächsten Zeit, Fehler, die ich gemacht habe, wieder auszubügeln? Was muss ich noch tun, um so zu werden, wie ich sein will?

Wobei habe ich meinen Power-Faktor gespürt?

In welcher Situation habe ich gemerkt, welche Potenziale in mir schlummern? Was waren die Schlüsselerlebnisse dafür, viel mehr Persönlichkeitskraft zu haben, als ich bisher dachte? In welchen Momenten konnte ich Menschen anmerken, dass ich sie mit meiner neuen Art, meinem neuen Verhalten überzeuge, mitreiße, begeistere? Ich welchem Augenblick hatte ich das Gefühl, dass noch mehr drin gewesen wäre, hätte ich mir nur mehr zugetraut? Was muss ich noch tun, um so zu werden, wie ich sein will?

Welches Ziel hat sich verändert?

Wie weit hat der Alltag meine Veränderungsvorstellung nivelliert? Wo musste ich Abstriche machen und warum? Wo sind die Ansprüche an mich selbst gestiegen, weil ich bereits die eine oder andere Situation gemeistert habe? Was habe ich früher als schwer empfunden, was davon fällt mir heute leicht? Was wollte ich früher zuerst erreichen, und was will ich in Zukunft für mich erreichen? Was muss ich noch tun, um so zu werden, wie ich sein will?

Ziehen Sie Resümee

Nach jeder Bestandsaufnahme werden Sie sehen: Manches, was Sie als Bauchlandung empfunden haben, war ein Fortschritt. Und manches, was Sie zunächst für einen Irrweg hielten, stellt sich als richtiger Kurs heraus. Probleme, die Ihnen im Augenblick unlösbar erscheinen, verschwinden wieder. Und die Befürchtung, dass Sie Ihr Ziel wohl nie erreichen, hebt sich auf. Vielleicht stellen Sie fest, dass Sie an Ihrem äußeren Leben gar nicht viel verändern müssen. Möglicherweise müssen Sie eher ein inneres Programm umstellen. Zum Beispiel mag es genügen, dass Sie sich selbst nicht so stark unter Druck setzen, um weniger das Gefühl zu haben, sich für alles und jeden verbiegen zu müssen.

Oftmals wird allerdings auch die Umstellung innerer Programme nicht ohne einen Wandel vonstatten gehen, den auch Ihre nahe Umgebung mittragen muss. Wenn zum Beispiel Ihr Partner oder Ihr Chef Sie weniger unter Druck setzen soll, damit Sie sich wohler fühlen, dann müssen Sie sich den Weg dafür erst frei machen. Ist bei den Menschen, die Sie umgeben, nur ein Fünkchen guter Wille vorhanden, so kann sich die Veränderung vollziehen. Und jeder Kampf, den Sie dafür ausstehen mussten, wird damit enden, dass Sie sich wieder versöhnen. Denn niemand möchte einen kostbaren Menschen wie Sie verlieren. Begegnet man Ihnen jedoch nur mit Verständnislosigkeit, so bleibt Ihnen nichts anderes übrig: Sie müssen Ihren Weg fortsetzen und Ihre kostbare Lebenszeit mit anderen Menschen verbringen, um so werden zu können, wie Sie sein wollen.

»Bleibe stets du selbst«

Mit diesen Worten wurde schon mancher Mensch in sein späteres Leben entlassen: »Bleibe stets du selbst.« Den Mädchen schrieb man sie vielleicht ins Poesie-Album. Den Jungen gab sie womöglich eine gutmeinende Erzieherin oder ein väterlicher Freund mit auf den Weg. Auch ich möchte Sie nicht aus diesem Buch verabschieden, ohne Ihnen diese Worte ans Herz zu legen. Sie enthalten einen hohen Anspruch, ich weiß es wohl. Und kein Mensch kann diesem Anspruch ein Leben lang gerecht werden. Es sei denn, er lebt auf einer einsamen Insel mit paradiesischen Zuständen. Denn spätestens dann, wenn wir mit anderen zusammenleben, in einer Beziehung und Ehe, in Familie und Beruf geht ohne Kompromisse und Zugeständnisse gar nichts. Das wissen wir alle. Daher möchte ich diesen großen Satz »Bleibe stets du selbst« hier noch einmal modifizieren – damit er lebbar wird.

Vielleicht konnten Sie inzwischen Ihr Leben schon ein wenig verändern und wieder auf Kurs bringen, wo Sie von sich selbst abgerückt waren. Vielleicht haben Sie sogar schon einen Zugang zu sich selbst entdeckt, der lange verschüttet war. Oder Sie haben ganz neue Seiten an sich selbst kennen gelernt – bisher unbekannte Stärken, Fähigkeiten und Möglichkeiten. Dann haben Sie schon viel erreicht. Und wenn dies Buch den einen oder anderen Denkanstoß dazu liefern konnte, würde ich mich freuen.

Vielleicht sind Ihnen aber auch gerade durch diese Lektüre Probleme bewusst geworden, die Sie vorher gar nicht erkannten. Weil Sie Ihr Leben gar nicht in Frage stellten, es akzeptiert haben, wie es ist. Vielleicht scheuen Sie nur deshalb vor einer Veränderung zurück, weil sich diese Probleme aus der Verantwortung ergeben, die Sie für andere Menschen haben. Und an ebendiesem Punkt machen Sie Halt, weil Sie glauben, diesen Menschen Schaden zuzufügen, wenn Sie mehr für sich selbst verlangen.

Sie mögen von dem Gedanken aufgehalten werden: »Eigentlich würde ich gern öfter Flagge zeigen und sagen, was mir nicht passt. Und mal etwas für mich tun. Aber das kann ich meinem Partner, meinen Eltern, meinen Kindern, meinen Kollegen – oder wem auch immer – doch nicht antun!« Und Sie ziehen daraus den Schluss, keine wirklichen Wahlmöglichkeiten zu haben, Ihr Leben zu verändern und es selbst in die Hand zu nehmen. Der Satz »Bleibe stets du selbst« kann nicht gelebt werden, wenn man das Argument vorschiebt, Rücksicht nehmen zu müssen.

Wir sind für uns selbst verantwortlich

Gerade wenn wir glauben, dass wir aus Rücksichtnahme nicht tiefer in diese Materie einsteigen dürfen, sollten wir daran arbeiten, sie für uns fruchtbar zu machen. Denn eines dürfen wir nicht vergessen: Als erwachsener Mensch sind wir zunächst einmal nur für uns selbst verantwortlich. Natürlich: Die Kinder, die wir haben, können wir nicht aus der Verantwortung herausnehmen. Und auch nicht die Hunde oder Pferde, um die wir uns kümmern. Dann jedoch sind wir in erster Linie dafür verantwortlich, dass wir gut mit uns selbst umgehen. Wir haben dieses Leben geschenkt bekommen. Es gehört uns. Also existiert auch eine höhere Pflicht, aus dem eigenen Leben das Beste zu machen.
Und genau daran, liebe Leserinnen und Leser, sollten Sie sich halten. Alles andere ist sinnwidrig und gefährlich. Wir haben fast alle die religiöse Botschaft der Nächstenliebe verinnerlicht, und das Verbot, sich selbst zu lieben, liegt als Schluss nahe – ja, wurde sogar von der Kirche früher einmal verhängt. Doch dürfen wir nicht übersehen, dass Nächstenliebe ohne Selbstliebe nicht gelingen kann. Denn niemand kann wirklich Liebe weitergeben – also anderen mit Fürsorge und Anteilnahme, beschützend und liebevoll begegnen –, wenn er es für sich selbst nicht praktiziert, es an Leib und Seele nicht fühlen kann.
Um nicht missverstanden zu werden: Es geht nicht darum, keine Nächstenliebe mehr zu üben. Nein, die Aufforderung von Jesus »Lie-

be deinen Nächsten wie dich selbst« sollte nur nicht länger fehl-interpretiert werden. Denn immerhin heißt es dort: »... wie dich selbst.« Das liefert den Beweis: Sich selbst zu lieben ist ebenfalls geboten. Vor allem sollten wir nicht daraus ableiten, was schon seit Jahrtausenden in den Köpfen vieler christlich denkender Menschen als falsch verstandene Nächstenliebe herumgeht: Nämlich dass man nur dann, wenn man sich aufopfert, ein guter Mensch ist. Und dass man nur dann, wenn man sich selbst dem Leiden für seine Mit-menschen unterzieht, ein gelungenes Leben führt.

Noch einmal: Ich möchte Sie in keiner Weise davon abbringen, Nächstenliebe stattfinden zu lassen. Das liegt mir fern. Denn das ist nur menschenwürdig, richtig und wichtig – gerade heute, wo der Zeitgeist mehr und mehr den Egoismus zur einzig wahren Prä-misse erklärt. Doch sollten Sie sich nicht in einer Ansicht verfan-gen wie: »Ich kann doch meinem armen Partner/meinen armen El-tern/meiner armen Kollegin nicht zumuten, dass ich ...« Denn alle hier Genannten und die vielen hier Ungenannten – sie alle sind in erster Linie für sich selbst verantwortlich. Sie dürfen die anderen unterstützen. Sie dürfen ihnen helfen, wenn sie Hilfe brauchen. Sie dürfen ihnen zur Seite stehen. Sie dürfen ihnen praktisch und menschlich unter die Arme greifen. Doch es bleibt dabei: Für das Glück der anderen sind Sie nicht verantwortlich. Das Glück eines jeden Menschen ist in seine eigenen Hände gelegt. Und ebenso sind Sie für Ihr Glück allein verantwortlich.

Natürlich: Sie mögen sich bei jenen Menschen, die Ihnen beson-ders nahe stehen, schwer damit tun, so zu denken. Beim Gedanken an Ihren Partner, der Sie vielleicht momentan sehr braucht, weil er in einer Krise ist, oder Ihre Mutter, die Sie vielleicht sehr braucht, weil sie alt und krank ist, werden Sie sich verpflichtet fühlen, für sie da zu sein. Und das ist ja auch gut so. Aber müssen Sie deshalb auf ewig in diesem Zustand verharren? Sie können doch genauso gut für Ihren Partner oder Ihre Mutter da sein und sich trotzdem stärker um sich selbst kümmern. Sie können mit den anderen zu-sammenleben, aber Sie müssen keine Verantwortung für sie über-nehmen. Sie sollten Mitgefühl haben, aber Sie sollten auch für sich selbst Mitgefühl entwickeln. Dabei ist Mitgefühl nicht Wehleidigkeit und Jammergedanken wie: »Ach, was bin ich arm dran.« Sondern ich meine das »Mitfühlen« mit den eigenen Wünschen und Bedürfnissen. Sie sollten sie nicht unter den Teppich kehren, so als wären sie nichts wert.

Nehmen Sie sich deshalb Zeit, um über sich selbst nachzudenken. Reservieren Sie sich Zeiten der Selbstbesinnung. Wie bitte, Sie glauben keine Zeit zu haben? Vergessen Sie nicht, worüber wir gesprochen haben: Es geht um *Ihr* Leben. Und das ist zu kostbar, um ihm nicht alles zugute kommen zu lassen, was möglich und machbar ist. Ein Stündchen pro Woche ist allemal möglich und machbar, um sich Gedanken darüber zu machen, wie Sie die Kostbarkeit Ihres Daseins eigenverantwortlich zelebrieren können. Und möglich und machbar ist es auch, nicht mehr zu denken, Sie würden das Team verlassen, wenn Sie sich mal erlauben, auch eigene Wege zu gehen. Vor allem aber muss es möglich und machbar sein, konsequent zu sein. Denn wenn Sie erkennen, dass Sie für Ihr Leben selbst verantwortlich sind, so erkennen Sie auch, dass Sie niemand anderen mehr die Schuld dafür geben können, sich selbst zu verhindern. Verstehen Sie: Mit der tiefen Gewissheit in sich, für das eigene Leben verantwortlich zu sein, verlieren wir die Möglichkeit, anderen Menschen die Schuld dafür zu geben, nicht so leben zu können, wie wir wollen. Wir können dann nicht mehr sagen: »Ich kann nicht so sein, wie ich will, weil der andere mich dauernd daran hindert.« Wer Verantwortung für sein Leben übernimmt, der hebt sich darüber hinweg. Er handelt, weil er fühlt, so oder so handeln zu müssen, und trägt auch die Konsequenzen dafür. Wer Verantwortung für sich selbst übernimmt, kann nur noch erklären: »Ich habe getan, was ich fühlte tun zu müssen.« Und wenn daran letztlich zum Beispiel eine Beziehung zerbricht, so liegt die Vermutung nahe, dass sie schon lange zerbrochen war, man hat es nur nicht wahrhaben wollen.

Die Selbstzweifel überstehen
Wenn Sie der Anlass waren, dass sich in Ihrem Leben eine größere Änderung vollzogen hat, Sie sich von Ihrem Partner getrennt oder einen unliebsamen Job aufgegeben haben, um einen besseren zu be-

kommen, so taucht irgendwann die Frage auf, ob dieser Schritt richtig war. Vor allem wenn sich herausstellt, dass Ihr »neues« Leben doch nicht so einfach ist, wie Sie sich das gedacht hatten. Oder wenn Sie merken, dass Sie den Menschen, von dem Sie sich trennten, bei all seinen Fehlern doch vermissen. Eine kritische, ja eine gefährliche Phase ist das. Denn jetzt gilt es kühlen Kopf zu bewahren, um einen folgenschweren Fehler zu vermeiden: Nämlich das unvertraute Leben abzubrechen, um wieder in den vertrauten Käfig zurückzukriechen. Das alte Leben wieder aufzunehmen, die Verantwortung wieder an andere abzugeben und sich am Ende wieder zu verbiegen. Daher ist das vielleicht der wichtigste Rat, den ich Ihnen zum Ausklang dieses Buches geben kann: Was immer Sie in den kommenden Wochen an Erfahrungen machen werden – lassen Sie sich nicht davon abbringen, den Weg dorthin zu gehen, wo Sie wieder ganz Sie selbst sein können. Denn das ist der Weg zu neuen Menschen und Chancen, zu neuen Möglichkeiten und Fähigkeiten, zu neuer Zufriedenheit und zu neuem Erfolg. Die Gewissenbisse, Schuldgefühle und Reuegedanken sind vorprogrammiert und liegen in der Natur der Sache. Sie sollten ihnen daher nicht zu viel Gewicht beimessen. Machen Sie einfach weiter, wenn sie aufkommen. Setzen Sie Ihr Projekt »persönlicher Neuanfang« fort, auch wenn Sie daran zweifeln, ob das alles richtig war. Denn eines wäre fatal: Wenn Sie nach einem kurzen »Strohfeuer« Ihren aufrechten Gang wieder aufgeben und den Kopf wieder einziehen würden. Das kann nicht, das darf nicht sein. Sagen Sie sich selbst: »Diese Lösung scheidet von vornherein aus«, denn es ist keine Lösung. Über alles andere lässt sich ja nachdenken. Selbstverständlich können Sie Schritte korrigieren, wie es Ihnen beliebt. Doch der korrigierende Schritt sollte auf gar keinen Fall ein Schritt rückwärts sein. Es muss ein weiterer Schritt nach vorn sein. Wenn Sie aus diesem Buch nur einen einzigen Rat wirklich behalten und beherzigen möchten, dann bitte diesen: Gehen Sie nach vorn und nicht zurück!

Sich vom »Phantomschmerz« nicht aufhalten lassen

Vor allem wenn wir uns von Menschen getrennt haben, mit denen wir Jahre unseres Lebens geteilt und in vielerlei Hinsicht verbunden waren, so tritt nach der Anfangseuphorie die Phase ein, wo die Frage »Habe ich richtig gehandelt?« quälend sein kann. Wir hängen vielleicht noch am Expartner oder vermissen die alten Kollegen, obwohl wir von beiden Parteien nichts Gutes mehr zu erwarten hatten. Noch sind die neuen Beziehungen nicht so gefestigt, dass sie uns über den Katzenjammer hinwegtrösten könnten. Dann spuken Gedanken durch den Kopf wie »Soll ich nicht lieber in die alte Firma zurückkehren? Soll ich meinem Expartner nicht doch noch einmal anrufen?« Wir fühlen uns hundeelend. Diese Phase kann schmerzlich sein. Man fühlt sich ohne Halt. Doch was uns wirklich quält, ist bei näherem Hinsehen gar kein realer Schmerz. Es ist ein »Phantomschmerz«.

Menschen, denen ein Bein oder Arm amputiert wurde, leiden oft unter Phantomschmerzen. Der Arm oder das Bein ist nicht mehr da, trotzdem haben sie quälende Schmerzen in diesen Gliedmaßen. Im Unterschied zu anderen Schmerzen, die uns anzeigen, dass etwas mit unserem Körper nicht in Ordnung ist, sind die Phantomschmerzen körperlos. Es sind Schmerzen ohne Substanz und ohne Sinn. So auch bei menschlichen Verbindungen, wenn sie beendet werden. Man weiß, dass die seelischen Verletzungen der Beziehung nicht mehr zu ertragen waren. Man ist gegangen oder wurde von seinem Partner verlassen. Aber dennoch sind diese Schmerzen vorhanden, als sei alles noch wie es war. Und daraus entwickeln sich falsche Annahmen wie: »Vielleicht sollte ich mein altes Leben ja doch weiterführen und ...?«

Wenn Ihnen solche oder ähnliche Gedanken im Kopf herumgehen, dann betrachten Sie sie am besten als Spuk. Sie wollen Ihnen bloß etwas vorgaukeln. Das Schlechteste, was Sie nun daraus ableiten könnten, wäre zum Beispiel die kaputte Beziehung wieder aufzunehmen oder in den ungeliebten Job zurückzugehen. Denn ein »Phantomschmerz« ist kein Zeichen dafür, dass es ohne den oder die anderen nicht geht. Er ist nur wie ein Schweif, den ein Komet hinterlässt. Der Stern ist lange schon erloschen. Doch sein Licht leuchtet immer noch nach. Deshalb: Auch wenn Sie sich in solchen Augenblicken einsam fühlen und von Gedanken gepeinigt werden, alles falsch gemacht zu haben – bleiben Sie auf Ihrem Weg. Sie werden sehen, der »Phantomschmerz« verschwindet mit der Zeit von ganz allein. Und ein neuer Stern geht für Sie auf.

Nicht der Grübelei verfallen

Damit wir uns recht verstehen: Ich bin keineswegs der Ansicht, dass sich eine problematische Beziehung nicht reparieren ließe. Manche Beziehung, die man beendet hat, weil einer oder beide nicht mehr glücklich waren, fängt auch wieder an. Wenn beide Seiten sich darauf verständigen, in Zukunft besser miteinander umzugehen, kann es auch fruchtbar sein und ist nicht als feiger Rückschritt zu werten. Doch ganz gleich, um welche Form von Beziehung es sich handelt – eine partnerschaftliche, eine berufliche oder eine rein freundschaftliche –, eines sollte in jedem Fall vorher genau geprüft werden: Nämlich, ob unser Gegenüber auch tatsächlich dazu bereit und imstande ist, uns das zuzugestehen, was er vorher nicht getan hat. Und ob dies im Alltag umgesetzt werden kann. Mit dem Verbiegen muss Schluss sein!

Auch das gibt es: Nicht selten mischt sich in den »Trennungsschmerz« noch ein anderes klammes Gefühl hinein. Man befürchtet, keinen neuen Partner, keine Freunde oder Kollegen zu finden, mit denen man zurechtkommen kann. Doch so verbreitet diese Angst ist, so unbegründet ist sie. Auch sie ist nur ein Schreckgespenst, das Sie wieder dorthin zurücktreiben will, wo Sie hergekommen sind. Will es Ihnen eine Gänsehaut machen, so schalten Sie am besten auf stur. Haben Sie Geduld mit sich. Alles, was wächst, braucht seine Zeit.

Setzen Sie sich nicht unter Druck, schnell einen neuen Partner finden zu müssen. Im Gegenteil: Versuchen Sie erst einmal die Zeit zu genießen und den Freiraum, den Sie für sich selbst errungen haben, auch wenn es zunächst ungewohnt ist. Es stehen Ihnen jetzt so viele Möglichkeiten offen, Ihr Selbstwertgefühl zu stärken und sich zu verwirklichen. Und überhaupt: Nirgendwo steht geschrieben, dass man nur mit einem festen Partner ein erfülltes und glückliches Leben führen kann.

Jedenfalls führt es zu nichts, wenn man ständig auf seine alten Wunden starrt und prüft, ob sie noch wehtun. Es führt auch zu nichts, wenn man alle drei Tage feststellt: »Schon wieder drei Tage vergangen, und noch immer keinen neuen Partner gefunden. Langsam muss ich mir Sorgen machen ...« Versuchen Sie daher das Grübeln über: »Was wäre wenn ...« und: »Hätte ich doch bloß nicht ...« zu unterbinden. Machen Sie sich keine Sorgen. Sie können das Glück, einen geeigneten Partner kennen zu lernen, nicht zwingen, Sie können dem Glück nur nachhelfen. Und zwar, indem Sie die Gelegenheiten vergrößern, jemanden kennen zu lernen, der »ähnlich tickt« wie Sie. Und bis dahin gilt die simple Devise: »Take it easy.« Lassen Sie den Dingen ihren Lauf. Genießen Sie Ihre neu gewonnene Freiheit! Seien Sie offen für neue Erfahrungen, kosten Sie Ihr Leben aus, tun Sie das, woran Sie Spaß haben. Vor allem: Freuen Sie sich täglich über das bereits Erreichte. Ja warum machen Sie nicht sogar ein morgendliches oder abendliches Ritual daraus? Zählen Sie sich dabei jedes Mal auf, was Sie an Profil und Potenzial schon gewonnen haben, was geklappt hat und wo Sie schon ein Stück über sich selbst – wie Sie früher einmal waren – hinausgewachsen sind.

Beharrlichkeit siegt

Gerade wenn Sie darüber sinnieren, nicht recht vorwärts zu kommen, sollten Sie sich sagen: Es sind die vielen kleinen Schritte, die mich zum Ziel führen. Auch wenn Sie Rückschläge zu verdauen haben oder sich in Ihrer neuen Lebensposition nicht zurechtfinden – nehmen Sie es nicht zum Anlass, sich grübelnd zu zerfleischen.

In diesem Zusammenhang möchte ich Sie noch auf eine weitere Station vorbereiten, die Sie vermutlich durchlaufen werden. Und die Sie nicht dazu verleiten sollte aufzustecken. Denn wenn jemand seine Welt neu ordnen will, wenn er eine Beziehung beendet hat, eine neue Arbeit beginnt oder sich einen neuen Freundeskreis aufbauen möchte, um so einen Lebensabschnitt hinter sich zu lassen und neu Fuß zu fassen, dann wird er mal mehr, mal weniger freundlich aufgenommen. Am besten Sie sind darauf gefasst: Nach einer kurzen

»Schonfrist« werden Ihnen die neuen Menschen auf den Zahn fühlen. Vielleicht wird dies auf nette und vorsichtige Weise geschehen.
Vielleicht wird man aber auch versuchen Sie herauszufordern oder
herunterzuputzen, um zu schauen, wie viel Stehvermögen Sie haben. Es kann sein, dass Sie das ärgert und verunsichert. Und manch
einer mag es wiederum zum Anlass nehmen, sein frisch erworbe-
nes Durchsetzungsvermögen in Frage zu stellen.
Doch sollten Sie wissen: Das ist ein normaler gruppendynamischer
Prozess und hat mit Ihnen als Person überhaupt nichts zu tun. Jedem kann es so ergehen. Oder sagen wir treffender: Jedem, der neu
in eine Gruppe kommt. Deswegen sollten Sie sich innerlich auch
sagen: »Das geht nicht gegen mich persönlich. Ich muss das durchstehen, so wie jeder andere auch. Dann werde ich angenommen.«
Begreifen Sie diese Zeit also als Durchgangsstation zu Ihrem neu-
en Leben. Und werten Sie die etwaige Kratzbürstigkeit und Unsen-
sibilität anderer Gruppenmitglieder nicht als Hinweis dafür, dass
Sie Ihren neuen Weg, Flagge zu zeigen, einstellen müssen. Bleiben
Sie dabei! Rollen Sie die Fahne nicht wieder ein. Hängen Sie sie
heraus. Auch wenn es den neuen Leuten zuerst genauso wenig gefallen mag wie den alten. Wichtig für Sie selbst ist aber, dass Sie
sie vorzeigen. Denn das sind Sie.
Und so, wie Sie sind, wird man Sie nach einer Weile akzeptieren.
Deshalb bleiben Sie beharrlich und lassen Sie sich nicht beirren.
Nehmen Sie es mit Humor, wenn die Neuen Sie erst abtasten wollen. Gehen Sie entspannt damit um und versuchen Sie nichts zu
erzwingen.

Ganz Ich sein – ganz stark sein

Damit ist der Welt, die Sie sich von heute an neu erobern möchten,
Tür und Tor geöffnet. Mit diesem Buch haben Sie das passende
Handwerkszeug in den Händen, mit dem Sie Ihre Innen- wie Ihre
Außenwelt ein bisschen mehr nach eigenen Vorstellungen umge-
stalten können. Natürlich haben Sie weiterhin mit der Last des All-
tages und der Kompliziertheit der Menschen zu tun. Perfekt wird

es gewiss nie sein. Doch wenn Sie mir bis hierhin gefolgt sind, so haben Sie vermutlich genug Einblick in die Möglichkeiten bekommen, um zu beurteilen, was für Sie machbar ist und was nicht. Der Aufruf »Bleibe stets du selbst« ist nicht ohne den nötigen Spielraum in den Alltag übertragbar – wie alles im Leben. Doch deutet vieles darauf hin, dass Sie, so wie ich und wir alle, ohne eine Mahnung wie diese nicht auskommen. Wir brauchen sie, um uns nicht in Kompromissen zu verlieren. Denn ein Manko dieses Lebens ist, dass wir nie wirklich auf alles vorbereitet sein können, was uns ereilt, dass wir vieles erdulden müssen, was uns kaum erduldbar erscheint, und dass wir unsere Wünsche und Vorstellungen täglich dem ganz normalen Leben anpassen müssen. Allerdings steckt darin auch die Herausforderung und die Kunst. Wer es versteht, Teile seines Daseins wie die Liebe, die Freiheit oder einen Wert, für den es sich zu kämpfen lohnt, für sich selbst als wichtig zu erachten, der hat die Kraft auf seiner Seite, sich gegen faule Kompromisse zur Wehr zu setzen.

Und das ist es, was ich meine: Mahnen Sie sich, das Leben wieder neu aufzunehmen, wenn es nicht mehr in innigster Berührung mit Ihnen steht. Merken Sie, dass es in eine Richtung abgeglitten ist, mit der Sie im Grunde Ihres Herzens nicht mehr leben können, so haben Sie den Mut, es vom fremden auf den eigenen Weg zurückzuführen. So erobern Sie sich immer wieder ein neues und anderes spannendes Stück Leben mit einem neuen, eigenen Gesicht. Den Grundstein dafür können Sie an jedem ganz normalen Tag, mit all seinen üblichen Ärgernissen, Belastungen und Unwägbarkeiten legen. Auch heute!

Dank

Mit ganz besonderem Dank an Alexa Jansen und Mechtild Conen

Weiterführende Literatur

Bühler, Charlotte: *Psychologie im Leben unserer Zeit.* Droemer Knaur Verlag, München 1962.

Conen, Horst: *Ich fange jeden Tag neu an.* Bechtermünz Verlag München 2000.

Conen, Horst: *Tu, was dir gefällt.* Kösel Verlag, München 1998.

Conen, Horst: *Du bist mehr, als du bist.* Kösel Verlag, München 2000.

Conen, Horst: *Die Kunst, mit Menschen umzugehen.* Dumont Verlag, Köln 1991.

Conen, Horst: *Lebenskünstler leben besser!* Ariston Verlag, Genf 1994.

Conen, Horst: *Positiv den Tag gestalten.* Bechtermünz Verlag, Augsburg 1999.

Dowling, Colette: *Perfekte Frauen.* Fischer Verlag, Frankfurt am Main 1992.

Ellis, Albert: *Training der Gefühle.* mvg-Verlag, München/Landsberg am Lech 1996.

Freeman Arthur/DeWolf, Rose: *Die 10 dümmsten Fehler kluger Leute.* Piper Verlag, München 1997.

Hill, Napoleon mit Clement W. Stone: *Erfolg durch positives Denken.* Ariston Verlag, Genf 1968.

Jacoby, Heinrich: *Jenseits von Begabt und Unbegabt.* Christians Verlag, Hamburg 1936.

Lay, Rupert: *Manipulation durch die Sprache.* Langen-Müller/Herbig Verlag, München 1977.

Popper, Karl R.: *Alles Leben ist Problemlösen.* Piper Verlag, München 1997.

Richter, Horst-Eberhard: *Umgang mit Angst.* Hoffmann und Campe, 1992.

Tart, Charles: *Hellwach und bewusst leben.* Scherz Verlag, Bern/München, 1986.

Ueding, Gert/Steinbrink, Bernd: *Grundriß der Rhetorik.* J. B. Metzler Verlag, Stuttgart, 1986.